기술마케팅과 사업화

기술마케팅과 사업화

Technology Marketing and Commercialization

성태경·장동식·김형기

KM 경문사

머리말

최근 국내외 선도적 기업들은 폐쇄형 혁신전략에서 개방형 혁신전략 패러다임으로 전환하고 있다. 개방형 혁신전략이란 기업목적에 맞는 기술지식을 기업 내부뿐만 아니라 외부에서도 동원하며, 혁신성과의 외부적 활용을 위해서 다양한 시장을 창출하고 확대시키는 기술경영전략이다. 이에 따라 기술을 거래대상으로 삼는 기술마케팅(Technology Marketing)과 이를 통한 기술사업화의 중요성이 커지고 있다.

그럼에도 불구하고 국내는 물론 해외에서조차 기술마케팅에 대한 연구나 저술활동이 활발하지 못한 실정이다. 미국에서 기술마케팅이라고 하면 흔히 '하이테크 마케팅' 혹은 '첨단기술제품 마케팅'을 지칭하며, 이는 기술 자체에 대한 마케팅이라기보다는 첨단기술이 체화된 제품에 대해서 마케팅 원리를 적용하는 내용을 담고 있다. '기술혁신과 마케팅'이라는 용어도 자주 거론되지만, 이 역시 어떤 아이디어가 제품개발 및 상업화로 이어지는 과정에서 (제품)마케팅의 역할이 중요하다는 점을 강조하기 위한 것이다.

그간 국내에서 '기술마케팅'이라는 저서가 전혀 출간되지 않은 것은 아니다. 그러나 내용이 실무적이고 너무 구체적이어서, 대학에서 기술경영을 가르쳐온 필자로서는 기술마케팅에 대한 본격적인 기본서가 필요하다는 생각을 가지고 있었다. 마침 (사)기술경영경제학회에서 대학(원)에서 활용할 수 있는 기술경영교재 시리즈의 일환으로 기술마케팅 분야를 집필해 달라는 요청이 있었다. 필자(전주대 성태경 교수)는 이를 흔쾌히 받아들였고, 고려대 정보경영공학부 장동식 교수와 박상성 연구교수 그리고 한국벤처투자(주)의 김형기 대표이사와 용윤중 박사 공동으로 집필에 착수하였다.

하면서 진지한 반응과 의견을 주었던 전주대 경영학부 학생들에게 고마운 마음을 전한다. 특히 부경대학교 경영학부 홍재범 교수님께서는 초판의 문제점을 일일이 지적하고, 개정 방향을 자세히 제시해 주셨다. 프로젝트 매니저인 고려대 기술경영전문대학원 박원구 교수님께서는 이번에도 여전히 도움을 주셨다. 국내 기술경영학의 발전을 위해 많은 노력을 하시고 있는 산업기술진흥원의 김성재 기술사업화단장, 이용석 지식재산전략팀장과 이희정 연구원의 결단과 헌신적 지원이 없었으면 수정판의 발간도 어려웠다. 다시 한 번 감사를 드립니다.

저자를 대표하여 성태경 씀

머리말

최근 국내외 선도적 기업들은 폐쇄형 혁신전략에서 개방형 혁신전략 패러다임으로 전환하고 있다. 개방형 혁신전략이란 기업목적에 맞는 기술지식을 기업 내부뿐만 아니라 외부에서도 동원하며, 혁신성과의 외부적 활용을 위해서 다양한 시장을 창출하고 확대시키는 기술경영전략이다. 이에 따라 기술을 거래대상으로 삼는 기술마케팅(Technology Marketing)과 이를 통한 기술사업화의 중요성이 커지고 있다.

그럼에도 불구하고 국내는 물론 해외에서조차 기술마케팅에 대한 연구나 저술활동이 활발하지 못한 실정이다. 미국에서 기술마케팅이라고 하면 흔히 '하이테크 마케팅' 혹은 '첨단기술제품 마케팅'을 지칭하며, 이는 기술 자체에 대한 마케팅이라기보다는 첨단기술이 체화된 제품에 대해서 마케팅 원리를 적용하는 내용을 담고 있다. '기술혁신과 마케팅'이라는 용어도 자주 거론되지만, 이 역시 어떤 아이디어가 제품개발 및 상업화로 이어지는 과정에서 (제품)마케팅의 역할이 중요하다는 점을 강조하기 위한 것이다.

그간 국내에서 '기술마케팅'이라는 저서가 전혀 출간되지 않은 것은 아니다. 그러나 내용이 실무적이고 너무 구체적이어서, 대학에서 기술경영을 가르쳐온 필자로서는 기술마케팅에 대한 본격적인 기본서가 필요하다는 생각을 가지고 있었다. 마침 (사)기술경영경제학회에서 대학(원)에서 활용할 수 있는 기술경영교재 시리즈의 일환으로 기술마케팅 분야를 집필해 달라는 요청이 있었다. 필자(전주대 성태경 교수)는 이를 흔쾌히 받아들였고, 고려대 정보경영공학부 장동식 교수와 박상성 연구교수 그리고 한국벤처투자(주)의 김형기 대표이사와 용윤중 박사 공동으로 집필에 착수하였다.

이 책은 기술 자체를 마케팅 대상으로는 하는 기술마케팅 이론서로서 기술사업화와 함께 실제 사례도 다루었다. 먼저 기술마케팅을 개관하고(제1장), 기술 및 기술시장의 특성을 분석하였으며(제2장), 기술시장에서 구체적인 거래 대상인 특허에 대해서 살펴보았다(제3, 4장). 기술거래 이후에 전개되는 기술사업화, 즉 개발 및 혁신을 다루었고(제5장), 기업의 입장에서 기술마케팅 전략 및 관리 측면을 살펴보았다(제6장). 이어서 기술의 주요 활용주체인 벤처기업의 기술마케팅을 분석하고(제7장), 기술사업화와 관련된 기술금융의 문제를 다루었다(제8장). 마지막으로 정부가 기술거래 및 사업화를 촉진시킬 수 있는 정책수단을 알아보았다(제9장). 참고로 본 책의 특허관련 부분(제3, 4장)은 장동식 교수와 박상성 박사가 집필하였고, 벤처기업 및 금융과 관련된 부분(제7, 8장)은 김형기 대표이사와 용윤중 박사가 집필하였다. 나머지는 성태경 교수가 집필하고, 공동 집필에서 나타날 수 있는 문제점을 최소화하는 작업을 수행하였다. 특히 본 책은 이론적 측면뿐만 아니라 이에 대응하는 사례를 다룸으로써 실제 산업 및 기업현장에서 필요로 하는 기술마케팅과 사업화 개념 및 관련 내용을 소개하고자 하였다.

본 책은 다음과 같이 활용될 수 있을 것이다. 첫째, 대학원에서 기술경영을 전공하거나 협동과정을 통해서 기술경영을 공부하는 대학원생들의 교재로 활용할 수 있다. 둘째, 대학 학부에서 기술경영학 혹은 기술마케팅을 전공하는 상급 학생들의 교재로도 쓸 수 있다. 셋째, 현재 기업, 연구소 그리고 정부는 막대한 R&D 자금을 지출하고 있는데, 본 책을 통하여 정책입안자들이 기술마케팅 및 기술사업화 관련 정책수립과 집행을 위한 기초자료 혹은 이론적 근거로 활용할 수 있을 뿐만 아니라 정책 지침을 찾을 수 있다.

본 책이 엮어지기까지 많은 분들의 도움이 있었다. 먼저 지식경제부, 한국산업기술진흥원,

머리말

(사)기술경영경제학회(회장 과학기술정책연구원 송종국 박사), 그리고 프로젝트 매니저인 고려대 정보경영공학부 박원구 교수의 지원이 없었더라면 집필이 불가능했을 것임을 밝히지 않을 수 없다. 전주대 경영학부 김은혜 조교는 자료수집부터 책이 만들어지기까지 도움을 아끼지 않았다. 특별히 '기술경영'이라는 과목을 수강하면서 기술마케팅 분야를 공부한 전주대 경영학부 학생들의 진지한 반응을 빼놓을 수 없다. 과학기술분야 서적을 선도적으로 출판해온 경문사 편집부는 심혈을 기울여 본 책을 '책답게' 만들어 주었다. 이 모든 분들에게 감사의 마음을 전한다.

국내뿐만 아니라 해외에서조차 기술마케팅에 대한 연구가 미진한 상황에서 감히 기술마케팅과 사업화이라는 저서를 내놓는다. 모쪼록 본 책을 통해 독자들이 기술마케팅과 기술사업화에 대한 지식을 조금이라도 얻게 된다면 더 이상의 기쁨이 없겠다.

저자를 대표하여 성태경 씀

차례

차례

Chapter 7 특허의 활용

Chapter 8 기술사업화와 금융

차례

PART Ⅲ _ 정책적 과제

Chapter 9 기술거래 및 사업화 촉진정책

CHAPTER 1

서론

1990년대 이후 정보화 및 급속한 기술진보로 인해 경영학에서는 기술경영(Management of Technology: MOT)이라는 연구 분야가 확립되었고, 기술경영의 한 분야로서 기술마케팅과 기술사업화가 중요한 분야로 부각되고 있다. 본 장에서는 기술경영, 기술마케팅, 그리고 기술사업화의 개념 및 상호간의 연관성을 정립함으로써 본서가 다루고자하는 범위 및 내용을 개관한다.

1.1 기술혁신의 여정: 정약용의 솜틀기계 사례

조선시대의 실학자 다산 정약용의 생애를 사실에 입각하여 기술한『소설 목민심서』의 첫 부분 '희한한 발명품'에서 다음과 같은 이야기가 나온다.

> 약용은 확신을 갖고 솜 타는 기계를 연구했다. 상자 안에 활줄을 여러 개 장치해 놓고 그것에 작은 바퀴와 큰 바퀴가 연결되도록 했다. 발로 밟아 큰 바퀴를 돌리면 피대로 연결된 작은 바퀴가 빠른 속도로 돌아가게 되고, 작은 바퀴와 연결된 장치는 사람이 손으로 돌리는 것의 수십 배에 달하는 힘으로 솜을 타게 된다는 **구상**이었다. 구상이 끝나자 약용은 면밀히 **설계도**를 그렸다. 치수를 계산하고, 힘의 낭비가 없도록 면밀히 살폈으며, 허점이 발견되면 몇 번이고 되풀이해서 그렸다. 최종 설계도를 완성하자 약용은 천만호를 방으로 불러들였다. (중략) 톱날을 깎는 데에 꼬박 나흘이 걸렸다. 톱날 모양의 바퀴를 다시 조립하니 그제야 **기계**가 돌아가기 시작했다. 사람의 허리 정도에 위치한, 네모난 본체에는 목화가 들어가는 구멍과 솜이 나오는 구멍이 따로 있었다. 측면으로 큰 바퀴와 작은 바퀴가 상하로 달려 있고, 피대가 두 바퀴를 연결하고 있었다. 약용도 흥분을 감추지 못했다. (중략) 솜틀기계 **사업**은 날이 갈수록 번창했다. 천만호의 **기술**과 성실성이 인정을 받아 순풍에 돋을 단 듯했다.
> (황인경, 소설 목민심서, 삼진기획, 1992 중에서)

이 이야기에서 우리는 당시로 봐서는 '공상(工商)'의 냄새가 물신 풍기는 용어들을 찾아볼 수 있다. 고딕체로 표시해 놓은 구상(idea), 설계도(design), 기계(machinery), 기술(technology), 그리고 사업(business) 등이 바로 그것이다. 여기서 구상 → 설계도 → 기계 → 기술 → 사업으로 이어지는 기술혁신의 과정은 단순하고 순조롭게 그려지고 있다. 하지만 대부분의 경우 기술혁신은 매우 험난하고 먼 길을 걷게 된다.

이러한 기술혁신의 여정을 〈그림 1-1〉과 같이 모형화하여 표현할 수 있다. 그림에서 보듯이 하나의 어떤 아이디어가 제품이나 서비스로 전환되지 못하면 좌절을 겪게 된다. 제품이나 서비스가 시장에 진출하여 경제적 이득을 창출하지 못하면 실패를 맛보게 된다. 다행히도 정약용의 솜틀기계 제조기술은 좌절과 실패를 맛보지 않은 성공사례라고 할 수 있다.

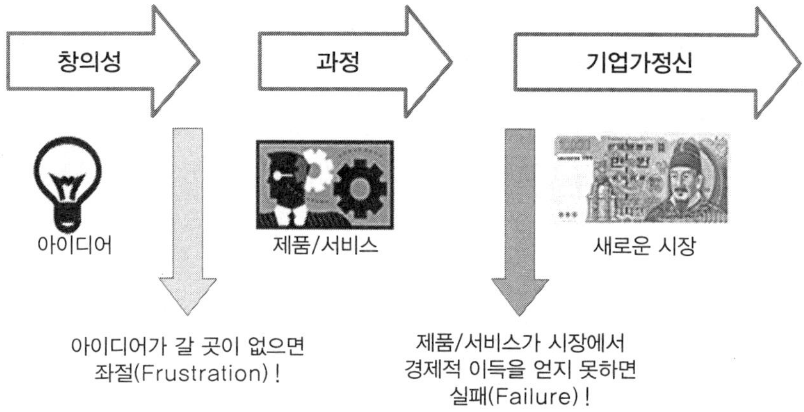

〈그림 1-1〉 기술혁신의 여정

더 알아보기 1.1 기술혁신의 과정: 선형모델과 상호작용모델

슘페터는 기술변화의 과정을 발명, 혁신, 그리고 확산이라는 세 단계로 구분하고, 기술변화는 발명 → 혁신 → 확산의 순차적인 단계를 거치면서 진행된다고 보았다. 발명이란 새로운 아이디어가 창출되는 단계이고, 혁신은 새로운 아이디어를 판매 가능한 제품으로 개발하는 단계이며, 확산은 새로운 제품 또는 공정이 잠재적 시장들로 퍼져 나가는 단계를 말한다.

〈그림 1-2〉에는 슘페터의 이러한 생각을 보다 구체화시킨 기술변화의 선형모델이 나타나 있다. 여기서 활동들은 각각의 특정한 유형의 결과를 초래하고, 그 결과는 차례로 각 단계에서 총지식 스톡에 영향을 미치는 것으로 나타나 있다. 기초연구활동은 발견을 가져오고, 발견은 과학지식에 보태어진다. 응용연구 활동은 발명을 가져오고, 발명은 기술적 아이디어의 스톡으로 축적된다. 요컨대 새로운 지식은 R&D로 불리는 세 단계, 즉 기초연구(basic research), 응용연구(applied research), 그리고 개발연구(experimental research)의 단계를 밟으면서 생산되어진다. 이러한 지식의 일부는 제품개발을 위해서 선택된다. 만약 개발이 성공적이라면 그것은 혁신을 가져온다. 혁신이 확산되면서, 즉 기술이 잠재적인 응용자들 간에 활용되면서 경제전반적인 효과를 가져 오게 되는 것이다. 이러한 선형모델은

과학추동(science-push) 접근방법이라고 할 수 있다. 즉 기술혁신이 과학지식에서 시작되어 개발과 상업화를 거쳐 시장으로 이어지는 순차적인 과정이다.

그러나 기술혁신은 반대의 과정, 즉 수요견인(demand-pull) 접근법에 의해서도 설명되어 질 수 있다. 이는 시장여건이 개발의 필요성을 유발하여 발명 및 연구의 단계로 이어지는 혁신의 과정이다.

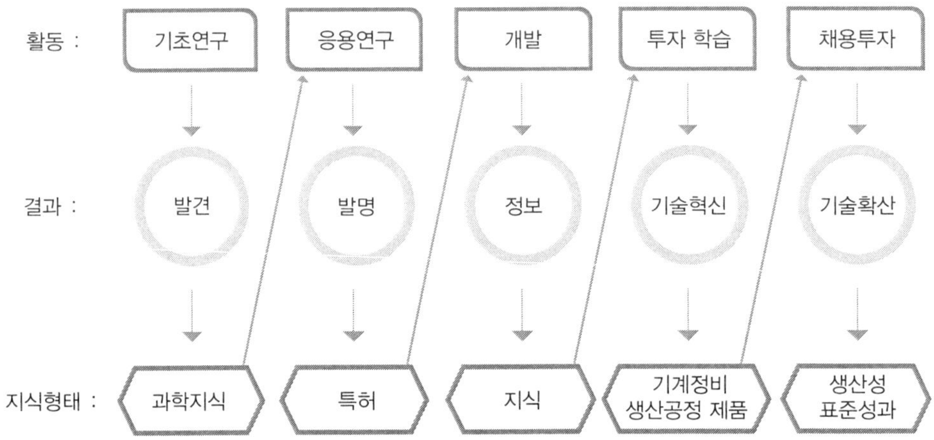

자료: Rosegger(1996)

〈그림 1-2〉 기술혁신의 선형모델

기술진보의 과정에 대한 생각은 선형모델에 의해서 지배되어 왔으나, 최근에 와서는 기술혁신과정은 각 단계간의 계속되는 상호작용이 중요한 특징으로 인식되고 있다. 예를 들어 기술확산이 진행됨에 따라 신기술의 판매자는 이윤을 얻고, 이러한 이윤은 거꾸로 추가적인 발명과 혁신을 자극할 수 있다. 기술확산의 과정은 상대가격의 변화를 초래하고, 그럼으로써 잠재적 응용집단의 변화를 가져올 뿐만 아니라 기술혁신의 확산 자체를 수정시킨다. 4 연산기능만 가진 전자계산기를 생각해 보자. 40년 전만 하더라도 책상용 계산기는 몇 십 만원 주고 사야만 했다. 그런데 기술발전이 일어나고 대량생산으로 말미암아 비용이 크게 절감되면서 계산기의 크기가 작아졌고, 가격이 하락하였다. 우리가 이 기간 동안에 계산기의 기술혁신경로를 추적해 본다면 오늘날에 와서 컴퓨터는 혁신 당시의 1세대 컴퓨터와는 아주 다른 제품임을 알 수 있다. 이는 기술진보의 과정이 단순한 선형이 아니라는 것을 보여 준다. 즉 어떤 한 기술의 초기 형태의 확산이 후기 형태의 발명 및 혁신과 동시적으로 진행될 수 있다는 것이다.

상호작용모델이 선형모델과 다른 점을 보면, 선형모델에서 나타난 각 단계로부터 전단계로의 피드백(feedback) 효과가 추가되고, 각 단계에서의 과학, 기술 및 혁신활동간의 상호작용을 강조한다는 것이다. 〈그림 1-3〉은 기술혁신의 상호작용모델, 즉 연쇄모델을 보여주고 있다. 이 모델은 선형모델이 경제전체적인 관점에 바탕을 두고 있는 것과는 달리 개별기업의 관점에 바탕을 두고 있다. 기업차원에서 혁신의 연쇄과정은 새로운 시장기회를 포착하거나 새로운 과학 및 기술에 근거한 발명으로 말미암아 시작된다. 그 다음에는 필연적으로 새로운 제품 및 생산공정에 대한 '디자인'이 뒤따르며, 계속해서 개발 → 생산 → 판매의 과정이 이어진다. 한편 피이드백(feedback)의 흐름도 유발된다. 피이드백의 흐름을 보면, 단기적으로는 혁신과정에 있는 각 하류단계를 바로 전단계의 상류 단계 쪽으로 연결시키고, 장기적으로는 인식된 시장수요와 제품사용자들을 상류단계로 연결시킨다. 새로운 공정과 새로운 제품을 디자인하고 시험하는 과정에서 제기되는 문제점들은 기술적 지식에 대한 연구뿐만 아니라 과학지식에 대한 연구를 낳기도 한다.

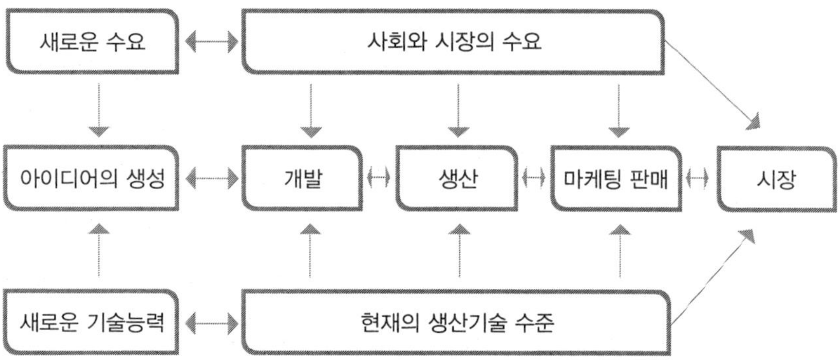

자료: Dodgson and Bessant(1996)

〈그림 1-3〉 기술혁신의 상호작용모델

한편 〈그림 1-3〉에서 주어진 기업 혹은 산업 내부에서의 상호과정도 추적할 수 있다. 이 상호작용은 기업 혹은 산업내의 혁신과정을 과학적 및 기술적 지식과 연구활동에 연결시킨다. 기업들에 의한 과학과 기술의 사용은 두 가지로 구별될 수 있는데, 하나는 생산공정에 관한 이용 가능한 지식을 그대로 활용하는 것이고, 다른 하나는 그 지식을 수정하여 보완하는 일이다. 기업 내의 기술자가 기술혁신과정에서 어떤 문제에 직면하게 될 때, 일차적으로 알려진 과학 및 기술을 활용할 것이다. 그러나 기존 과학 및 기술정보가 혁신에 부적절한 경우에는 연구의 필요성이 제기되는 것이다.

1.2 기술경영과 기술마케팅

1) 기술경영과 기술마케팅

기술경영(MOT: Management of Technology)이란 기술혁신의 여정을 전략적으로 관리하는 경영학의 한 분야이다. 다시 말하면, 기술경영은 과학, 공학 및 경영원리를 결합하여 기술적 능력을 기획 · 창출 · 관리 · 활용함으로써 조직의 목표를 달성하는 제반 활동을 말한다. 위의 사례에서 보면, 실학자 다산 정약용은 나름대로의 과학적 지식과 힘의 원리 등을 근거로 하여 솜틀기계를 발명하였고, 천만호의 기술자적 자질과 성실성을 통해서 사업이 성공하였다. 바로 이러한 과정에서 발생하는 일들이 기술경영에서 다루는 활동 영역이라고 할 수 있다.

본서에서 다루고자 하는 기술마케팅(Technology Marketing)은 기술경영(MOT)의 한 분야이다. 즉 기술마케팅은 기술을 하나의 거래대상으로 보고, 기술을 판매 혹은 구매하는 활동과 관련된 영역을 다룬다. 위의 솜틀기계 사례에서는 기술마케팅과 관련되는 활동을 찾아보기 어렵다. 당시에는 우리나라에 특허제도가 없었기 때문에 솜틀기계 발명을 거래 가능한 특허로 출원할 수 없었으며, 발명자인 정약용이 천만호를 통해서 직접 사업화하였기 때문이다. 만약 사업에 성공한 후에도 솜틀 관련 노하우 등을 다른 사람에게 판매할 가능성도 생각할 수 있지만, 이 역시 당시의 상황에서는 생각하기 어려운 활동이다.

사실 기술혁신과정에서 본다면 기술마케팅은 극히 부분적인 활동이 될 수 있다. 왜냐하면 기술혁신은 R&D의 착수로부터 시장판매라는 기나긴 여정을 거치는 복잡한 현상이지만, 기술마케팅은 기본적으로 기술을 보유한 사람으로부터 기술을 필요로 하는 사람에게 이전시키는 활동이기 때문이다. 그러나 기술마케팅을 명확하게 이해하려면 기술이라는 상품이 만들어지기까지의 단계, 즉 전 단계(before stage)와 기술이라는 상품이 판매되어 제품으로 상업화되는 단계, 즉 후 단계(after stage)에 대한 이해가 필수적이다.

이와 같이 기술마케팅은 기술혁신의 단계 혹은 활동 면에서 일부분이기는 하다. 그러나 개발된 기술들이 제대로 사업화로 연결되지 않기 때문에 기술마케팅이 수행하는 역할의 중요성은 아무리 강조해도 지나치지 않다. 우리나라의 경우에도 기술이 사업화로 연결되지 않는 상황, 즉 '죽음의 계곡(valley of death)'을 탈피하는데 관심을 기울이고 있다.

2) 기술마케팅의 등장 배경

기술마케팅이 기술경영의 한 분야로 등장한 것은 극히 최근의 일이다. 2000년대 이전까지만 해도 기술마케팅은 기업 간 기술이전(technology transfer)이라는 용어로 설명되어 왔으며, 일부 유럽국가 등에서만 사용되어 왔다. 하지만 경제사회적 패러다임이 지식기반경제로 전환되고, 기업들이 '폐쇄적 혁신전략(closed innovation strategy)'에서 '개방적 혁신전략(open innovation strategy)'으로 전환함에 따라서 기술마케팅이라는 독자적인 영역이 등장하게 되었다.

미국의 경영학자 체스부르(H. Chesbrough)에 따르면 이제는 기존의 폐쇄적 전략으로는 기업의 성장은 한계가 있다고 주장하였다. 〈그림 1-4〉에서 보는 바와 같이 제품생애주기가 짧아져 기업의 수익창출 구조가 변화하고 있기 때문이라는 것이다. 최근 기술

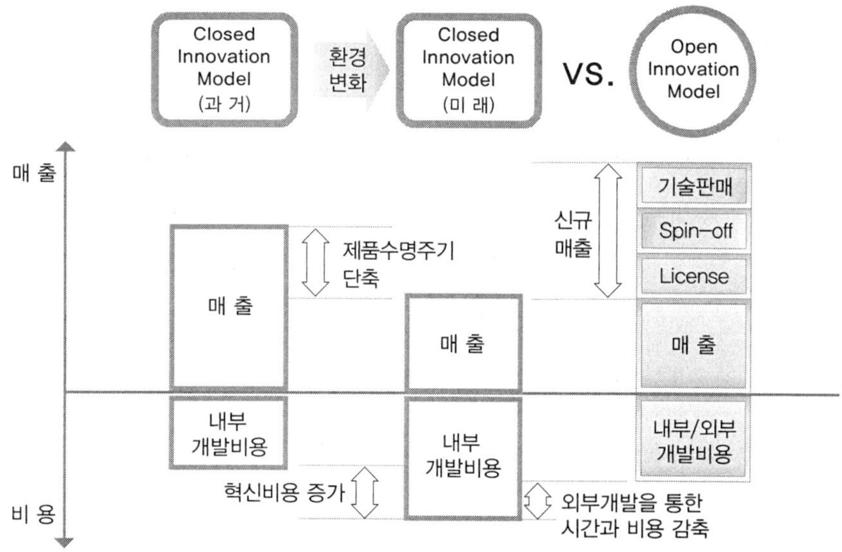

〈그림 1-4〉 폐쇄적 혁신전략과 개방적 혁신전략의 수익구조 비교

융합화 등으로 기업의 기술개발비용은 증가하는 반면에, 제품생애주기가 짧아짐에 따라서 시장판매수익은 위축된다는 것이다. 따라서 폐쇄적 혁신전략을 고수하는 경우 적자구조로 갈 수밖에 없다고 한다. 체스부르에 의하면 수익구조 악화를 극복하기 위해서는 기업들은 폐쇄적 혁신전략에서 개방적 혁신전략으로 전환되어야 한다고 한다. 즉 필요한 기술을 외부적으로 조달하는 한편, 개발한 기업보유기술을 판매하거나 분가(spin-off)시켜 판매수익을 확대시키는 전략이 필요하다는 것이다.

이와 같이 기술의 중요성이 그 어느 때보다도 커지고, 개방형 혁신전략이 기업의 생존전략으로 부각되면서 기술마케팅의 역할이 강조되고 있다. 실제로 IBM을 비롯하여, Intel, P&G(Procter & Gamble) 등은 적극적인 기술마케팅 활동을 구사하고 있다. 우리나라에서는 삼성전자 등 일부 대기업이 개방적 혁신전략을 채용하면서 기술마케팅의 필요성이 커지고 있다.

뿐만 아니라 비영리기관인 대학과 정부출연연구소(이하 출연(연))에서도 기술마케팅이 중요해지고 있다. 현재 우리나라 총 R&D지출액 약 30조 원 중 약 10%인 3조 원이 대학의 연구활동에 투입되고 있으며, 약 15%인 4조 5천억 원이 과학기술계 출연(연)에 투입되고 있다. 이에 따라 정부는 대학과 출연(연)의 R&D의 성과를 경제적 성과로 이어지게 하려는 정책을 펴고 있다. 특히 대학의 경우 국가적으로 기술의 생산 및 판매자로서의 역할을 요청받고 있으며, 대학 내부적으로도 미국의 스탠포드대학이나 MIT 사례에서 보듯이 대학 발전전략으로 활용하고 있다.[1] 과학기술계 출연(연)들도 기초연구활동뿐만 아니라 응용 및 개발연구에 많은 자원을 투입하고 있으며, 연구결과의 상용화가 중요한 성과지표가 되고 있다. 따라서 기술의 생산 및 공급자로서의 대학과 출연(연)도 기술의 판매와 구입의 과정을 다루는 기술마케팅의 필요성을 인식하게 되었다.

더 알아보기 1.2 폐쇄적 혁신전략과 개방적 혁신전략

폐쇄적 혁신전략(closed innovation strategy)은 기업의 내부적 노력에 의해서만 기술지식을 획득하고, 이를 기업 내부적으로만 활용하는 전략이다. 이 전략은 내부적으로 창출한 기

1) 이를 '대학자본주의(Academic Capitalism)'라고 한다.

술지식을 사업화하여 한정된 특정한 시장으로 이어지게 한다는 점에서도 폐쇄적이다. 미국 통신회사인 AT&T의 Bell 실험실이 폐쇄적 혁신전략을 구사한 대표적인 사례로 알려지고 있다.

이와 달리 개방적 혁신전략(open innovation strategy)은 기업 내부적 혁신을 가속화시키기 위해서 혁신 목적에 적합한 기술지식을 기업 내부뿐만 아니라 외부에서도 동원하며, 혁신성과의 외부적 활용을 위해서 다양한 시장을 창출하고 확대시키는 전략이다(Chesbrough et al., 2006). 이 전략은 외부적 기술지식 및 시장경로의 중요성을 내부적 기술지식 및 시장경로의 중요성과 같은 차원에서 본다는 점에서 기존의 단순한 아웃소싱(outsourcing)전략과는 차별화된다.

〈그림 1-5〉 (a)와 (b)에는 폐쇄적 혁신전략체계와 개방적 혁신전략의 체계가 각각 요약되어 있다. 폐쇄적 혁신전략에서는 기업내부의 과학기술기반을 토대로 R&D 프로젝트가 착수되어 하나의 혁신통로를 따라서 사업화된다. 반면에 개방적 혁신전략체계에서는 R&D프로젝트가 내부적 지식원천뿐만 아니라 외부적 지식원천에 의해서도 착수되며, 신기술은 다양한 혁신단계에 걸쳐서 투입된다. 또한 프로젝트들의 성과는 기업 자체의 판매망을 통해서 뿐만 아니라 벤처기업창업 혹은 기술판매 등 다양한 수단을 통하여 시장으로 연결된다.

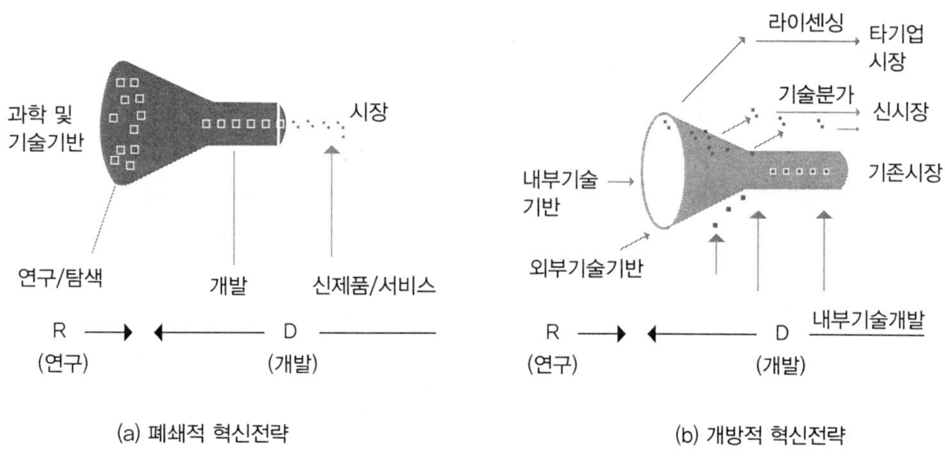

〈그림 1-5〉 폐쇄적 혁신전략과 개방적 혁신전략

1.3 기술경영과 기술사업화

기술사업화(Technology Commercialization) 역시 기술경영(MOT)의 한 분야이다. 기술사업화는 자체적으로 창출하거나 혹은 외부로부터 획득한 기술을 활용하여 제품 및 서비스를 생산하고, 이를 시장에 판매함으로써 경제적 이득을 실현하는 일련의 과정을 다룬다. 위의 솜틀기계 사례에서 보면, 정약용과 천만호가 시제품을 만든 다음에 사업에 착수하여 경제적 이득을 얻는 활동이다. 기술혁신의 여정에서 보면, 아이디어를 통해서 생산된 제품 혹은 서비스가 시장에 판매되어 이윤을 획득하는 단계이다.

하지만 기술사업화는 기술경영에 있어서 가장 어려운 과정이다. 무엇보다도 기술사업화 과정에서 투자자금이 가장 많이 투입된다. 기술사업화 과정에서는 제품과 서비스가 시장에서 판매될 수 있도록 기술적 완성도를 제고해야 하는 동시에 생산을 위한 공장 건설, 종업원 교육, 금융, 제품판매 등에 대한 광범위한 지출을 포함하기 때문이다. 뿐만 아니라 사업화는 시장에서 경쟁을 통해서 달성되기 때문에 상당한 위험을 감수해야 하는 활동이다. 기업의 입장에서 기술적 불확실성은 통제 가능하지만, 시장의 불확실성은 통제 불가능한 변수이기 때문이다.

1.4 기술마케팅, 기술사업화, 그리고 하이테크마케팅

흔히 기술마케팅, 기술사업화, 그리고 하이테크 마케팅이란 용어가 혼용되어 사용되고 있다. 그러나 이들 개념간의 관계는 본서의 범위 설정에 있어서 매우 중요하므로 분명히 할 필요가 있다. 〈그림 1-6〉에서 보는 바와 같이 기술사업화는 R&D 활동을 통해 신기술을 획득하거나 외부에서 기술을 획득하게 되면, 그 기술이 제품화되어 시장을 통해 경제적 성과를 창출하는 일련의 과정을 말한다. 이 과정에서 기술마케팅은 기술이 보유자로부터 수요자에게 이전되게 하는 하나의 수단이 된다. 왜냐하면 기술이 기술시장이나 기술마케팅의 도움을 받지 않고도 개발자에 의해서 독자적으로 사업화될 수도

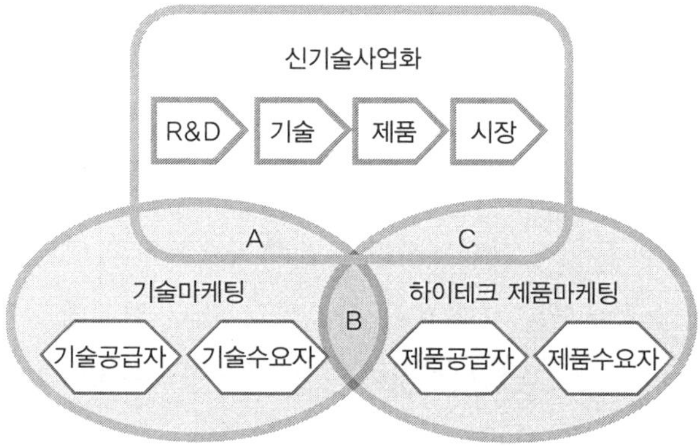

〈그림 1-6〉 기술마케팅, 기술사업화, 그리고 하이테크제품 마케팅

있기 때문이다. 〈그림 1-6〉에서 A영역은 기술사업화 영역과 기술마케팅 영역이 공통되는 부분을 나타내 준다. 즉 기술사업화 과정에서 기술마케팅의 역할을 나타내는 동시에, 기술마케팅의 기술사업화에 대한 기여를 의미한다.

기술마케팅 영역에서 보면 기술마케팅은 기술사업화를 가능하게 하는 효과적인 도구가 된다. 그러나 기술사업화와는 달리 모든 기술의 공급자와 수요자간의 거래에 따른 마케팅 영역을 포함하므로 기술마케팅 나름의 독자적 영역을 갖는다.

한편 기술마케팅은 하이테크 마케팅과도 연관되어 있다. 그렇다면 하이테크 마케팅이란 어떤 분야인가? 하이테크 마케팅은 첨단기술을 체화하는 제품에 대해서 마케팅원리를 적용한 것으로 기술마케팅과는 다른 개념이다. 따라서 정확하게 말하면 하이테크 마케팅은 하이테크 제품마케팅이라고 할 수 있다. 하이테크 마케팅에서는 첨단기술을 활용하여 생산한 제품의 공급자와 그 제품에 대한 수요자 간의 상호작용을 다룬다. 그러나 기술의 가치(혹은 시장)는 제품의 가치(시장)와 연관되므로 기술마케팅과 제품마케팅은 완전히 별개의 영역은 아니다.

이와 같이 기술마케팅과 하이테크 제품마케팅의 연관되는 부분이 B영역이다. 일반적으로 B영역의 중요성을 강조하여 기술마케팅과 하이테크 제품마케팅을 동일한 것으로 보는 우를 범해서는 안 된다.

마지막으로 기술사업화는 하이테크 마케팅과도 연관성을 갖는다. 그러나 이는 기술이 아니라 신기술이 체화된 제품과 관련된 연관성이다. 즉 기술사업화 과정에서 하이테크 제품마케팅은 개발된 제품이 최종소비자에게 잘 전달되어 경제적 효과를 극대화하는 역할을 수행한다. 하이테크 제품마케팅 입장에서는 기술사업화의 경제적 효과가 극대화될 수 있도록 기여하는 것이다. 이렇게 양자 간의 공통되는 영역이 바로 C로 표기된 부분이다.

본서에서는 〈그림 1-6〉에서 기술마케팅 영역과 기술사업화 영역, 그리고 기술사업화 영역과 기술사업화가 공통되는 부분(A)을 다룬다. 그러나 하이테크 제품마케팅 영역은 물론 기술마케팅과 하이테크 제품마케팅이 공통되는 영역인 B와 기술사업화와 하이테크 제품마케팅이 공통되는 영역 C는 다루지 않는다.

1.5 본서의 구성

본서는 기술경영의 중요한 분야로서 기술마케팅과 기술사업화의 문제를 다룬다(〈그림 1-7〉 참조). 본서는 서론을 제외하고 제Ⅲ부 8개장으로 구성된다. 제Ⅰ부에서는 기술마케팅을 다루고, 제Ⅱ부에서는 기술사업화의 문제를 공부한다. 그리고 제Ⅲ부에서는 기술마케팅 및 기술사업화와 관련된 정책문제를 다룬다.

제Ⅰ부: 제2장에서는 기술과 기술거래시장을 다룬다. 이어 제3장에서는 기술마케팅의 사례를 소개하고 기술마케팅의 개념을 정립한다. 제4장에서는 기술마케팅 전략 및 실행과정을 설명한다.

제Ⅱ부: 제5장에서는 기술사업화의 개념 및 과정을 설명한다. 이어 제6장에서는 벤처기업의 사업화 문제를 다룬다. 제7장에서는 특허의 활용 및 사업화 문제를 다루고, 제8장에서는 기술사업화와 관련된 금융문제를 알아본다.

제Ⅲ부: 제9장에서는 기술거래 및 기술사업화를 촉진시키는 정부의 역할 및 정책수단들에 대해서 공부한다.

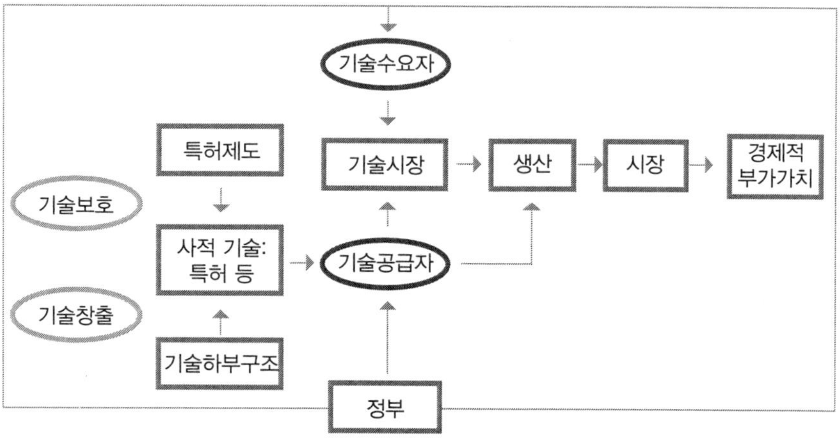
기술수요자
특허제도
기술시장
생산
시장
경제적 부가가치
기술보호
사적 기술: 특허 등
기술공급자
기술창출
기술하부구조
정부

〈그림 1-7〉 본서의 구성도

PART Ⅰ

기술마케팅

제2장
기술과 기술거래시장

제3장
기술마케팅 사례 및 개념

제4장
기술마케팅 전략 및 관리

CHAPTER 2

기술과 기술거래시장

기술은 일반 상품 및 서비스와는 매우 다른 특성을 가지고 있다. 따라서 기술마케팅 및 신기술 사업화의 과정을 이해하기 위해서는 기술의 본질 및 기술시장의 특성에 대한 이해가 우선되어야 한다. 본 장에서는 지식으로서의 기술, 거래대상으로서의 기술, 기술시장 등을 공부하고, 기술시장에서 발생하는 시장실패를 이해한다.

2.1 지식으로서의 기술

1) 기술의 정의

경제활동에서 기술(technology)이란 '생산에 적용되는 인간의 지식'이다. 생산이란 노동, 자본, 토지, 자원 등 투입요소(input)가 결합되어 산출물(output)로 변환되는 과정으로서, 요소의 가치를 증가시킨다. 생산은 상품의 제조뿐만 아니라 유통, 저장, 판매 등 가치창출과 관련된 모든 활동을 포함한다.

생산에 적용되는 지식, 즉 기술의 형태는 두 가지이다. 하나는 생산을 위해서 글로 표현된 '처방전'으로 기술서적, 제품규정, 교범, 청사진, 운영지침서 등이고, 다른 하나는 글로 표현되지 않은 '처방전'으로서 노하우(know-how) 또는 암묵적 지식이다.

기술은 생산에 직접 적용되는 지식이라는 점에서 사회의 다른 지식의 형태, 즉 과학지식, 발명 등과는 구별된다.

2) 과학과 기술

우리는 일상생활에서 기술과 과학이라는 용어를 혼용하여 쓰고 있다. '과학기술분야', '과학기술정책' 등이 그러한 예다. 그러나 경제적인 관점에서 이 두 개념은 차이가 있다. 첫째, 기술의 본질은 응용에 있으나, 과학은 상품의 생산과 일차적으로는 관계없는 '순수' 지식이다. 둘째, 과학활동, 특히 기초연구는 그 목적이 발견에 있으나 기술적 노력의 목적은 생산물이다. 셋째, 과학은 공공재에 가까우나 기술, 특히 신기술은 상대적으로 사적재에 가깝다.

이와 같이 구분되는 과학과 기술은 서로 독립적으로 존재하는 것이 아니라, 서로 영향을 주고받는다. 먼저 과학발전은 기술발전의 기초가 되므로 과학적 원리의 부재 또는 무지는 더 이상의 기술발전을 불가능하게 만든다. 예를 들어 합성연료의 기술개발은 석탄의 분자구조와 석탄의 물리적 및 화학적 성질 사이의 관계에 대한 과학적 무지로 인해 더 이상 진전을 보지 못하고 있다. 그렇다고 해서 과학적 지식의 발견이 곧바로 기술

발전을 가져다주는 것은 아니다. 과학사적으로 보면, 레이저의 기본원리는 이미 오래 전인 1916년에 아인슈타인에 의해서 정립되었으나, 레이저 사용기술은 1960년경에 와서야 개발되었다. 1950년대 분자생물학 분야의 과학원리가 최근에 새로운 생명공학상품에 적용되고 있는 것도 이를 말해주고 있다.

3) 발명과 기술

발명은 새로운 제품과 생산공정에 대한 하나의 '아이디어'에 불과하며, 실용성과 경제적 타당성까지 포함하지는 않는다. 따라서 발명은 신기술의 개발자가 활용할 수 있는 지식의 축적일 뿐이다. 어떤 발명—특허권을 획득한 발명을 포함하여—은 빨리 상업화되기도 하지만, 추가적 기술지식의 부족과 경제적 문제 때문에 상당기간 지식 그대로 남아있는 경우가 있다. 발명이 성공했음에도 불구하고 추가적인 기술의 부족으로 오랜 기간 실용화되지 못한 대표적인 예가 철강의 제조공법이다. 1856년에 베스먼(H. Besseman)이 철광석을 강철로 전환시키는 과정에 산소가 활용되면 매우 효율적이라는 아이디어를 고안해 내었으나 당시에 산소의 대량생산기술이 없었다. 1920년 후반기에 비로소 산소의 대량생산기술이 개발된 이후에야 베스먼의 아이디어가 생산에 활용될 수 있었다.

따라서 발명은 기술발전의 필요조건이지 충분조건은 아니라는 것을 알 수 있다. 그러므로 특허가 기술혁신의 성과를 나타내 줄 수 있는지에 대해 의문점이 제기된다. 물론 통계자료의 제약 때문에 특허통계가 기술혁신의 지표로서 널리 활용되고 있기는 하나, 특허는 기술혁신과정의 투입요인일 뿐 결과는 아니라고 할 수 있다.

사례 2.1 레오나르드 다빈치의 발명품들

미술가였던 레오나르드 다빈치(Leonardo da Vinci, 1452~1519)는 당시의 장비와 도구들을 응용하고 개량해 다양한 장치들을 발명하였다. 자유자재로 방향을 바꾸는 동력전달장치를 비롯하여 비행기, 자전거, 자동차, 크레인, 드릴, 기어상자, 추락제어장치, 잠수함, 구명조끼 등의 설계도를 스케치하였다. 특히 그의 펜 끝에서 탄생한 헬리콥터(〈그림 2-1〉 참조)는 매우 구체적이고 현실적인 발명품이었다. 그러나 400년 후 재료공학과 엔진의 발명으로 비로소 기술로서 현실화되었다.

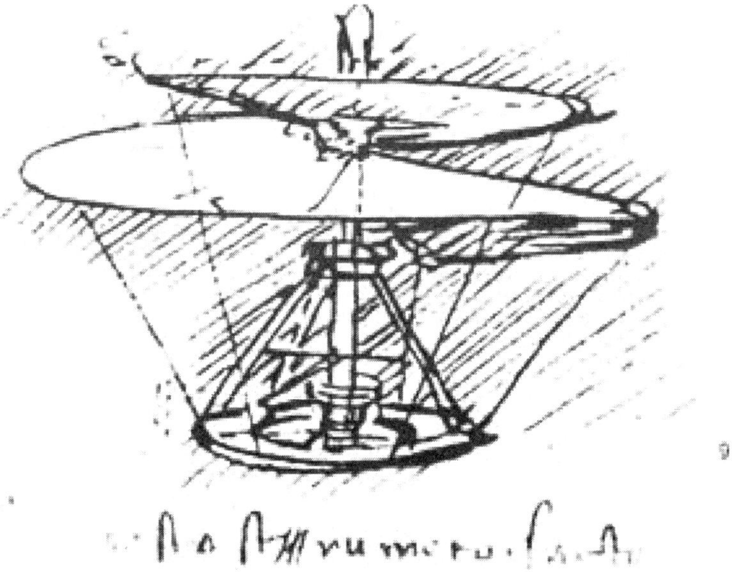

〈그림 2-1〉 레오나르드 다빈치의 헬리콥터 설계도

4) 과학과 발명

대부분의 획기적인 발명은 새로운 과학적인 발견에 뿌리를 두고 있으나, 과학지식과 독립적으로 이루어지는 경우도 있다. 예를 들어 라이트 형제는 기체역학이라는 과학지식이 나오기 전에 먼저 비행기를 발명하였다. 당시에 대표적인 물리학자들조차 무거운 물질은 비행이 불가능하다고 생각했으나, 라이트 형제는 실험을 통해서 이를 성공시켰다. 또한 발명의 목적은 무엇인가를 만드는 것이지 그 원리를 이해하는 것이 아니기 때문에 과학발전이 기술발전에 뒤지는 경우도 있다. 예를 들어 증기엔진이 발명된 다음에 열역학이 발전하기 시작하였다. 물론 이러한 몇몇 사례들을 일반화시킬 수는 없다. 그러나 과학활동과 발명활동 사이에는 서로 복잡한 상호작용관계가 존재한다는 사실을 알 수 있다.

한편 경제적인 관점에서, 발명이 정교하고도 새로운 과학지식에 의존하느냐, 아니면 이미 알려진 과학원리나 기존기술에 의존하고 있느냐에 따라서 '고기술'(high-tech)과 '저기술'(low-tech)로 분류되고 있다. 그러나 중요한 것은 발명의 성공여부는 과학적인 우월성이나 기술적인 정교함에 있는 것이 아니라, 경제성 있는 아이디어를 어떻게 상업화시키는가에 달려 있다는 것이다.

5) 기술혁신

앞에서 우리는 기술을 '생산에 적용되는 지식'이라고 정의하였다. 그러므로 기술혁신(technological innovation)이란 '실제 생산에 효과적으로 활용되는 지식의 혁신적 변화'라고 정의할 수 있다. 기술혁신의 대표적인 예로 컴퓨터의 등장과 '무어의 법칙(Moore's law)'으로 대변되는 획기적인 성능개선을 들 수 있다(더 알아보기 2-1 참조)

더 알아보기 2.1 무어의 법칙(Moore's law)

우리는 기술진보의 속도를 얘기할 때 10년 혹은 20년 정도의 비교적 긴 기간을 상정하는 것이 일반적이다. 220년 전에 시작된 산업혁명(industrial revolution)의 과정을 보아온 우리로서는 당연한 일일 것이다. 그러나 1946년 20단어를 기억할 수 있는 최초의 전자식 컴퓨터가 발명된 이후에*, 1960년대 말경 메인프레임 컴퓨터가 널리 보급되고 1971년 마이크로프로세서가 개발되면서부터 이른바 'IT(information technology)' 혁명이 시작되면서 기술진보의 속도는 엄청난 속도로 빨라지게 되었다. IT시대에 있어서 기술진보의 속도는 무어의 법칙으로 요약되고 있다. 미국 인텔사의 창업자였던 Gordon Moore는 1965년에 "실리콘 칩의 정보처리능력은 18개월마다 두 배씩 증가할 것이다"라고 예측하였다. 그리고 그의 주장이 그대로 들어맞았다. 〈그림 2-2〉에서 보는 바와 같이 컴퓨터의 처리능력은 엄청나게 증가한 반면에 처리비용은 급격하게 감소되었다. 병렬식 CPU의 등장으로 2000년대 이후에는 들어맞지 않는 법칙이 되었지만, 기술진보의 속도가 매우 빠르다는 사실을 피부로 느끼게 해주는 사례라고 볼 수 있다.

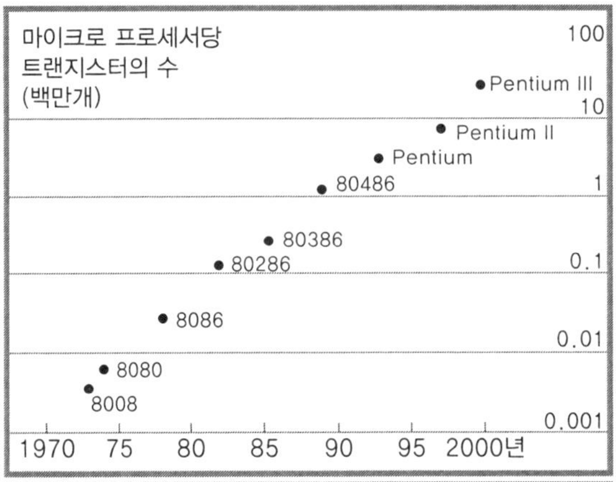

성능과 속도의 비용(달러)	1970년	1999년
1MHz 처리능력의 비용	7,601	0.17
1megabit 저장의 비용	5,257	0.17
1조 bit를 보내는 비용	150,000	0.12

〈그림 2-2〉 무어의 법칙(Moore's law)

기술혁신은 〈그림 2-3〉과 같이 네 가지 유형으로 구분할 수 있다. 그림에서 횡축은 제품 혹은 공정의 신규성 정도를 나타내고, 종축은 활용 혹은 문제해결의 신규성 정도를 나타낸다. 그림에서 유형 1은 '제품/공정'과 '활용/문제해결' 모두 새로운 것으로서 새로운 시장을 창출하는 획기적인 혁신을 말한다. 예로는 1980년 제작된 PC, 재고통제를 위한 바코드 등을 들 수 있다. 이와 대조적으로 유형 4는 혁신이 일어나지 않는 상황이다. 유형 2는 기존의 제품, 혹은 공정이 새로운 방법으로 활용되는 경우를 말한다. DVD를 대표적인 예로 들 수 있는데, CD라는 기존 기술과 차이가 없지만 압축방법이나 인식 하드웨어가 개선된 제품이다. 유형 3은 신약처럼 기존의 문제에 대한 새로운 해결책을 제시하는 혁신을 말한다.

활용 / 문제해결 \ 제품/공정	신규	기존
신규	유형 1: 새로운 시장을 창출하는 획기적인 혁신 · 제품: 1980년 PC · 공정: 재고통제를 위한 바코드	유형 2: 새로운 방법으로 활용되는 기존제품 혹은 공정 · 제품: DVDs · 공정: 공장자동화 기술
기존	유형 3: 기존문제에 대한 새로운 해결책 제시 · 제품: 신약 · 공정: JIT(Just-in-Time)	유형 4 : 혁신 없음

자료: White and Bruton(2007)

〈그림 2-3〉 기술혁신의 유형

2.2 거래대상으로서의 기술

'생산에 적용되는 인간의 지식'으로서의 기술은 판매자와 구매자 간에 거래가 가능할 것인가? 물론 거래 가능하다. 그런데 여기서 우리는 저량(stock)과 유량(flow)의 개념을 구분해서 보는 것이 편리하다. 일반적으로 저량은 어떤 일정 시점에서 측정한 것이고, 유량은 일정기간 동안 측정한 것이다. 따라서 과거부터 축적되어 온 것을 지금 시점에서 측정한 것이 지식(knowledge)이라고 하면, 그 중에서 일부가 이전될 수 있는 것을 정보(information)라고 할 수 있다. 이와 같이 이전 혹은 거래될 수 있는 정보가 기술정보로서 마케팅의 대상이 될 수 있는 것이다.

따라서 일반 상품과 마찬가지로 기업은 저량(stock) 개념으로서의 지식창고를 가지며, 이 창고에 기술정보가 유입되기도 하고 유출되기도 한다고 상정할 수 있다. 〈그림 2-4〉에는 기업의 지식창고를 그려 놓았다. 지식창고에는 글로 표현된 기술서적, 제품규정, 청사진, 운영지침서 등이 포함되고, 글로 표현되지 않은 노하우 또는 암묵적 지식이 쌓

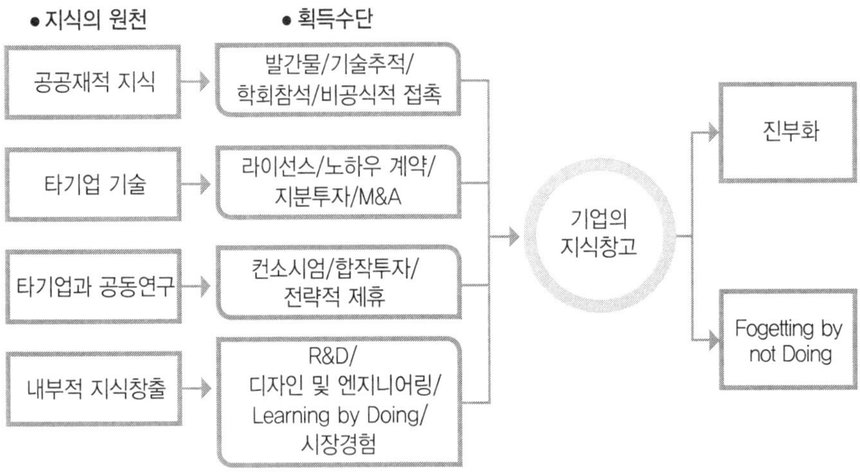

〈그림 2-4〉 기업의 지식창고

여 있다. 어떤 경우에는 특허, 표준 등과 같이 권리화되어 있기도 하다. 그림에서 보는 바와 같이 기업의 지식원천의 유형에 따른 지식의 창출 및 이전수단이 나타나 있다.

첫 번째 지식원천은 공공재적 지식이다. 이는 발간물, 기술추적, 학회발표대회, 비공식적 접촉 등을 통해 비교적 낮은 비용으로 접근할 수 있다.

두 번째 지식원천은 다른 기업들이 소유하고 있는 기술지식이다. 이는 라이선싱과 같은 계약을 통해서 획득될 수 있고, 혹은 핵심적인 지식의 보유자를 고용함으로써 획득할 수 있다. 앞에서 살펴본 바와 같이 특허 등과 같은 지식재산권은 자물쇠적인 성격을 갖고 있다. 즉 어떤 한 기업은 다른 경제주체의 특허에 바탕을 두고 개발 작업에 착수하는 경우 사전에 그 특허에 포함된 아이디어를 사용할 권리를 구매해야 한다.

새로운 기술정보를 얻는 세 번째 방법은 다른 기업과 협력하여 R&D 활동에 종사하는 것이다. 이는 기술이 융합화 및 복잡화됨에 따라 지난 20~30년 사이에 급증한 방법이다.

네 번째 방법은 기업의 자체적인 노력에 의해서 기술지식을 창출하는 것이다. 이것은 R&D, 디자인, 엔지니어링뿐만 아니라 시장경험의 축적과 루틴의 개발을 포함한다. 만약 물론 모든 지식이 안전하게 내부화되는 것은 아니다. 일부는 스필오버 효과(spillover effect)를 통해서 경쟁기업이 사용하는 등 기업 외부에서도 활용가능하게 된다.

기업이 어떠한 정보원천으로부터 어떠한 수단을 통해 필요한 기술정보를 조달할 것인지는 전략적 목적뿐만 아니라 기업의 자금여건에 따라서 달라질 것이다. 이러한 자금은 감가상각충당금이나 사내유보이윤 등과 같이 기업 내부에서 조달될 수도 있고, 채권이나 주식을 발행하여 외부에서 조달할 수도 있다. 물론 제한된 자금을 놓고 기술혁신

〈표 2-1〉 홈페이지를 통해 특허권 판매 및 대여를 광고하는 주요 기업

기업	홈페이지	판매 혹은 대여가능 특허기술
IBM	http://www.ibm.com/ibm/licensing	• IC공정기술 • 하드디스크 저장기술 • 부품디자인 기술 • 소스(source) 코드기술 등
DuPont	http://www.dupont.com/corp/science/technologies.html	• 섬유관련기술 • 성분합성기술 • 화학 및 촉매 • 분석화학 • 환경기술 • 전자기술 • 생물학 등
Philips	http://www.licensing.philips.com	• CD • DVD • SACD • MPEG • AC3 등
Boeing	http://www.boeing.com/assocproducts/mdip/home.html	• 알고리즘 • 레이저 및 제조기술 • 코팅기술 • 소재가공기술 • 성분합성기술 • 측정시스템 • 센서 등
Union Carbide	http://www.unioncarbide.com/business/busprgde.html	• 에틸렌기술 • 솔벤트기술 • 폴릴올레핀 레진 및 성분기술 • 코팅소재 • 특수 고분자 제품기술 등
P&G	http://www.pgtechnologytransfer.com	P&G의 온라인 기술판매시장임

자료: Arora, et al.(2001), p.237

이외에도 마케팅, 유통망의 확장, 설비투자, M&A 등 다른 전략적인 프로젝트들이 서로 경합할 것이다.

한편 기술지식은 지식창고에 그대로 축적되어 있는 것은 아니다. 다양한 방법으로 유출된다. 첫째는 기술의 진부화이다. 기술의 진부화란 기술진보로 말미암아 기존의 숙련도, 경험 그리고 루틴의 가치가 감소하는 현상을 말한다. 둘째는 '사용하지 않음에 따른 망각'(forgetting)이다. '망각'이란 학습(learning)과 반대되는 개념으로 기업이 어떤 기술을 외부에서 조달하려고 할 때, 이에 필요한 내부지식이 유지되지 못하여 그 기술을 흡수하거나 응용할 수 없는 경우를 말한다. 이외에도 기술보유인력의 퇴사 혹은 전출, 불법적인 기술유출, 특허침해 등을 통해서도 기업의 기술지식은 흘러나갈 수 있다. 물론 기술을 판매했을 경우에도 기술은 지식창고에서 빠져 나간다.

기술정보가 거래되기 위해서는 기본적으로 '상품가치'가 있어야 한다. 따라서 진부화된 기술은 거래되기 어렵다. 기술정보는 특허 등의 지식재산권, 노하우, 제품, 플랜트, 인력, 표준 등 다양한 형태로 거래될 수 있다. 이 중에서 가장 흔히 거래되는 형태는 특허라고 할 수 있다.

2.3 지식재산권

1) 지식재산권의 개요

지식재산(intellectual property)이란 어느 누군가가 직접적 혹은 간접적인 경제적 이득을 기대하여 생산한 특정한 아이디어 혹은 아이디어의 집합을 말한다. 따라서 지식재산권(Intellectual Property Right; IPR)이란 지식재산에 대해서 정부가 배타적으로 부여하는 권리이다.

세계지식재산권기구(World Intellectual Property Organization; WIPO)의 설립조약 제2조 8항에는 "지식재산권이라 함은 문학 · 예술 및 과학적 저작물, 실연자의 실연, 음반 및 방송, 인간 노력에 의한 모든 분야에서의 발명, 과학적 발견, 의장, 상표, 서비스 명칭,

상호 및 기타의 명칭, 부정경쟁으로부터의 보호 등에 관련된 권리와 그 밖에 산업, 과학, 문학 또는 예술분야의 지적활동에서 발생하는 모든 권리를 포함한다."라는 내용을 담고 있다. 즉 독점에 대한 권리를 허여하는 기존의 저작권, 저작인접권, 특허권, 상표권, 의장권, 과학적 소유권, 상호권이나 부정경쟁방지법, 서비스표권에 의해 보호되는 원산지 표시나 영업비밀 등과 관련된 것 모두 지식재산권에 포함된다고 할 수 있다. 최근 과학기술의 급격한 발전에 따라 새로이 보호할 가치가 있는 것들이 생겨나고 있으며 또한 향후 계속적인 과학기술의 발달로 인해 더욱 다양한 권리보호 대상이 나타날 것이다. 또한 과거에는 지식재산권의 보호대상이 되지 못했던 것들도 사회구조적인 변화에 의해 권리보호 대상의 범위에 포함되는 경우가 발생할 수도 있을 것이다. 앞으로 기존의 지식재산권 범위는 더욱 확대될 것이며, 또한 각각의 권리에 대한 세부 내용도 확장될 것으로 보인다.

지식재산권은 국가의 산업 발전 및 국가 경쟁력을 결정할 수 있는 하나의 산업자본으로서 큰 가치를 가진다. 또한 일반적인 다른 재산권과 마찬가지로 권리권자에게 독점적인 권리를 부여한다는 측면에서도 의미가 매우 크다. 지식재산권을 부여하여 기술개발의 결과에 대한 독점적인 권리를 보장해 줌으로써 기업이 투자비용을 회수하고 이를 통해 더 나은 기술을 개발하는데 재투자할 수 있도록 한다. 또한 기술을 소유함에 있어서 적절한 권리화를 통해 관련 분야에서의 개인, 기업 또는 국가 간 분쟁이 사전에 발생하지 않도록 한다는 측면에서도 매우 중요하다.

새로운 기술, 특히 다른 기술들의 근간이 되는 원천기술을 개발하는 데는 상당한 투자비용이 요구된다. 특히 연구개발을 수행하기 위해서는 고급인력 및 연구시설 등에 대한 막대한 투자가 이루어져야 하며, 새로운 기술을 개발하기 위한 투자는 항상 실패로 인한 위험요소를 가지고 있다. 반면 이미 개발된 기술을 모방하여 기술개발을 하는 것은 개발비용 및 시간을 단축할 것이며, 이에 따라 투자위험도 줄일 수 있을 것이다. 하지만 모방 위주의 기술개발이 계속된다면 새로운 기술개발에 대한 투자가 이루어지지 않을 것이며, 따라서 다른 기술들의 근간이 될 수 있는 원천 및 기반기술에 대한 개발능력을 점차 상실하게 되어, 결과적으로 국가적인 기술수준은 정체되거나 뒤쳐지게 될 것이다. 이러한 측면에서 지식재산권 제도는 개발된 신기술에 대한 권리를 보호함으로써 더욱 향상된 기술을 개발하기 위한 투자를 촉진하고 국가적으로 전반적인 기술 및 산업발전을 이룰 수 있을 것이다.

2) 지식재산권의 종류

지식재산권은 크게 산업발전이 목적인 산업재산권과 문화발전이 목적인 저작권으로 분류된다. 최근에 와서는 첨단산업의 발전으로 반도체칩, 생명공학기술 등에 대한 특허권이 새로운 특허유형으로 분류되고 있으며, 저작권의 범위가 컴퓨터 산업의 발전과 함께 컴퓨터 프로그램으로까지 확대되었다. 이를 신지식재산권으로 따로 분류한다.

산업재산권은 다시 특허권, 실용신안권, 의장권 그리고 상표권으로 나누어지며 저작권은 협의의 저작권, 저작인접권, 사업자권리 등으로 나누어진다. 신지식재산권은 첨단산업재산권, 산업저작권(예: 컴퓨터 프로그램 보호권), 정보재산권(예: 뉴미디어권) 등으로 나누어진다(〈그림 2-5〉 참조).

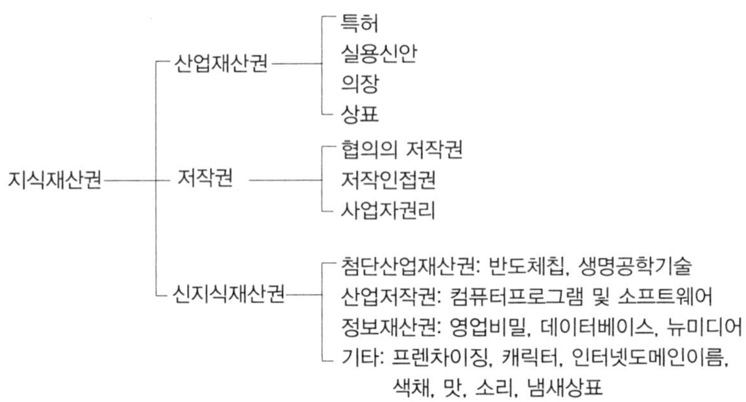

자료 : http://www.kipo.or.kr

〈그림 2-5〉 지식재산권의 체계

(1) 산업재산권

① 특허권

특허권이란 특허법에 의하여 발명을 독점적으로 이용할 수 있는 권리를 말하는데, 여기서 말하는 발명이란 특허법 제2조 제1호에서 "자연법칙을 이용한 기술적 사상의 창작으로서 고도한 것"이라고 정의하고 있다. 특허권이란 해당국의 특허청에 특허로서의 요건을 충족하여 특허권이 등록되는 경우 해당 특허의 출원일로부터 20년 동안 출원자에게 독점적인 실시권을 갖도록 하는 배타적 지배권을 뜻하며, 특허에 명시된 발명을 타인이 부당하게 사용하거나 발명에 대한 권리를 침해하지 못하도록 한다. 이때 특허의 대상으로는 '물건'뿐만 아니라 '방법'까지 가능하다.

② 실용신안권

실용신안권이란 실용신안법에 의해 고안에 대한 배타적 지배권을 일정기간 동안 독점적으로 이용할 수 있는 권리를 말한다. 이때 말하는 고안이란 실용신안법 제1장 제2조 제1호에서 "자연법칙을 이용한 기술적 사상의 창작"으로 정의하고 있다. 즉, 자연법칙을 이용하여 창작된 발명 중에서 특허와 같이 고도화된 수준에는 미치지 못하는 개량발명품이라 할 수 있다. 실용신안권의 대상은 오직 '물건'만이 그 대상이 될 수 있으며 특허와는 달리 '방법'은 실용신안권의 대상이 될 수 없다. 이에 대한 권리보호기간은 실용신안권으로 등록이 되는 경우 등록일로부터 실용신안등록 출원일 후 10년까지로 한다.

③ 디자인권

디자인권이란 물품의 색채, 형상, 모양 등으로 이루어진 것을 시각을 통해 아름다움을 느낄 수 있는 것을 일컫는 디자인을 독점적 또는 배타적으로 사용할 수 있는 권리를 말한다. 이에 대한 권리보호기간은 설정 등록일로부터 15년까지로 한다.

④ 상표권

상표권이란 타인의 상품과 자신의 상품을 구별하기 위해 사용되는 상표를 보호하기 위한 권리로, 이때 말하는 상표란 주로 도형, 색채, 기호, 문자 등을 사용하여 만들어진다. 상표권을 가진 상표권자는 지정된 상품에 대해 등록된 상표를 독점적으로 사용할 수 있는 권리를 가지며 이에 대한 권리보호기간은 설정등록일로부터 10년까지이다. 또한 10년마다 갱신이 가능하다는 특징을 가진다.

(2) 저작권

저작권이란 문학, 과학 또는 예술의 범위에서 저작자의 감정과 사상을 독창적으로 표현한 창작물에 대해 저작자가 가지는 권리를 말하며, 도서 · 그림 · 사진 · 음악 · 영화 등 인간이 정신적으로 창조할 수 있는 모든 것을 저작물로서 보호한다. 저작권을 가진 창작물이 실연이나 음반, 방송물 제작에 이용되는 경우 이를 보호하는 것을 저작인접권이라 한다. 저작권자는 일정기간 동안 출판, 방송, 공연, 전시, 복제 등에 자신의 창작물을 이용할 수 있는 독점적 또는 배타적 권리를 가진다. 산업재산권과 달리 저작권은 자신의 저작물에 대해 저작자가 가지게 되는 모든 인격적인 이익을 보호하는 것이 특징이므로 일신전속권인 저작인격권이 성립된다.

저작권은 등록을 위한 어떠한 행정적인 절차를 행하지 않아도 저작물이 창작된 그 순간에 자동적으로 발효된다. 저작권법에 규정된 저작물의 창작이나 저작권의 양도 등에 관한 사항들을 저작권등록부에 등재하는 저작권 등록은 저작권이 발효되는데 있어 필수적인 조건은 아니지만, 등록을 하게 되면 등록이 된 종류에 따라 추정력과 대항력의 법적 효력이 부여된다. 특히, 이중으로 양도된 저작권의 경우에는 먼저 등록한 양수인이 다음에 등록한 양수인에게 자신의 양도가 유효하다고 주장을 할 수 있는 강력한 효력이 생긴다. 이렇게 저작권을 보호하는 까닭은 창작자의 권리와 이익을 보호하는 것을 통해 더 나은 저작물이 만들어 질 수 있는 환경을 제공해 줌으로써 결과적으로 국민들이 더 나은 저작물을 접하여 삶의 수준을 높일 수 있도록 도움을 주기 위함이다.

(3) 신지식재산권

급변하는 현대사회에서 다양한 사회, 구조적인 변화와 과학기술의 급격한 발전으로 인해 전통적인 지식재산권이라 할 수 있는 산업재산권이나 저작권으로부터 보호받을 수 없는 분야들이 나타났다. 이러한 분야에 속하는 지식재산권에 대해서는 신지식재산권으로 분류하여 보호하고 있으며, 대표적으로 컴퓨터프로그램 보호권, 데이터베이스권, 뉴미디어권, 반도체 집적회로 배치설계권, 생명공학기술권, 영업비밀보호권, 캐릭터, 프랜차이징 등이 특화된 권리를 가진다.

신지식재산권은 크게 정보재산권, 산업저작권, 첨단산업재산권으로 분류할 수 있다. 먼저, 정보재산권은 상업적으로 이용될 수 있는 인터넷, 멀티미디어, 뉴미디어, 데이터베이스 등의 정보전달 수단이나 정보에 대한 권리를 말한다. 산업저작권은 저작권 분야의 창작의 방법, 내용과 산업적 활용이 주된 용도가 되는 것이 특징인 산업재산권이 합쳐진 권리를 의미한다. 예를 들어 소프트웨어, 컴퓨터 프로그램 등은 아이디어를 개발하는 것이 창작의 대부분을 이루기 때문에 저작권과 상응하는 특징을 가지는 반면, 산업적인 용도로 주로 이용되므로 산업재산권과 유사하기 때문에 산업저작권이 적용된다. 마지막으로 첨단산업재산권은 급변하는 현대사회에 발맞추어 발전하고 있는 유전공학, 인공지능, 생명공학, 반도체집적회로의 배치설계, 위성방송기술 등의 첨단기술에 대한 산업재산권이다.

앞으로 사회 구조적인 변화가 더욱 심해지며 컴퓨터 산업이 점차 급속한 성장을 이룰 것으로 예상됨에 따라, 신지식재산권의 보호 범위는 점차적으로 확장될 것으로 전망된다. 신지식재산권은 종류에 따라 권리보호기간이 10년에서 많게는 50년까지이다.

2.4 기술시장

1) 기술시장이란

기술시장(Market for technology)이란 기술수요자와 기술공급자를 연결시켜 주는 시장이다. 기술시장에서는 다양한 형태의 기술이 거래된다. 즉 특허를 비롯하여 무형의 기술(예: 소프트웨어, 디자인 등), 제품에 체화된 기술(예: 반도체 칩), 기술서비스 등이 거래된다. 기술시장(markets for technology)은 기존 기술의 효율적 활용뿐만 아니라 기술 확산을 촉진한다.

〈그림 2-6〉은 기술혁신과정에서 기술시장의 위치를 보여주고 있다. 그림에서 보는 바와 같이 기술하부구조와 특허제도를 잘 활용하여, 기술에 대한 사적 권리, 즉 특허를 획득한 경제주체들은 기술공급자가 된다. 기술공급 주체들로는 개인발명가, 기업, 기술개발 전문기업, 공공연구소, 대학 등이 있다. 물론 이들은 기술을 시장에 판매하지 않고 직접 생산에 활용하여 경제적 부가가치를 창출할 수 있다. 그러나 개인발명가, 기술개발

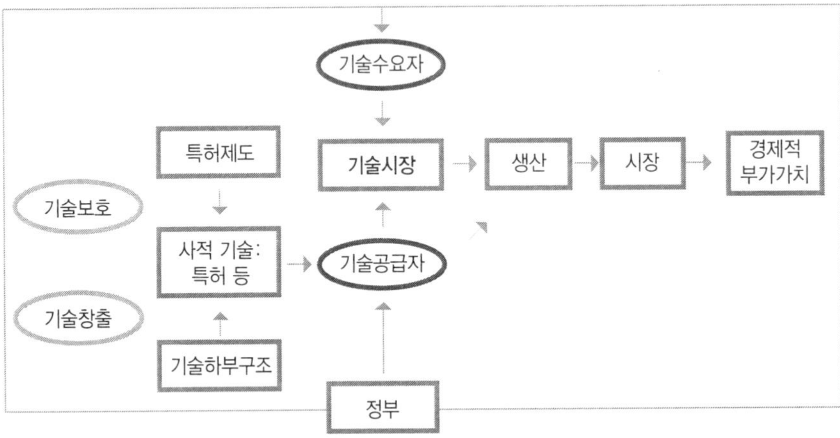

〈그림 2-6〉 기술시장의 위치와 역할

전문기업, 공공연구소, 대학 등은 특허를 직접 사업화하기 어려우므로 기술시장에 판매하거나 대여하는 경우가 많다. 기술수요자는 벤처기업, 대기업, 중소기업 등 주로 기업들이다.

2) 기술시장의 실패

경제학에서는 외부성이 존재하는 경우, 공공재의 경우 혹은 불확실성이 존재하는 경우 시장은 실패한다고 한다. 기술정보의 생산 및 거래는 외부성, 공공재의 성격, 불확실성 등 시장실패의 요인을 가진다.

(1) 외부성

"완전경쟁시장은 효율적이다."라는 결론 뒤에 숨겨진 하나의 가정은 상품의 소비 및 생산과 관련된 모든 이득과 손실이 의사결정자에 의해서 모두 고려된다는 것이다. 그런데 기술시장에서는 기술의 공급 및 수요에 따른 이득과 비용을 계산할 때에 의사결정자에 의해서 고려되지 않는 부분이 있게 된다. 이렇게 무시되는 효과를 외부성(externality)이라고 한다. 공해가 가장 대표적인 예로서 負(−)의 외부성 혹은 사회적 비용을 초래한다. 반대로 기술정보는 正(+)의 외부성을 초래한다. 즉 어떤 기업의 기술정보는 대가도 받지 않고 다른 기업에게 주어질 수 있다. 이것은 기술정보가 기본적으로 공공재이기 때문에 나타나는 현상이기도 하다.

〈그림 2-7〉은 기술정보의 외부효과를 잘 요약해주고 있다. 그림에서 보는 바와 같이 어떤 산업에서 기업이 외부성을 무시한다면, 사적한계이득은 MPB(Marginal Private Benefit)가 된다. 이때 균형기술정보량과 균형가격은 한계비용곡선 MC(Marginal Cost)와 MPB곡선이 만나는 점 e에서 각각 OT와 OR로 결정된다. 그러나 만약 기술수요자들이 가지는 기술정보에 대한 외부성을 고려하게 된다면 한계이득곡선은 MSB(Marginal Social Benefit)로 이동할 것이다. 그리고 균형량은 OT*, 균형가격은 OR*가 될 것이다. 따라서 사적 기업들이 기술정보에 대한 비용과 편익을 계산할 때 사적 편익만을 고려한다면, 사회적으로 바람직한 정보기술의 양(OT*)보다 더 적은 양(OT)이 생산될 것이다.

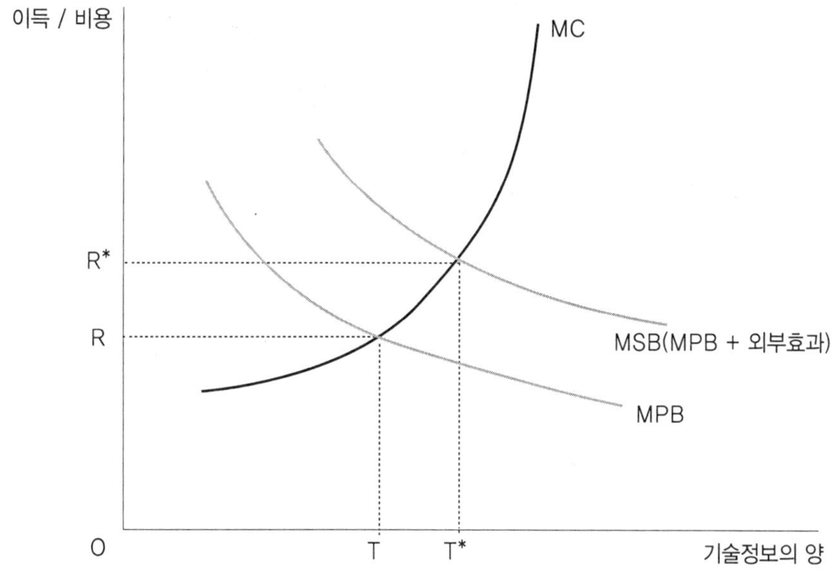

〈그림 2-7〉 기술의 외부효과

(2) 공공재

앞에서도 언급한 바와 같이 기술정보는 기본적으로 공공재(public good)이다. 즉 기술정보는 사용자 간에 소비가 서로 경합되지 않으며, 대가를 지불하지 않았다고 해서 배제시킬 수 없다. 이러한 특성 때문에 발명자에 의한 기술의 판매 혹은 이전은 발명자의 독점적인 이득을 잠식시킬 수 있다. 기술정보와 같은 공공재는 그것을 소비하는 사람의 수와는 관계없이 계속적으로 활용될 수 있으며, 이는 인위적인 희소성을 창출하려는 노력을 감소시킨다.

또한 기술정보의 구매자는 기술 자체를 알아야 하므로 새로운 아이디어를 적절하게 평가하기 어렵다. 만약 기술정보의 판매자가 구매자가 자신의 기술을 파악하게 도와준다면, 이는 기술 자체를 알려준 것이나 마찬가지로, 구매자는 더 이상 기술정보에 대한 대가를 지불할 필요가 없게 될 것이다. 이러한 이유로 기술정보의 판매자는 그들의 기술정보가 수요자에 대해서 가지게 될 진정한 가치를 실현시키려는 노력을 게을리 하게 되어, R&D 투자에 대한 유인이 줄어들게 될 것이다.

(3) 불확실성

완전경쟁시장이 성립하기 위한 조건 중의 하나는 구매자와 판매자가 거래되는 상품의 가격이나 품질에 대해서 완전한 정보를 갖는다는 것이며, 이는 확실성의 세계를 상정한 것이라 할 수 있다. 그러나 일반적으로 그렇지 못한 것이 현실이고, 기술의 경우는 더욱 그러하다.

① 불완전한 정보

만약 기술의 구매자가 정보가 완전한 상황에서 기술을 구매한다면, 이는 기술에 대한 정보—내용, 가격 등—를 획득할 때 아무런 비용도 지불하지 않는다는 것을 의미한다. 그러나 정보가 불완전한 것이 현실이므로 상품으로서 기술정보를 획득하는 데는 비용이 들며, 경제학에서는 이러한 정보획득비용을 탐색비용(search cost)이라고 부른다. 탐색비용은 기술구입을 위하여 기술공급처를 알아본다든지, 혹은 더 좋은 기술을 찾기 위하여 소요되는 비용 및 시간을 포함하는 개념이다.

예를 들어 기술의 구매자는 기술정보원을 알아보기 위하여 인터넷에 들어가기도 하고, 소정의 수수료를 내고 기술중개 전문기관으로부터 자문을 받기도 한다. 또한 이와 같이 기술구매자가 완전한 정보를 가지지 못하는 경우에는 기술의 가격, 즉 로열티의 결정에서 '일가(一價)의 법칙'이 성립하지 않는다. 〈그림 2–8〉에는 이 상황이 나타나 있다. 그림에서 $MPB_{실제}$는 기술정보의 실제 가치를 나타내는 곡선으로, 만약 기술의 구매

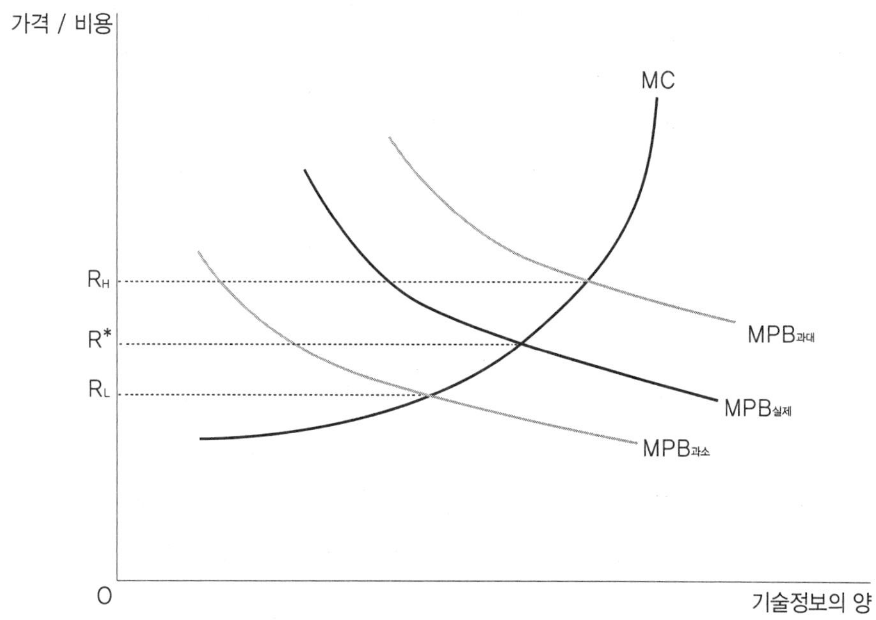

〈그림 2-8〉 기술의 가격결정 범위

자들이 이에 대한 완전한 정보를 가지고 있다면 기술가격은 OR^*로 유일하게 결정될 것이다. 그러나 불완전한 정보를 가진 구매자로서는 기술정보의 이득에 대해서 과소 혹은 과대평가하게 된다. 만약 구매자가 기술정보를 과소평가하게 되는 경우의 사적한계이득곡선을 $MPB_{과소}$라고 하면, 기술의 가격은 OR_L과 OR^* 사이에서 결정될 것이다. 왜냐하면 기술정보의 판매자는 실제의 가치를 반영하는 가격 OR^*을 받으려고 하는 반면에 구매자는 OR_L만큼만 지불하려고 하기 때문이다. 따라서 실제적으로 기술정보의 가격은 구매자 그룹과 판매자 그룹 간의 협상력에 의해서 결정될 것이다.

② 정보의 비대칭성

기술정보의 판매자는 기술 자체에 대해서 완전한 정보를 가지나 구매자는 기술정보에 대해 거의 모르는 경우가 대부분이다. 만약 구매자가 기술정보에 대해서 모두 알고 있다면 더 이상 거래의 필요성도 없을 것이다. 이와 같이 판매자와 구매자의 정보가 비대칭적일 경우에는 역선택(adverse selection)의 문제가 발생한다.

역선택은 비대칭적 정보가 존재하는 어떤 시장에서도 발생하는데, 가장 대표적인 예가 보험시장(insurance market)이다. 가령 어떤 사람이 건강보험에 가입할 경우에, 그 사람은 자신의 건강상태에 대해서 잘 알지만 보험회사 측에서는 그렇지 못하다. 이 경우에 보험회사가 평균적인 사람을 기준으로 보험료율을 책정한다면, 건강상 문제가 있는 사람들이 건강한 사람들보다 보험에 더 가입하게 될 것이다. 즉 역선택의 문제가 발생한다.

보험시장과 반대의 경우가 기술정보시장이라고 보면 된다. 보험시장에서는 보험상품의 구매자(피보험자)가 판매자(보험회사)에 비해서 더 많은 정보를 가지나, 반대로 기술정보시장에서는 기술정보의 판매자가 구매자에 비하여 더 많은 정보를 가지게 된다. 이 경우에 기술정보의 판매자는 핵심기술 혹은 중요기술은 판매하지 않고, 이미 표준화되거나 판매자의 입장에서 가치 없는 기술만을 판매하려고 할 것이다. 따라서 기술정보시장에서는 저급기술 또는 표준화된 기술만이 거래될 가능성이 있다.

③ 기술정보 생산의 불확실성: 위험

일반적인 투자활동도 위험성을 내포하지만 R&D 투자는 신제품의 판매와 상업적 성공, 즉 시장에 대한 불확실성에다가 기술적인 불확실성이 더 추가된다. 기술적 불확실성은 시장 불확실성에 의해서 더욱 커지기도 하지만, 반대로 기술적 불확실성은 시장 불확실성을 더욱 증폭시키기도 한다. R&D가 성공적으로 상업화되기 위해서는 기술은 고객의 요구에 부응해야 한다. 뿐만 아니라 R&D 활동에서 도덕적 해이(moral hazard) 문제가 나타날 수 있다. 이는 새로운 아이디어의 창출 실패가 연구자의 노력 부족의 결과인지, 아니면 특정한 R&D 프로젝트에 내재하는 과학적인 한계의 결과인지를 명확히 구분하기 어렵기 때문에 발생한다.

더 알아보기 2.2 역선택의 해결방안

정보의 비대칭성으로 말미암아 발생하는 역선택의 문제는 해결 불가능할 것인가? 만약 이를 시장의 가격기구에 맡겨 놓으면 해결이 되지 않는다. 예를 들어 2005년식 중고차의 경우 품질이 나쁜 차에 대해 시장이 따로 형성되어 가격이 200만 원으로 결정되고, 품질이 좋은 차에 대해서도 시장이 따로 형성되어 300만 원으로 거래된다면 아무 문제가 없을 것이다.

그러나 이는 품질 나쁜 차를 가진 사람들이 자기 차의 문제를 정확히 자진 신고하는 경우가 아니면 불가능하다. 누가 자기 차의 문제를 속속 알려주어 낮은 가격을 받으려고 할 것인가? 오히려 가만히 중간 정도인 250만 원을 받으려는 것이 일반적인 경제적 행동일 것이다. 그렇다면 가격 이외의 방안은 없는가? 그것은 품질 좋은 차의 소유자들이 보내는 신호(signal)이다. 가령 구매자가 중고차에 대한 정보가 없는 상태에서 판매자들이 자신의 차에 대해서 1년 정도 보증(warranty)을 제공한다면, 구매자들은 좀 비싼 가격이라 할지라도 구매하려 하기 때문에 역선택의 문제는 어느 정도 해결된다. 평판(reputation)도 하나의 방법이다. 가령 A라는 자동차 딜러의 경우 좋은 차만 선정하여 판매한다는 오랜 명성을 유지한다면, 역시 좋은 중고차가 비싼 가격에 거래될 수 있을 것이다.

이는 기술시장에서도 그대로 적용되며, 기술마케팅 및 정책을 수행함에서 있어서 역선택 현상에 대한 이해가 필수적이다.

CHAPTER 3

기술마케팅 사례 및 개념

최근 많은 기업들이 폐쇄형 혁신전략에서 개방형 혁신 패러다임으로 전환하면서 기술마케팅의 중요성이 커지고 있다. 원천기술 및 특허의 창출 주역인 대학과 공공연구소들도 마찬가지이다. 본 장에서는 기술마케팅의 사례를 간단히 소개한 후, 기술마케팅을 정의하고 개관한다.

3.1 현실 속의 기술마케팅: IBM의 사례

2000년 IBM과 대만의 컴퓨터 업체인 Acer는 80억 달러 상당의 기술거래 계약을 맺은 것으로 알려져 있다. 계약 내용을 보면, Acer는 향후 7년 동안 서버, 데스크 탑 그리고 노트북 등과 관련하여 IBM의 하드디스크 드라이브, 네트워크 및 디스플레이 분야의 기술을 사용할 권리를 갖게 되고, 반대로 IBM은 자사의 기술로 Acer가 생산한 13.3인치 LCD 13억 달러 어치를 구입하는 것으로 되어 있었다. 뿐만 아니라, 앞으로 양사가 공동으로 개발할 신제품을 아시아와 중동지역에서 Acer가 독점 공급한다는 내용도 있었다.

사실 IBM은 이러한 유형의 기술거래 계약을 Dell, Apple, Nintendo 등과도 맺어오고 있었다. Dell의 경우 IBM의 마이크로일렉트로닉스, 네트워킹, 컴퓨터 등 광범위한 기술들을 사용하기 위해서 7년간에 걸쳐 160억 달러 상당의 대가를 지불한 바 있다.

IBM은 연간 50억 달러를 R&D 활동에 투자하고 있으며, 미국에서 매년 가장 많은 특허를 출원하여 허여받고 있다. 1999년 IBM은 2,756건의 특허를 획득한 바 있는데, 이 당시 사내 지적소유권 및 라이선싱 담당 로젠탈 부사장은 IBM의 특허전략을 다음과 같이 설명하였다.

> "다른 기업들이 우리의 특허에 대해서 사용료를 지불할 용의를 가지고 있다면, 그들이 우리의 기술을 사용하지 못하도록 특허 포트폴리오를 활용할 의도가 전혀 없다. 우리의 특허 포트폴리오는 상당한 규모의 라이선스 수입을 창출할 뿐 아니라 새로운 사업을 개척하는 전략을 제공한다."(Tschirky et al., 2000)

실제로 IBM은 연간 10억 달러 상당의 기술사용료를 벌어들이는 것으로 알려져 있다. IBM은 홈페이지(http://www.ibm.com/ibm/licensing)를 통하여 판매 혹은 대여 가능한 기술(특허)을 제공하고 있다(〈그림 3-1〉 참조). 거래되는 기술은 IC 공정기술, 하드디스크 저장기술, 부품디자인 기술, 소스(source) 코드기술 등이다.

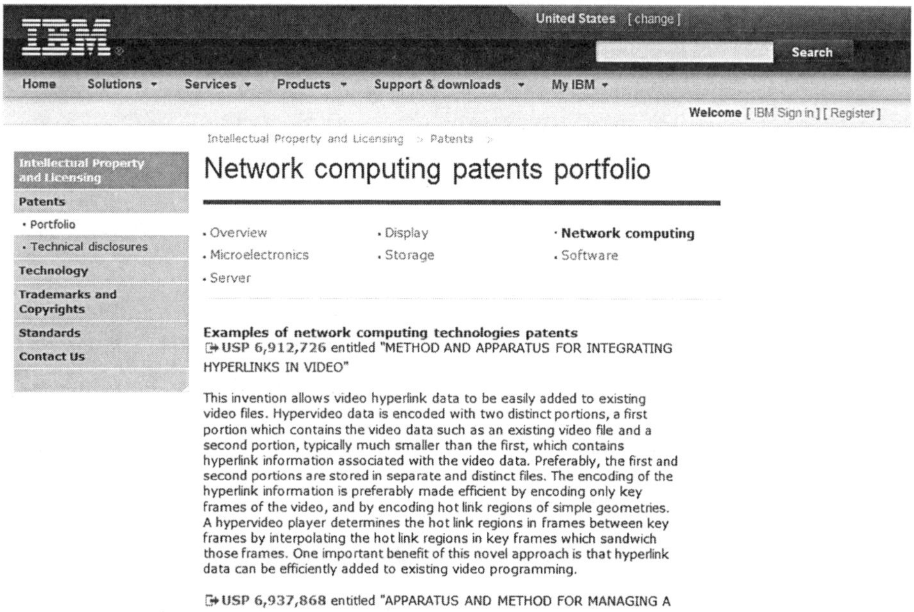

출처: http://www.ibm.com/ibm/licensing

〈그림 3-1〉 IBM의 기술 판매 홈페이지

3.2 기술마케팅의 정의

1) 기술마케팅의 정의

앞의 IBM의 사례에서는 기업들이 기술을 어떻게 활용 혹은 구입하고 있는가를 잘 보여주고 있다. 즉 기술의 '구매 및 판매 프로세스'(buy-and-sell process)이다. 그렇다면 기업들은 왜 이러한 기술거래 활동에 참여하고 있는가? 이는 전략적인 의사결정의 문제이기 때문이다. 우선 기업은 주어진 R&D 예산 제약 하에서 가장 효율적인 선택을 해야 하며, 제품의 생애주기가 짧아지는 상황 하에서 제품개발의 기간을 최대한 단축시켜야 하기 때문이다.

여기서 우리는 기술마케팅의 개념의 실마리를 찾아볼 수 있다. 기술마케팅(Technology

Marketing)이란 "기업이 전략적인 관점에서 ① 어떠한 기술이 필요하며, ② 이를 어떻게 획득하고(make or buy), ③ 보유한 기술을 어떻게 활용(keep or sell)할 것인가에 대한 의사결정 및 수행과정"이라고 정의 내릴 수 있다(〈그림 3-2〉 참조).

첫째, 기업에 필요한 기술이 무엇인가를 결정하는 문제는 현재뿐만 아니라 미래에 중요하게 될 기술을 망라한다. 즉 현재의 제품 및 서비스에 필요한 기술에 대한 의사결정은 물론 앞으로 출시할 신제품에 필요한 기술에 대한 의사결정을 포함한다. 더 나아가서 대체재 혹은 새로운 응용의 측면에서 아직 사용되지 않은 기술이나 앞으로 개발될 신기술에 대한 평가도 이루어진다. 만약 R&D 활동을 통하여 개발된 신기술이 거래를 통하여 제품화된다면, 이는 '신기술 사업화'라는 용어로 불릴 수 있을 것이다([더 알아보기 1.1] 참조).

둘째, 기술마케팅은 기술에 대한 구매의사결정을 포함한다. 기술을 내부적으로 개발할 것인지, 아니면 외부로부터 구입할 것인가에 대한 의사결정의 문제이다. 이 의사결정은 기업 외부의 R&D 활동을 활용하는 모든 형태의 기술획득수단(예: 라이선스)뿐만 아니라 제품 및 공정기술의 개발 과정에서의 모든 협력형태(예: 조인트 벤처)를 대상으로 한다.

셋째, 기술마케팅은 기술에 대한 처분의사결정을 포함한다. 즉 어떤 일정시점에서 기

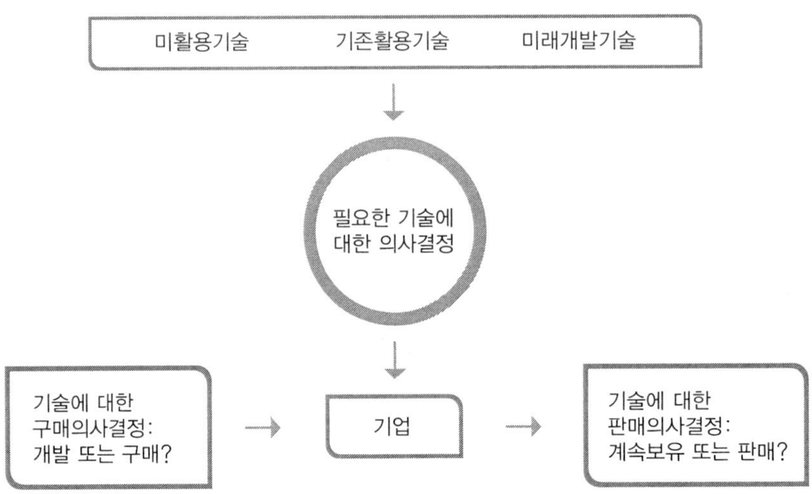

〈그림 3-2〉 기술마케팅의 정의

업이 보유하는 기술을 배타적으로 계속 활용할 것인지, 아니면 다른 기업이 직접 활용하게 하거나, 대가를 받고 사용하게 할 것인지에 대한 의사결정이다.

이상에서 정의된 기술마케팅은 기본적으로 기술을 하나의 거래대상으로 보는 관점에서 바라본 것이다. 그러나 기술마케팅은 다양한 개념으로 사용되고 있기 때문에 이에 대한 교통정리가 필요하다.

많은 경우 기술마케팅을 '첨단기술제품에 대한 마케팅'(marketing for high-tech products)으로 정의하고 있다. 예를 들어 '하이테크 마케팅', '첨단기술제품 마케팅' 등으로 명명된 서적들은 기술마케팅을 제품 기준으로 정의한 것이라 할 수 있다. 그러나 이는 특정한 제품, 즉 첨단기술을 체화하는 제품에 대해서 마케팅 원리를 적용한 것이다. 하이테크 기반의 기업경영은 신제품(new products)을 판매하는 마케팅 능력을 필요로 하기 때문이다. 만약 그 제품기술이 획기적이라면 기존시장은 요동칠 것이므로 하이테크 제품의 판매는 중요한 과제가 될 수 있다(Betz, 2003, p. 300). 본 책에서는 이러한 관점을 취하지 않는다. 우리는 기술이라는 정보서비스가 거래되는 기술시장 혹은 비시장 메커니즘을 다루고자 하며, 제품이 거래되는 시장을 직접 다루지는 않는다.

한편 우리는 '기술혁신과 마케팅'(technological innovation and marketing)이라는 용어를 접하는 경우가 종종 있다. 이는 어떤 아이디어가 제품개발 및 상업화로 이어지는 과정에서 마케팅의 역할이 중요함을 의미한다(Littler, 1994, p. 293). 신기술 및 신제품은 고객의 니즈에 따라 유발되며, 시장에서 고객의 만족수준, 시장상황, 판매전략 등에 대해서 분석하는 마케팅의 기능이 핵심적인 역할을 수행한다는 것이다. 달리 말하자면, 기술혁신 과정에 대한 전통적인 두 가지 견해, 즉 과학추동(science-push)과 수요견인(demand-pull) 중에서 수요견인 측면을 강조하는 입장이라고 볼 수 있다.

3.3 기술마케팅과 전통적 마케팅의 차이

기술마케팅과 전통적 마케팅은 본질적으로 다르다(〈표 3-1〉 참조).

첫째, 마케팅 전략 면에서 다르다. 전통적 마케팅의 전략적 목표는 기업(혹은 제품)

〈표 3-1〉 기술마케팅과 전통적 마케팅의 기본적 차이점

기준	전통적 마케팅	기술마케팅
1. 전략	• 경쟁력 제고 • 자본수익률(ROE; Rate of Equity)의 증대	• 기술 잠재력의 최적화 • 제휴 및 네트워크의 구축
2. 목표그룹	• 제품사용자	• R&D 전문가 • 생산관리자 • 주문생산제조업자 (OEMs; Original Equipment Manufacturers)
3. 시장세분화 (예)	• 지역 • 인구 • 심리적 특성 • 행동상의 특성 • 최종사용자 • 제품사용자 • 핵심 고객	• 신기술로 대체되는 제품 • 유사한 생산 공정 기능 • 신제품 및 신공정의 기능 • 핵심역량전략 및 아웃소싱 • 생산능력
4. 마케팅 수단	• 제품 • 서비스 • 시스템	• 노하우 • 특허 • 프로토 타입 • 프로젝트
5. 가격설정	• 시장규칙에 따른 가격	• 특정상황에 따른 가격
6.시장관리수단	• 광고 • 판촉활동	• 전문가들 간의 평가 혹은 평판
7. 유통채널	• 시장	• 시장 및 비시장 메커니즘 (특정상황에서의 기술이전 등)
8. 요구되는 지식	• 마케팅(기술은 부수적)	• 기술과 마케팅

경쟁력을 향상시키는데 있으나, 기술마케팅은 기술적 잠재력을 극대화하거나, 기술정보 관련 네트워크(network) 혹은 전략적 제휴(strategic alliance) 관계를 확립하는데 있다. 물론 양자의 궁극적인 전략적 목표는 이윤극대화이다.

둘째, 목표그룹의 차이다. 전통적인 마케팅에 있어서 목표그룹은 제품(products)의 사용자이다. 소비재라면 최종소비자이고, 생산재라면 부품수요자이다. 그러나 기

술마케팅에 있어서 목표그룹은 R&D 전문가, 생산관리자, OEMs(Original Equipment Manufacturers) 혹은 ODMs(Original Development Manufacturers) 등이다.

셋째, 시장세분화(market segmentation)의 차이이다. 전통적 마케팅에 있어서 시장세분화의 기준은 지역, 연령, 핵심고객, 소비자 특성 등이나, 기술마케팅에 있어서 시장세분화의 기준은 기술 그 자체이다. 예를 들어 대체기술(예: 프린팅 기술의 경우 잉크젯, 레이저, 버블젯 등), 유사한 생산공정 기능 등을 시장세분화 기준으로 삼을 수 있다.

넷째, 마케팅 수단에 있어서의 차이이다. 전통적인 마케팅에서는 제품, 서비스 그리고 시스템이 마케팅 수단이지만, 기술마케팅에서는 기술정보가 마케팅 수단이다. 즉 기술시장에서는 노하우(know-how), 특허(patents), 프로토타입(proto-types), 프로젝트(projects) 등이 거래수단이 된다.

다섯째, 가격설정도 기본적으로 다르다. 전통적 마케팅에서는 마케팅 수단인 제품 및 서비스가 시장의 규칙에 의해서 결정되는 가격으로 거래되지만, 이와 달리 기술마케팅에서는 노하우, 특허, 프로토타입, 프로젝트 등 기술정보의 가치를 추정하기가 어렵기 때문에—특히 복합적인 기술지식인 경우는 더욱 그러함—특정상황에 따른 가격에 의해서 거래된다.

여섯째, 시장관리수단의 차이이다. 전통적 마케팅에서는 광고, 판촉활동 등이 시장관리수단이나, 기술마케팅에서는 전문가 그룹이 기술에 대해서 부여하는 평판(reputation)을 관리하는 것이 일반적이다.

일곱째, 유통채널의 차이이다. 전통적 마케팅에서는 시장(market)이 중요한 유통채널이지만, 기술마케팅에서는 시장뿐만 아니라 비시장 메커니즘(예: 조인트 벤처 등)이 모두 중요하다. 특히 기술시장은 시장실패(market failure)가 발생할 소지가 매우 크므로 비시장 메커니즘을 통한 거래가 더 중요하다.

여덟째, 요구되는 지식의 차이이다. 전통적 마케팅에서는 마케팅 지식이 우선적으로 중요하고 기술에 대한 지식은 부수적인 역할을 가지나, 기술마케팅에서는 기술에 대한 지식과 마케팅에 대한 지식이 모두 중요하다.

이러한 차이점들이 존재하므로 우리는 제품시장과 기술시장을 분명하게 구분할 수 있다. 〈그림 3-3〉에서 보는 바와 같이 기술집약적 기업(technology-intensive enterprise)에 있어서 제1시장은 생산요소가 제품, 시스템, 서비스 등으로 전환되는 전통적인 기업활동을 나타내는 반면에 제2시장은 기술 자체를 생산하여 판매하는 활동을 나타낸다. 기술마케팅은 바로 제2시장을 다루는 분야라고 할 수 있다.

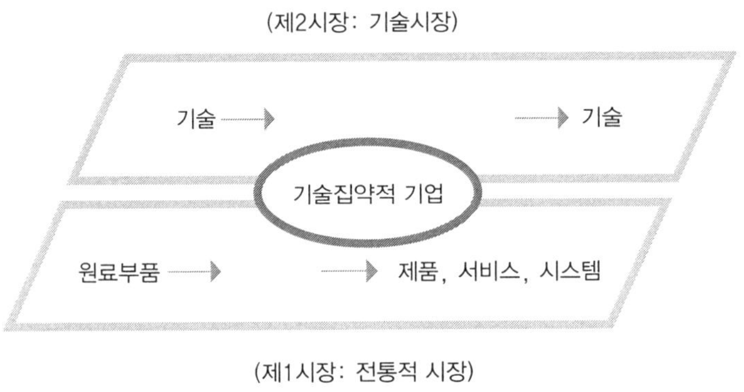

〈그림 3-3〉 기업 활동 차원에서 본 기술마케팅의 역할

CHAPTER 4

기술마케팅 전략 및 관리

기업경영의 어떤 분야에서든지 전략과 이를 수행하기 위한 관리 및 절차가 필요하듯이 기술마케팅에 있어서도 전략수립과 관리가 필요하다. 본 장에서는 기업의 관점에서 기술마케팅의 전략, 조직, 절차 그리고 사후관리에 대해서 알아본다.

기술마케팅 전략은 기업의 전사적 전략 및 기술경영전략에 따라서 달라진다. 예를 들어 생산에 필요한 기술을 기업 내부의 R&D 활동을 통해서만 획득하고 보유기술을 외부에 전혀 판매하지 않는 폐쇄적 혁신전략(closed innovation strategy)을 가지는 기업이라면, 기술마케팅 전략 자체가 필요하지 않을 것이다. 반면에 개방적 혁신전략(open innovation strategy)을 구사하는 기업이라면 적절한 기술마케팅 전략과 이에 따른 기술마케팅 관리가 필요하다.

기술마케팅의 전략 및 실행과정은 〈그림 4-1〉과 같이 4단계로 구분할 수 있다. 즉 기술마케팅 전략수립→하부구조(조직)구축→실행→사후관리 등으로 이어진다. 물론 각 단계간 피드백(feed-back)이 작용한다.

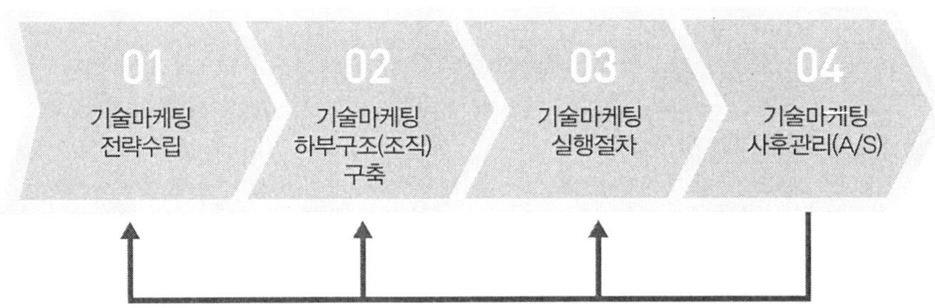

〈그림 4-1〉 기술마케팅 수행 단계

4.1 기술마케팅 전략

기술마케팅 전략은 일반적인 마케팅 전략과 차이가 있다. 전통적 마케팅의 전략적 목표는 기업(혹은 제품)경쟁력을 향상시키는데 있으나, 기술마케팅 전략은 기업의 기술적 잠재력(technology potential)을 극대화하거나, 기술정보 관련 네트워크(networks) 혹은 전략적 제휴(strategic alliance) 관계를 확립하는데 있다. 물론 양자의 궁극적인 전략적 목표는 이윤극대화이다.

1) 기업의 기술적 잠재력

기업에는 기업경쟁력의 바탕을 제공할 수 있는 여러 가지 잠재력들이 존재한다. 인적 잠재력, 금융적 잠재력, 유통판매 잠재력, 정보 잠재력 등이다. 이러한 잠재력 중의 하나가 기술적 잠재력(technological potential)이다. 기술적 잠재력은 다음과 같이 정의될 수 있다.

> 기술적 잠재력이란 기업의 사회 기술적 하부시스템으로서, 가용한 기술, 기술의 보유자 그리고 기술적 잠재력을 전개하는데 필요한 과정 및 구조를 포함하는 개념이다.(Tschirky, 1994, p. 124)

여기서 기술이란 제2장에서 정의한 일반적인 개념이 아니라 공학적 혹은 과학적인 지식을 전개하는데 필요한 특정한 노하우, 기능, 방법 그리고 설비까지도 포함하는 개념이다. 즉 특정한 제품기술 혹은 공정기술이다. 예를 들어 제품기술은 잉크젯 기술, 광섬유기술 등이고, 공정기술은 수치제어기술, 로봇기술 등을 들 수 있다. 따라서 기술적 잠재력 속에는 〈그림 4-2〉에서 보는 바와 같이 모든 R&D, 제품기술, 공정기술 그리고 기타 기술관련 활동들이 포함되어 있다. 여기서 하나의 제품은 R&D 및 생산 활동의 결과이며, 제품기술과 공정기술의 모든 것이 그 제품 속에 전적으로 체화되어 있다.

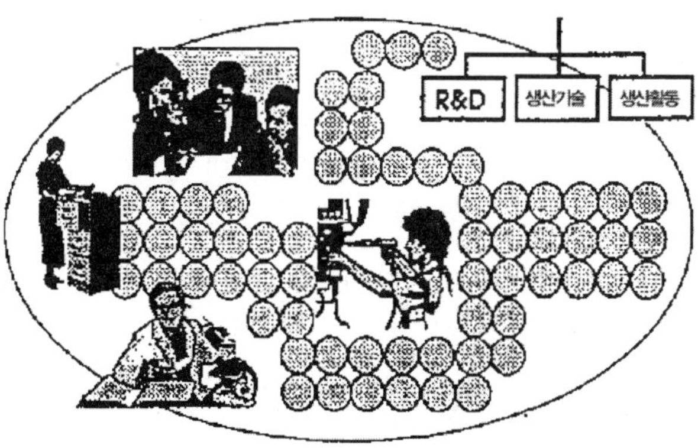

〈그림 4-2〉 기업의 기술적 잠재력

기술경영(Management of Technology; MOT)이란 이러한 기술적 잠재력을 극대화하는 경영활동으로 〈그림 4-3〉에서 보는 바와 같이 규범적 경영(normative management), 전략적 경영(strategic management), 관리적 경영(operational management) 등 수직적 활동을 통합하고, 한편으로는 목표(objectives), 구조(structure) 그리고 행동(behavior)을 수평적으로 통합하는 과정이다.

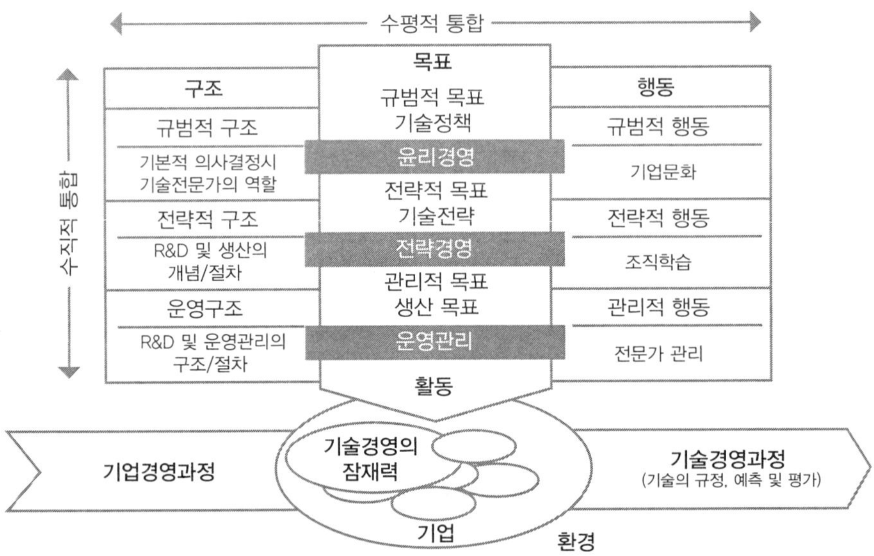

〈그림 4-3〉 기술경영의 통합적 접근방법

2) 기술마케팅 전략

기술마케팅 전략은 앞에서 정의한 기업의 기술적 잠재력을 실현하는 여러 가지 수단들 중의 하나이다. 다시 말해서 기술마케팅을 통해서 기업의 기술적 잠재력을 극대화할 수 있으며 이를 통해서 기업의 수익 또한 극대화할 수 있다.

일반적으로 마케팅 전략은 (제품 및 서비스) 마케팅 목표를 달성하기 위해서 다양한 (제품 및 서비스) 마케팅 활동을 통합하는 가장 적합한 방법을 찾아 실천하는 일이므로, 기술마케팅 전략은 기술마케팅 활동을 통합하는 가장 적합한 방법을 찾아 실천하는 일이라고 할 수 있다.

기술마케팅 전략은 전략적 기회를 발견하기 위한 분석, 최적전략의 입안, 조직 전체의 전개라는 세 가지 측면을 포함한다. 이러한 마케팅 전략을 전개하려면 기업의 다른 영역, 예를 들어 인사, 재무, 조직, 생산, R&D 등과도 많은 관련을 가지게 된다.

한편으로 기술마케팅 전략은 의사결정의 과정이며, 이의 실행과정이다. 우리는 이미 제1장에서 기술마케팅을 "기업이 전략적인 관점에서 ① 어떠한 기술이 필요하며, ② 이를 어떻게 획득하고(make or buy), ③ 보유한 기술을 어떻게 활용(keep or sell)할 것인가에 대한 의사결정 및 수행과정"이라고 정의 내린 바 있다(〈그림 4-4〉 참조). 이러한 의미에서 기술마케팅 전략은 이윤, 성장 등 기업의 경제적 성과를 극대화하기 위하여 적절한 전략을 수립하고 이를 달성하는 전술적 행동을 수행하는 과정이라고 할 수 있다.

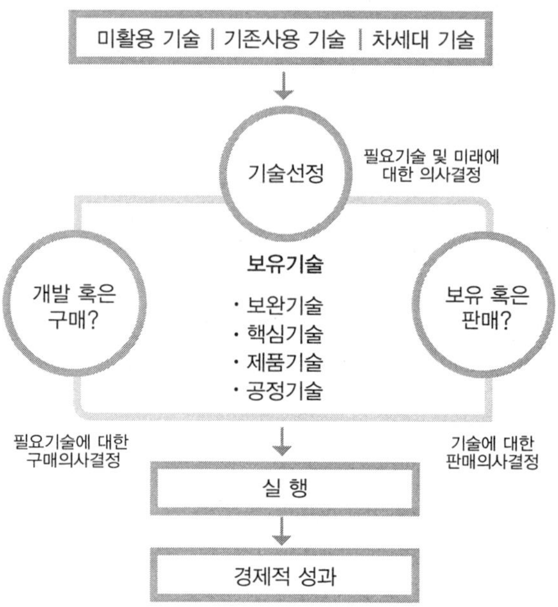

〈그림 4-4〉 의사결정의 관점에서 본 기술마케팅 전략

3) 기술마케팅 전략의 수립

(1) 기술경영전략

기술마케팅 전략은 독자적인 전략 영역이 아니다. 기술마케팅 전략은 상위 전략인 기술경영전략, 더 나아가서 전사적 차원에서의 기업전략과 합치되어야 한다. 여기서 분명한 것은 기술마케팅 전략은 기업의 기술경영전략의 일부분이라는 점이다.

일반적으로 기술경영전략을 수립하는 과정에서 기업들은 기술로드맵(techonology road map)을 작성한다. 기술로드맵이란 제품이나 시장의 요구를 충족시킬 수 있는 기술적 대안을 발굴, 선정하고 그들 간의 관계를 시간 좌표로 표시하는 과정이다. 이를 통해서 R&D 프로젝트의 세부 계획을 수립하는 기술기획(technology planning)을 추진할 수 있으며, 기업의 핵심기술 또는 기술격차(technology gap)를 확인할 수 있고, 관련 구성원들 간 연구 활동을 조정함으로써 R&D 투자관련 의사결정을 조율할 수 있다. 따라서 동일한 기술에 과도한 투자를 하거나 중요 기술들을 간과하는 일을 피할 수 있고 핵심기술들을 공동으로 개발할 수 있는 전략적 가능성을 파악할 수 있다. 제4장에서 살펴본 특허맵(patent map)도 기술로드맵과 동일한 기능을 수행한다.

(2) 보유기술의 검토

기업은 이상과 같은 기술로드맵 혹은 특허 맵을 바탕으로 기술마케팅 전략을 설정할 수 있다. 먼저 보유기술을 검토하여 판매 혹은 구매할 기술을 선정할 수 있다. 검토되는 기술들은 다음과 같다.

- 특허 혹은 특허군
- 노하우
- 프로토 타입
- 표준 혹은 표준패키지
- 프로젝트

사실 기업이 사내에 보유하는 기술들을 수집하고 평가하기는 쉬운 일이 아니다. 대부분의 미국 기업들은 특허기술에 대한 경제적 가치를 인식하고, 이를 전사적인 차원에서의 하나의 경영전략으로 활용하고 있으며, 일부 기업에서는 특허전략을 생존전략으로 삼고 있다. 이에 따라 사내 특허를 체계적으로 관리하고 있으며, 자사의 제품 및 경영전략에 맞지 않아 잠들어 있는 휴면특허를 적극적으로 타사에 판매하거나 라이선스 공여 등의 수단을 동원하여 수익을 창출하고 있다.

실제로 미국의 주요 대기업들은 적극적인 특허전략을 구사함으로써 특허기술 판매수익이 기업 전체 수익의 상당부분을 차지하고 있다. IBM의 경우 특허관리를 목적으로 회사 내에 'Technology Group'을 설치하고, 사내 특허창출 및 활용 실태를 점검하고 있다. 즉 현재 보유하고 있는 특허기술들이 경쟁력이 있는지, 적절하게 활용되고 있는지 등을 확인하여 이에 알맞은 전략을 구사하고 있다. 특히 종전의 폐쇄적이던 기술정보의 흐름을 개방화하여, 기업 보유의 특허기술을 적극적으로 판매할 뿐만 아니라 타사의 특허기술도 적극 활용하고 있다. 그 결과 특허료와 로열티 수입이 경상이익의 약 20%를 차지하고 있는 것으로 보고되고 있다.

GE도 휴면특허 활용전략을 통해 수익극대화를 추구하고 있다. GE는 1998년부터 각 사업부에 지식재산권 관리팀을 두어, 특허관리의 시스템화를 구축하였다. 특히 지식재산권 관리팀에서 일차적으로 회사 내에서 사업부 간 휴면특허의 활용을 유도하는 한편, 회사 내에서 활용될 수 없는 특허기술은 다른 회사에 라이선스 제공방식으로 판매하여 수익을 창출하고 있다.

(3) 판매기술의 선정: 기술포트폴리오 분석

기술 판매는 외부 구매자와의 계약에 의해서 이루어지므로, 실제로 판매가 가능한 기술이 무엇인지를 검토하는 것이 우선적이다. 이는 기업이 보유하는 모든 개별기술들에 대한 전반적인 평가를 통해서 이루어진다.

이때 기술 평가는 체계적으로 이루어져야 하는데, 이는 기술 포트폴리오 분석(Technology Portfolio Analysis)을 통해서 가능하다. 기술 포트폴리오는 〈그림 4–5〉에서 보는 바와 같이 두 가지 차원에서 기업의 경쟁적 위치를 나타낸다. 하나는 종축에 나타난

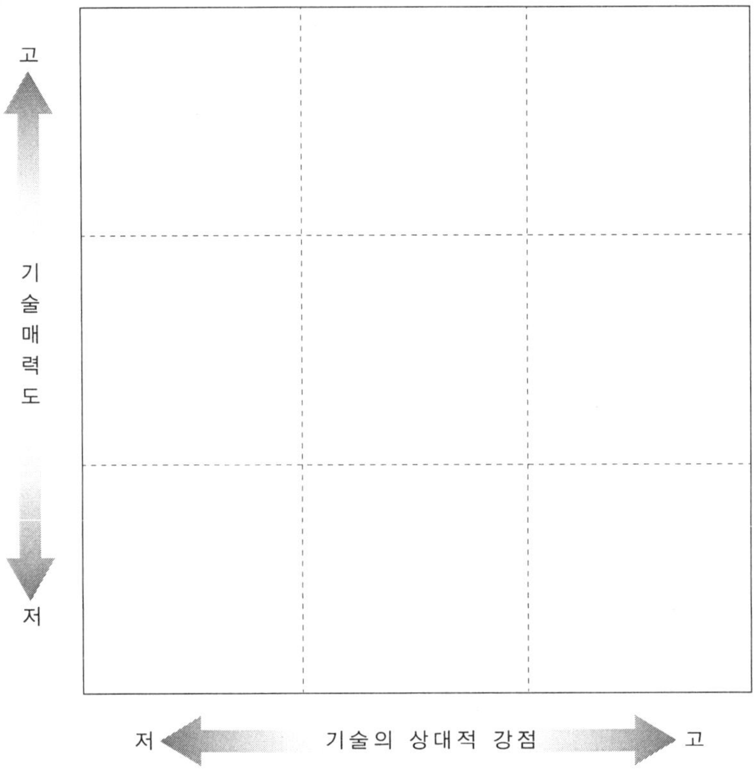

〈그림 4-5〉 정태적 기술 포트폴리오

기술의 매력도(technology attractiveness)로서 기업이 통제할 수 없는 변수이고, 다른 하나는 횡축에 나타난 기술의 상대적인 강점 혹은 시장 위치로서 기업이 어느 정도 통제할 수 있는 변수이다. 이러한 기술 포트폴리오 모델은 정태적이다. 왜냐하면 이미 공급되어 사용되는 기술들만을 평가하기 때문이다.

한편 신기술기반기업(New Technology Based Enterprises) 또는 기술집약기업(Technology Intensive Enterprises)은 그 기업에 의해서 아직은 활용되지는 않지만 미래에 매우 중요하게 될 기술들에 대한 전략적인 의사결정의 문제에 직면하게 될 것이다. 이 경우에는 〈그림 4-6〉과 같은 동태적 기술 포트폴리오 모델이 필요하다. 동태적 기술 포트폴리오는 위의 정태적 모형에다가 종축에 '신기술들'(new technologies), 횡축에 '진부화 기술들'(obsolete technologies)이라고 추가하여 표시하면 도출이 가능하다. 종축에 '신기술들'이라고 표시한 것은 이미 기술의 매력도가 평가된 기술들이지만 미래에 필요한 기술들을

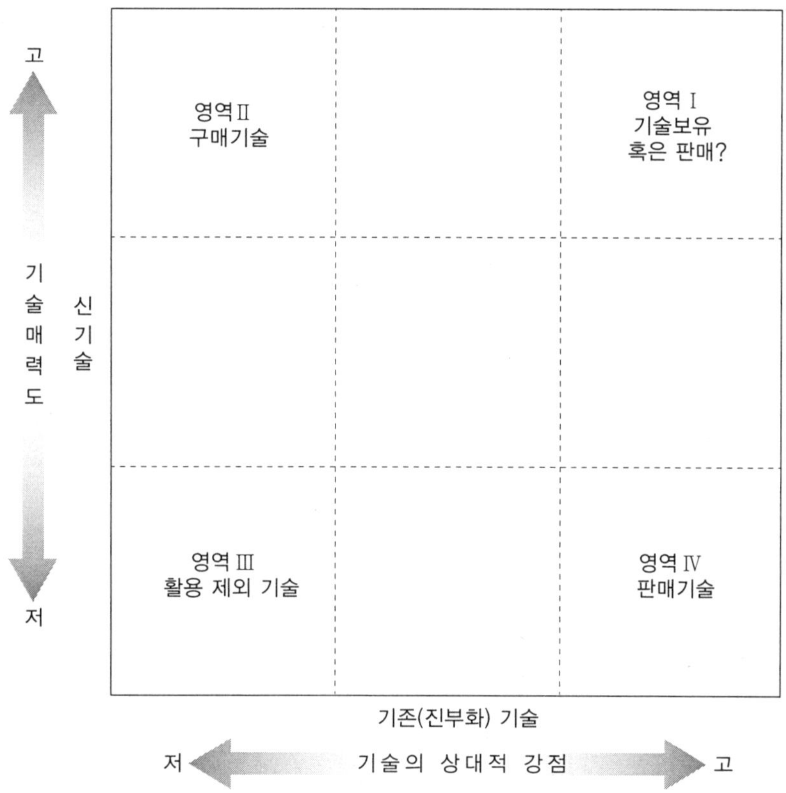

〈그림 4-6〉 동태적 기술 포트폴리오

의미한다. 반대로 횡축에 추가적으로 표시한 '진부화 기술들'(obsolete technologies)은 기업에 의해서 더 이상 사용되지 않는 기술들을 말한다.

이러한 동태적 기술 포트폴리오를 그려 보면 그 기업에 아직도 중요한 기술들, 즉 이미 사용 중인 기술과 미래에 필요하게 될 기술들이 나타나게 된다. 동시에 지금까지 그 기업에 의해서 사용되어 오지 않은 기술이지만 그 기업에게 가치가 있을 수 있는 기술들도 나타난다. 더 나아가서 제3자에 의해서 활용되어 질 수 있는 기술, 즉 판매기술 영역을 파악할 수 있다.

만약 기술의 상대적 강점이 크고, 기술매력도도 큰 신기술이라면(영역 I) 기술을 계속 보유하거나 판매하는 것도 검토해 볼 수 있다. 반대로 기술의 상대적 강점도 작고, 기술 매력도도 작은 구기술(영역 III)이라면 판매가능성은 물론 활용가능성 자체가 매우 낮게

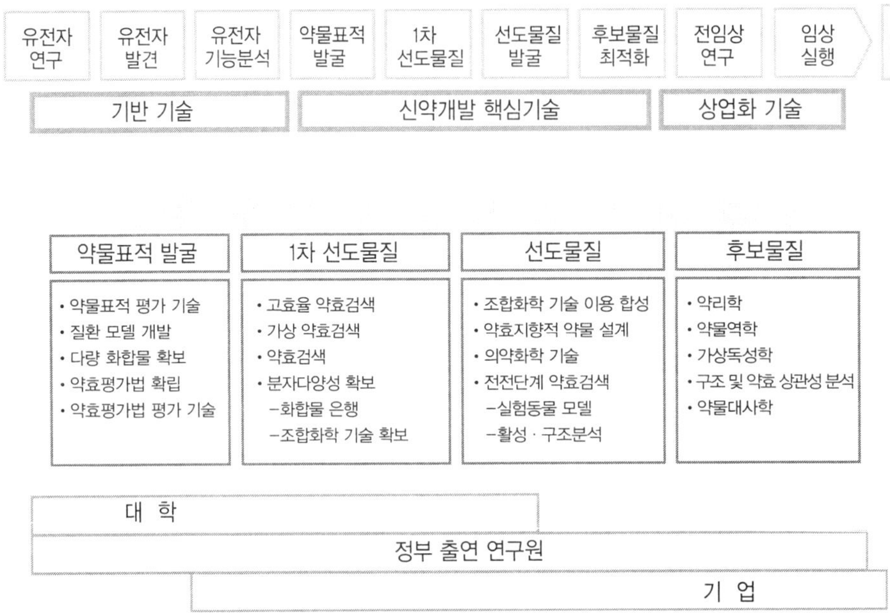

자료: 조헌제(2006)

〈그림 4-7〉 의약산업분야 기술마케팅 대상 기술영역

된다. 기술매력도는 큰 신기술이지만 자사의 기술의 상대적 강점이 작은 기술(영역 II)은 구매하는 것이 유리할 것이고, 기술매력도는 작지만 기업의 기술적 강점이 큰 기술(영역 IV)은 구매자가 원한다면 판매하는 것이 유리할 것이다. 그러나 이것은 어디까지나 대략적인 지침이며, 개별기업들은 자사의 사정에 따라서 구체적인 기술선택 프로그램을 개발해야 한다.

구체적인 사례로 의약산업분야 기술마케팅 대상 기술영역은 〈그림 4-7〉과 같으며, 제약회사 혹은 바이오기업들은 이러한 영역을 바탕으로 자사의 기술포트폴리오를 작성할 수 있다.

더 알아보기 4.1 기술수명주기와 기술진부화

상업화 이후 신제품 및 신공정의 기술적 진화과정을 보면, 일련의 기술혁신이 계속되는 현상을 발견할 수 있다. 즉 초기의 혁신이 상업적으로 성공하게 되면 제품의 개선, 정교화,

scale-up 활동이 추가적으로 일어나고, 다양한 신제품의 창출활동이 나타날 것이다. 이에 따라 기술혁신 연구에서는 제품생애주기(product life cycle)와 기술주기(technology cycle) 개념을 통해 기술혁신의 패턴을 유형화시키고 있다. 이는 특정한 제품이나 공정에 대한 기술 및 시장의 진화과정–도입기로부터 성숙기까지–을 추적할 수 있음을 의미한다.

기술혁신의 패턴과 관련하여 기술혁신연구에서 가장 많이 활용되는 모델이 어터백(J. M. Utterback)의 '혁신의 역동성' 모델이다. 〈그림 4–8〉에서 보는 바와 같이 제품혁신과 공

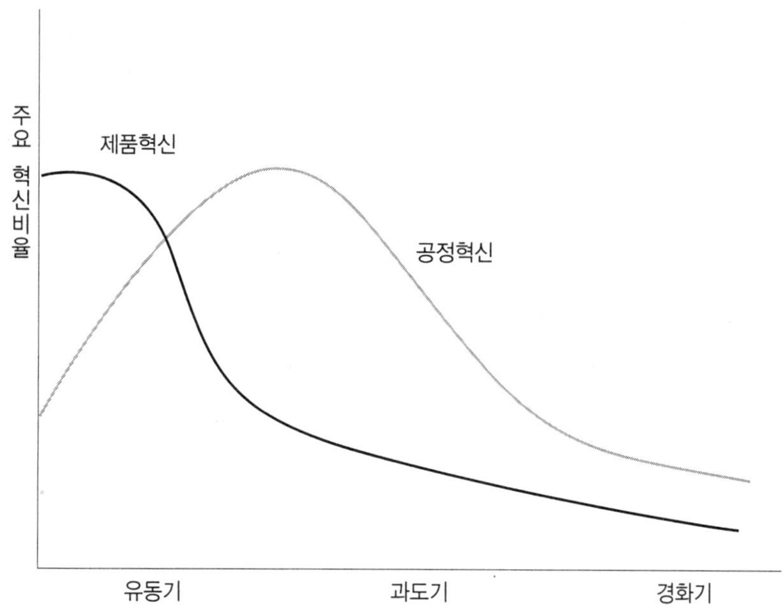

혁신	• 획기적 제품변화 빈번	• 생산 공정의 큰 변화	• 점진적 제품/품질 개선
혁신주체	• 산업개척자 • 선도적 제품사용자	• 제조업자 • 일반 사용자	• 다수의 공급업자
제품	• 주문 설계제품과 다양한 디자인	• 지배제품	• 표준화된 제품
공정	• 유연하나 비효율적 • 큰 변화도 쉽게 수용	• 체계화 • 생산단계의 변화 수반	• 효율적/자본집약적 • 높은 변화 비용

자료: Utterback(1993)

〈그림 4–8〉 '기술혁신의 역동성' 모델

정혁신은 각각 유동기(fluid phase), 과도기(transitional phase), 경화기(specific phase)라는 세 단계를 거치면서 진화한다. 유동기에는 획기적인 제품혁신이 빈번하여, 제품의 변화율이 가장 높은 단계로서 제품, 공정, 경쟁관계, 경영 측면에서 매우 불확실한 상태이다. 예를 들어 PC가 처음 출시되었을 때, 조잡하고 매우 비쌌지만 선도적 사용자들은 이를 기꺼이 감수하였다. 과도기는 신제품이 시장에서 수용되고 지배제품이 출현하는 단계이다. 시장수요가 증가면서 이에 대응하기 위한 공정혁신에 큰 변화가 일어난다. 경화기는 제품이 표준화되며, 제품혁신과 공정혁신의 정도가 낮아진다. 예를 들어 25,000여 개 정도의 부품이 들어가는 자동차의 경우에도 유선형과 같이 디자인조차도 유사해지며, 엔진, 내부 장식 등도 유사해진다. 이러한 세 단계의 변화가 종결되고 획기적인 기술혁신이 일어나면, 또 다른 물결의 사이클이 시작된다.

이와 같은 기술수명주기는 보유기술을 검토하고, 판매대상기술을 검토할 때 활용할 수 있는 중요한 분석도구이다. 왜냐하면 기술이 수명주기 상 어디에 위치하는가에 따라서 기술판매 및 구매의사결정이 달라질 수 있기 때문이다. 만약 보유하고 있는 기술이 유동기를 지나 경화기로 접어들게 되면, 기술의 경제적 진부화가 급속히 진행되어 판매가 어렵게 되거나 심지어 판매가 불가능하게 될 지도 모른다.

(4) 시장세분화

기술마케팅 전략수립에 있어서 구매자 분석은 필수적이다. 기술시장을 분석해야 하며, 그것을 세분화하여 공략하기에 유리한 목표시장을 선정해야 한다.

기술시장분석이란 당해 기술의 매력도와 특성을 분석하는 것이다. 즉 기술시장의 규모, 성장성, 부가가치의 창출 정도를 분석하고, 기술혁신의 정도, 구매자의 특성 등을 파악하는 것이다. 그러므로 기술시장분석은 기술 포트폴리오 작성과 동시에 진행되어야 한다.

기술시장의 분석은 시장세분화(market segmentation) 작업을 수반한다. 제품마케팅 전략에 있어서 시장세분화 기준은 주로 지역, 연령, 핵심고객, 소비자 특성 등이다. 그러나 기술마케팅 전략을 수립하는 경우 시장세분화 기준은 기술 그 자체이다. 경쟁적으로 사용할 수 있는 대체기술(substituting technologies)이 하나의 기준이 될 수 있다. 프린팅기술을 예로 든다면, 잉크젯기술, 레이저기술 그리고 버블젯기술 등 3개로 세분화할 수 있다. 디스플레이 기술의 경우에는 브라운관, LCD(Liquid Cristal Display), PDP(Plazma Display

Panel), LED(Light Emitting Diode) 등 4개로 구분할 수 있다.

또는 제품기능을 가능하게 하는 기술들을 시장세분화의 기준으로 삼을 수 있다. 예를 들어 진공관(vacuum container) 제조에 필요한 고도의 납땜기술의 경우 기술시장을 진공장치의 종류에 따라서 세분하기보다는 금속을 결합시키는 생산공정 기능을 필요로 하는 제품의 수에 따라서 세분화할 수 있다.

(5) 표적시장의 선정

기술시장의 세분화(technology market segmentation)가 이루어지면 이 중에서 표적으로 삼을 만한 시장을 선택하여 집중화시키는 작업이 필요하다. 디스플레이 기술시장을 예로 든다면 브라운관, LCD, PDP, LED 등 대체기술 중에서 하나의 기술시장 혹은 다수의 기술시장을 표적시장으로 선정하는 것이다.

제품 및 서비스마케팅에서는 수익성이 높고 이를 달성할 수 있는 시장을 선택하게 된다. 기술마케팅에서도 마찬가지 기준이 적용될 수 있다. 세분화된 기술시장 중에서 자사가 기술판매를 통해 수익을 극대화할 수 있는 시장을 선택해야 한다.

(6) 목표그룹의 설정

제품 및 서비스마케팅에 있어서 목표그룹은 제품(products)의 사용자이다. 소비재라면 최종소비자이고, 생산재라면 부품수요자이다. 이와 달리 기술마케팅에 있어서 기술구매자는 기업 내부의 R&D 전문가, 생산관리자, OEMs(Original Equipment Manufacturers) 혹은 ODMs(Original Development Manufacturers) 등이다. 물론 벤처기업의 CEO 혹은 벤처캐피탈 회사들이 중요한 기술마케팅의 목표그룹이 될 수 있다. 기술마케팅 수립과정에서 목표그룹을 설정할 때 고려해야 할 사항은 다음과 같다.

첫째, 기술구매의 동기는 무엇인가? 예를 들어 기업의 핵심역량을 강화하기 위한 것인지, 혹은 기존기술을 보완하기 위한 것인지, 혹은 신기술의 동향을 파악하거나 기술수준을 유지하기 위해서인지, 아니면 새로운 사업화를 추구하기 위한 것인지 등을 파악해야 한다. 그리고 이러한 구매동기에 따라 구체적인 목표그룹을 설정해야 한다.

둘째, 기술마케팅 담당자는 잠재적 기술구매자에 대한 정보를 체계적으로 파악해야 한다. 이는 공식적 방법(예: DB, 기업연감자료, 산업협회정보, 특허마트 등)과 비공식적 방법(예: 개인적 교류, 인맥 등)을 동원하여 탐색할 수 있다.

셋째, 잠재고객의 기술흡수역량 혹은 재무상황, 더 나아가서 기술의 활용의지 등을 파악할 필요가 있다. 만약 기술 및 재무 측면의 역량이 크다면 기술판매의 가능성은 높아지기 때문이다. 뿐만 아니라 구매기업 내부의 상황도 중요하다. 기업은 구매의사가 있음에도 불구하고 기업부설연구소의 과학기술자들이 편견 혹은 중복투자 등을 이유로 반대할 수도 있기 때문이다. 어떤 경우에는 기술구매 의사결정의 방법 때문에 기술구매가 성사되지 않는 경우도 있다. 우리나라 대기업의 경우 신기술을 구입할 경우 관련 임원들의 의사결정 과정에서 만장일치가 아니면 아무리 유망한 기술이라도 기술구입을 꺼리는 경향이 있는 것으로 알려지고 있다.

4.2 기술마케팅 조직

1) 조직 및 임무

기업이 적극적인 기술마케팅을 수행하기 위해서는 이에 적합한 조직이 필수적이다. 우선 통상의 조직형태에서처럼 기술마케팅을 위해 판매부서와 구매부서를 별도로 만들 수 있다. 그러나 기술의 판매와 구매의사결정은 동일한 정보를 필요로 하기 때문에 판매와 구매를 총괄하는 하나의 부서를 두는 것이 효과적이다. 오늘날 대기업이든 중소기업이든 정보 수집을 위해서는 외부에 의존하는 경향이 있으므로 이 부서로 하여금 적정한 정보구매시스템을 고안하고 운영하는 임무를 맡기는 것이 더 유리하다. 일반적으로 이러한 부서를 '기술정보부서'(technology intelligence)라고 한다. 혹은 기술정보마케팅(technology, intelligence and marketing; TIM)이라고도 한다. TIM의 임무는 다음과 같다.

- 기업 내부 및 외부 기술전문가와의 지속적인 접촉 유지
- 체계적인 특허분석
- 기술정보시스템의 확립 및 운영

- 핵심기술에 대한 기술로드맵(technology road map)의 작성
- 기술협력 및 전략적 제휴의 확립 및 운영 경험 축적
- 기술거래의 착수 및 수행
- 정기적인 기술전략 수립 및 정교화
- 바람직한 의사결정을 위한 다양한 기능의 조직
- 기술평가를 위한 정보 확보

그러나 기술마케팅 활동이 매우 활발한 기업들은 이와 같이 사내전담기구를 넘어서서 조직을 자회사 형태로 독립법인화시키기도 한다. 대표적인 예가 IBM과 3M이다. 이 경우에는 기술마케팅 업무의 전문성을 확보할 수 있으며, 집중적인 마케팅 활동으로 수익을 극대화시킬 수 있다. 기술마케팅 조직을 아웃소싱(outsourcing)할 수도 있는데, 고정비용은 줄어드나 변동비용(예: 기술료의 10~15%)이 증가하고 특허관리의 종합적인 관리가 취약해지는 단점이 있다(〈표 4-1〉 참조).

〈표 4-1〉 기술마케팅 조직 유형

	사내전담부서	자회사	아웃소싱
조직 구성	모회사 전담부서	모회사 자회사	모회사 기술중개회사
장점	• 적은 변동비	• 기술마케팅 업무의 전문성 확보	• 적극적 기술마케팅으로 상업화 기회 증대
장점	• R&D와 기술마케팅간의 긴밀한 연계 • 부서 간 이해조정 용이	• 적극적 기술마케팅으로 상업화 기회 증대	• 기술마케팅 관련 고정비용 절감
단점	• 큰 고정비용 • 전문성 미흡 • 다자간 프로젝트 관리 어려움 • 과감한 인센티브 부여 곤란	• 본사와의 상호연계성 취약	• 변동비 큼 (기술료의 10~25%) • 개별조직의 특허 포트폴리오 관리 취약 • 기회활용 인센티브 적음

자료: 정기대 · 박상문(2005)

대학의 경우에는 TLO가 기술마케팅을 담당하고 있다. 국내대학의 경우에는 2003년부터 산학협력단이 설립되어 기술마케팅을 담당하고 있다. 서울대, 고려대 등 일부 대학의 경우는 별도의 기술주식회사를 설립하여 기술사업화를 추진하고 있다.

2) 조직 구성

TIM은 기본적으로 CTO(Chief Technology Officer) 또는 기술에 대해서 책임질 수 있는 최고경영자에 의해서 감독되어야 하며, 기술전문가를 포함하는 핵심 팀에 의해서 지원되어야 한다. 또한 〈그림 4-9〉에서 보는 바와 같이 기술의사결정에 의해서 영향을 받는 기업 내부 부서와의 업무협력이 이루어져야 한다. 그래야만 기술과 관련된 문제에 대한 전사적인 정보수준이 향상될 수 있으며, 결과에 대한 확인이 가능하게 된다.

〈그림 4-9〉는 제조업에 속한 기업에 대한 일반적인 조직구조이며, 서비스 산업에 속한 기업에 대해서는 달라질 수 있다. 또한 기업규모에 따라서도 기술마케팅 조직이 달라질 수 있다.

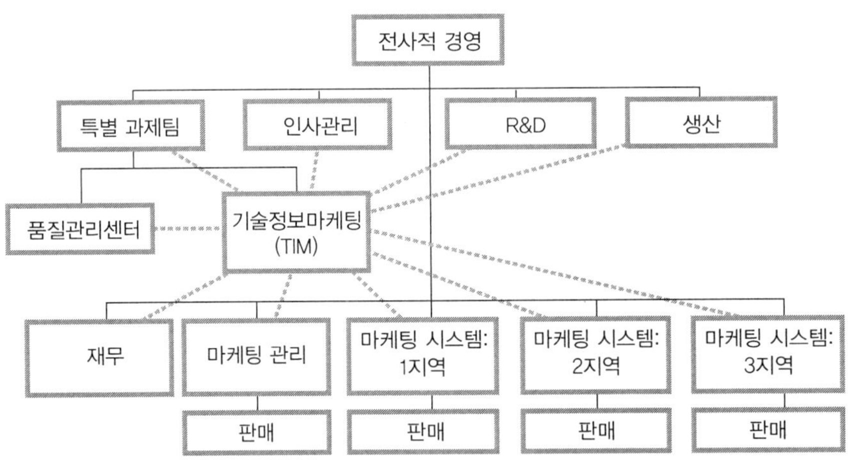

〈그림 4-9〉 기술마케팅 조직의 구조: 제조업체의 경우

3) 온라인 판매망 구축

인터넷 시대가 열리면서 제품뿐만 아니라 기술도 웹사이트를 통해서 판매하고 있다. 더구나 기술은 생산에 활용되는 정보이므로 웹사이트를 구축하여 기술판매정보를 충분히 제공하는 것이 필수적이다.

기술판매자는 기업내부(예: R&D 부서 혹은 생산현장) 또는 외부에서 기술을 수집하여 평가 분류하고 이를 DB화하여 기술마케팅 웹사이트에 올려놓는다(〈그림 4-10〉 참조). 한편 기술구매자들은 자사가 필요로 하는 구매기술을 찾아 평가하고 인터넷사이트에서 탐색하여 기술공급자가 구축한 기술마케팅 웹사이트에 들어가 구매활동을 할 수 있다.

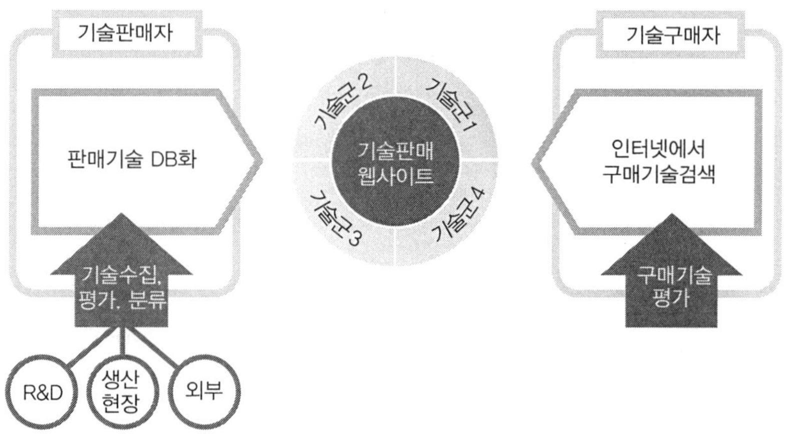

〈그림 4-10〉 개방혁신체제 하의 온라인 기술마케팅 구축

이미 제1장에서 기술마케팅을 위한 웹사이트의 사례로 IBM의 홈페이지를 소개한 바 있다. 이해를 돕기 위하여 다시 예시한 것이 〈그림 4-11〉이다. 여기에서는 기술군별로 특허 포트폴리오를 제시하고 있으며, 기술구매자에게 구체적인 정보를 주기 위하여 특허에 대한 예를 제공하고 있다.

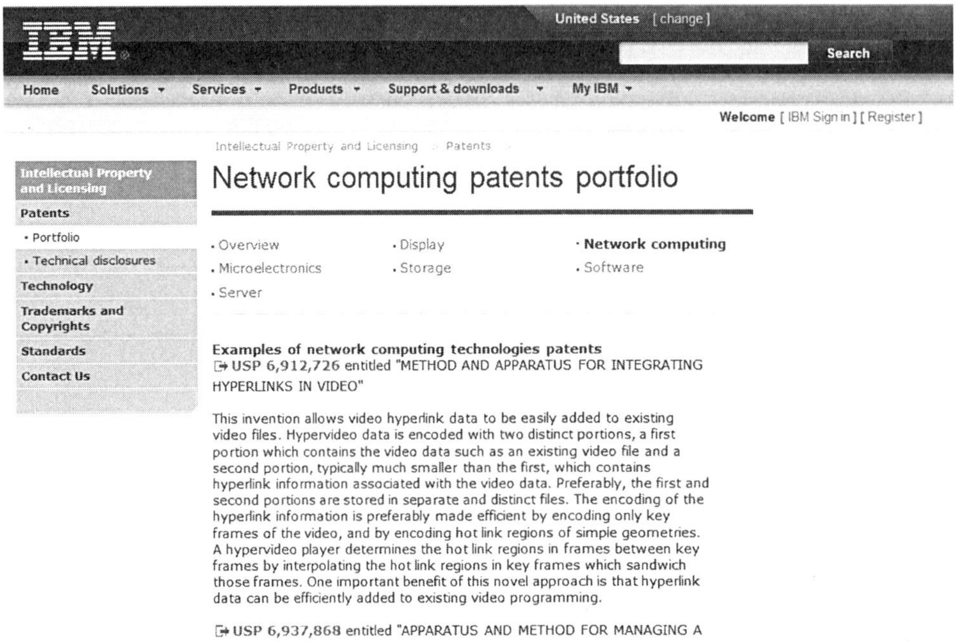

자료: 〈그림 3-1〉

〈그림 4-11〉 IBM의 기술 판매 홈페이지

더 나아가서 기업들은 외부 기술거래 전문기관과의 네트워크를 구축할 수 있다. 예를 들면 특허전문중개회사(예: (주)델타 텍) 혹은 공공기술거래기관(한국산업기술진흥원, Connect Korea 등)과도 협약을 체결하여 기술판매망을 구축할 수 있다.

사례 4.1 온라인상에서의 표준 판매

표준도 중요한 기술정보 중의 하나로서, 표준 역시 온라인상에서 판매되고 있다. 특히 국제표준 개발 및 판매를 주도하는 미국은 국가표준협회(ANSI), 시험소재학회(ASTM), 미국기계학회(ASME) 등을 중심으로 온라인을 통해서 표준을 적극적으로 판매한다. 이들은 기본적으로 비영리기관이지만 온라인 표준판매를 통하여 독자적으로 수익을 창출하고 있다. 〈표 4-2〉는 ANSI가 판매하는 표준과 그에 대한 가격표를 보여주고 있으며, 표준판매를 통하여 총예산의 50% 이상을 확보하고 있다.

〈표 4-2〉 미국표준협회(ANSI)의 표준 간행물 판매가격

간행물(표준)	가격
ISO 9000 Quality Management Collection 1	일반가: 458$ 회원가: 366$
ISO 9000 Quality Management Collection 2	일반가: 1,440$ 회원가: 1,152$
ISO 9001: 2008 Quality Management Systems Requirements	일반가: 116$ 회원가: 92.8$
ISO 14000 Collection 1: ISO 14000 Environmental Management Systems Collection	일반가: 422$ 회원가: 337.6$
ISO 14000 Collection 2 ISO 14000 Comprehensive Environmental Management Systems Collection	일반가: 1,902$ 회원가: 1,521.6$
AWS ARE-12:2001 Economics of Welding and Cutting	단일가 52$
ISO/IEC 27001 and 27002 IT Security Techniques Package	일반가: 295$ 회원가: 236$
ISO 28000 – Supply Chain Security Management Systems Package	일반가: 350$ 회원가: 280$
ISO 10005 / 10006 / 10007 – Quality Management Systems Package	일반가: 218$ 회원가: 174$
ISO 10014:2006 Quality management – Guidelines for realizing financial and economic benefits	일반가: 110$ 회원가: 88$
ISO/IEC – 27001/27002/27005/27006 IT Security Techniques Package	일반가: 500$ 회원가: 400$
MTS 2008:1 Creating Economic Stimulus while Stopping Climate Credit Risk/ Irreversibility	단일가: 99$
ASTM E2204-05e1 Standard Guide for Summarizing the Economic Impacts of Building-Related Projects	단일가: 44$

SEMI E79−1106 Specification for Definition and Measurement of Equipment Productivity	단일가: 100$
ASTM E2620−08 Standard Classification for Program and Project Estimate Summaries	단일가: 44$
ISO 15663−3:2001 Petroleum and natural gas industries − Life−cycle costing − Part 3: Implementation guidelines	일반가: 122$ 회원가: 97$

자료: ANSI e−Standard Store

4.3 기술마케팅 절차

1) 판매기술의 구성

재화나 서비스의 경우에도 판매할 대상(products)에 대해서 명확하게 규정하는 일은 복잡하다. 즉 판매제품에 대한 디자인, 특징, 크기, 부품 및 소재의 품질, 포장, A/S, 보증조건 등을 여러 가지 측면에서 구매자들이 알기 쉽게 규정해야 한다.

기술마케팅의 경우에는 더욱 어렵다. 기본적으로 판매할 기술이 눈에 보이지 않기 때문이다. 따라서 '기술에 대한 설명'(Technology Description; TD)이 선행되어야 한다. 물론 제3장에서 살펴본 하나의 특허는 기술명세서에 기술의 내용이 명시되어 있고, 특허 자체가 기술거래의 대상이 된다. 그러나 TD는 하나의 기술 혹은 특허를 설명하는 것 이상의 개념이다. 당해 기술의 성능 및 경제성, 다른 기술과의 연관성, 제품과 생산기술과의 연계성 그리고 기술이 최종 고객을 만족시키는 제품의 특징에 영향을 미치는 영향 등을 포함해야 한다.[1]

1) '기술에 대한 설명'(TD)은 기술마케팅뿐만 아니라 기술경영에 있어서도 필수적인 사항이다.

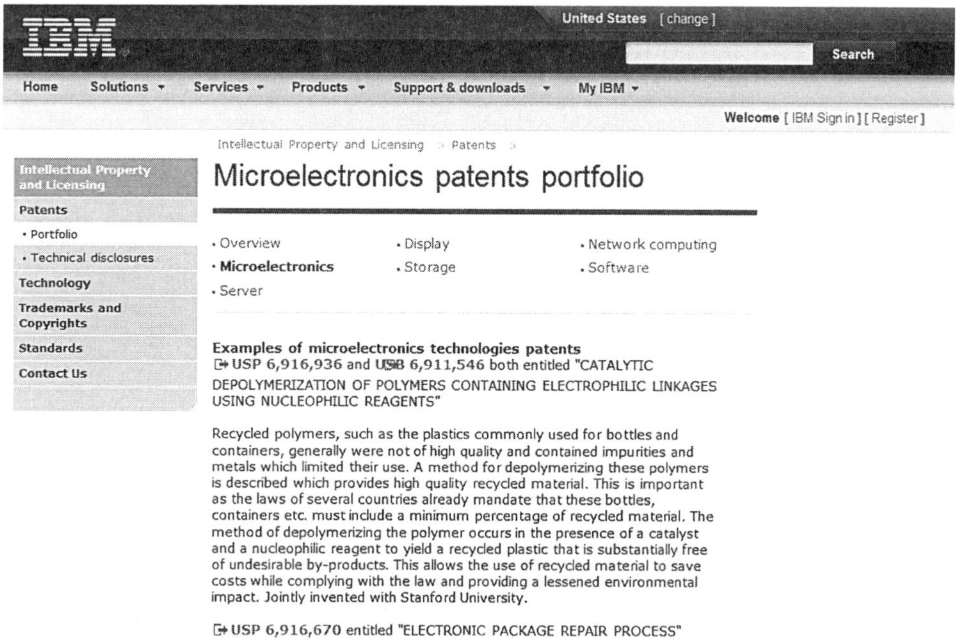

자료: IBM 홈페이지

〈그림 4-12〉 IBM의 판매기술

여하튼 기업이 판매할 수 있는 기술 중 가장 명확한 것이 하나의 특허이다. 〈그림 4-12〉에서 보는 바와 같이 IBM은 웹사이트에서 기술 포트폴리오를 구분하고, 판매할 특허를 전시하고 있다. 이 특허는 Display, Networking computing, Microelectronics, Storage, Software, Server 등 6개의 포트폴리오 중 Microelectronics 분야의 기술로, "폴리머 분해 촉매 방법"이다. 여기에는 플라스틱 병을 만들 때에는 일정 양의 재생 폴리머 소재를 포함시켜야 한다는 정부규제 하에서 이 기술을 쓰면, 안전하고, 위생적이며, 비용도 절감된다는 내용이 담겨져 있다. 특히 정부의 규제조건도 만족시키며, 궁극적으로 환경문제해결에도 도움이 된다는 사실을 명시하고 있다.

이 경우에는 개별 특허가 하나의 기술상품으로 제시된 경우이지만 복잡한 기술의 경우에는 하나의 특허가 아닌 복수 이상의 특허군(patent cluster)이 판매기술의 대상이 된다. 이외에도 IBM은 소프트웨어 관련 저작권(copyright)이나 상표권(trademark) 등을 판매하고 있으며, IBM제품에 적용되는 표준(standards)을 지원하고 있다. 따라서 판매될 수 있는 기술의 구성은 다음과 같이 요약된다.

- 개별 특허
- 특허군
- 저작권
- 상표권
- 노하우
- 표준
- 표준연계 특허
- 프로토 타입
- 개별 프로젝트
- 턴키 프로젝트

2) 기술가격의 결정

기술판매자와 기술구매자 간 기술거래를 최종적으로 완결하기 위해서는 거래대상인 기술의 가격을 결정해야 하며, 이는 기본적으로 기술의 가치평가를 토대로 이루어진다.

(1) 기술의 가격

기술의 가격은 일반상품과 달리 시장에서 일률적으로 결정되기 어렵다. 그 이유는 첫째, 거래대상인 기술의 내용이 구체적이지 못하기 때문이다. 만약 기술거래 이전에 기술이 구체적으로 잘 설명되어 모두 구매자에게 제시된다면, 구매자는 그 기술을 획득하기 위해서 더 이상 노력하지 않을 것이다. 둘째, 기술의 가치는 기술이 체화되는 제품의 가치에 의해서 간접적으로 결정되기 때문이다. 셋째, 기술 내용 자체가 변화하기 때문이다. 만약 기술의 변화가 급격하다면 기존기술의 경제적 가치, 즉 가격은 크게 변동할 것이다. 넷째, 동질적인 기술은 거의 존재하지 않기 때문이다.

따라서 기술 가격은 특정한 상황 하에서 판매자와 구매자와의 협상(negotiation)에 의해서 결정될 수밖에 없다. 즉 구매자가 지불하고자 하는 가격범위(range of willingness to pay)와 판매자가 받으려고 하는 가격범위(range of willingness to receive) 사이에서 결정될 것이다. 가령 A라는 기술에 대해서 기술판매자는 최소 400만 원, 최대 800만 원을 받을 것을 염두에 두고 거래에 참여하고, 기술구매자는 최소 300만 원, 최대 600만 원을 지불할 의사가 있다고 한다면, 가격은 최종적으로 중첩범위인 400만 원과 600만 원 사이에서 협상능력에 의해서 결정될 것이다.

이상은 기술 자체에 대한 가격이지만 통상적으로 기술은 라이선스 형태로 거래되므로 기술 활용에 대한 대가, 즉 기술사용료(royalty; 이하 로열티로 표기)가 결정된다. 로열티 역시 특정한 상황 하에서 라이선서(licensor)와 라이선시(licensee) 간의 협상에 의해서 결정된다. 관행에 의하면 '25% 룰'이 있는데, 이는 기술실시로 인한 이익 중 25%를 로열티로 지급하는 것이다. 참고로 기술분야별 표준로열티 요율을 〈표 4-3〉에 예시해 놓았다. 이 경우는 매출액 대비 로열티 요율로 전체적으로 3~5%이며 기술영역에 따라서 요율이 다르다. 특히 제약의 경우 기술의 완성도 혹은 상업화 가능성에 따라서 요율이 최대 20% 정도까지 차이가 나고 있음을 알 수 있다.

〈표 4-3〉 기술분야별 표준 로열티 요율

기술분야	로열티 요율(매출액대비 비율)
기계	1~10%
전기	1~3%
제약 • 전임상 • 임상1상 • 임상2상 • 임상3상	5~8% 0~5% 4~10% 8~20% 12~25%
분석	2%
식음료	5%
시험장비	2%
화학	3~5%
교차라이선싱	0~5%
평균	3~5%

주: 전임상은 동물대상, 임상 1상은 극히소수 환자대상, 임상 2상은 환자범위 확대 실험, 임상 3상은 다수의 환자 대상.
자료: 조현제(2006)

여하튼 기술판매자는 기술마케팅 전략 하에서 나름대로의 가격전략을 설정하여 이를 구매자에게 제시하여야 한다. 기술구매자로부터 받고자 하는 최고 가격(maximum price to receive), 판매조건, 추가적 기술지원 등 기술가격과 관련된 일련의 사항을 결정해야 한다. 이때 구매자가 이 기술을 구입할 경우 상당 수준의 잉여를 얻을 수 있다는 점을 인식하도록 하는 노력도 기울여야 한다.

(2) 기술가치의 평가

앞에서 살펴본 바와 같이 기술의 가격은 기술판매자와 기술구매자의 주관적 판단을 기반으로 상호 간의 협상에 의해서 결정된다. 그러나 기본적으로는 당해 기술이 가지는 경제적 가치를 반영한다. 그렇다면 기술의 가치를 어떻게 평가할 것인가? 이는 매우 어려운 작업으로 정답은 없지만, 현실적으로 기술가치의 평가가 필요하기 때문에[2)]다양한 방법으로 평가가 이루어지고 있다.

① 기술가치평가의 절차

먼저 기술평가(technology assessment; TA)와 기술가치평가(technology valuation; TV)를 구분할 필요가 있다. 기술평가란 더 광범위한 개념으로, 당해 기술이 사회 전반에 미치는 과거, 현재 그리고 미래에 걸친 효과를 체계적으로 규정하고 평가하는 것이다. 미국 NTTC(National Technology Transfer Center)에 의하면 기술평가는 기술스크린, 특허탐색, 경쟁제품규정, 기술성능검토, 개선방향제시 등을 포함한다.

반면에 기술가치평가는 당해 기술이 가지는 내재적인 가치를 금액(혹은 등급, 점수, 의견)으로 산정하는 것이다. 기술가치평가의 절차는 먼저 〈그림 4-13〉에서와 같이 평가대상기술을 선별하고, 기술평가정보 등을 활용하여, 마지막으로 평가방법을 선정하여 기술가치를 금액으로 산정한다. 이 중 평가대상선정의 경우 이미 마케팅 전략수립단계에서 포트폴리오 분석 및 판매대상 검토에서 선정된 기술을 평가하면 된다.

---

2) 기술가치평가는 기술마케팅을 위해서도 필요하지만, 창업자금 조달, 기술출자, 기술투자, 기술관련 세금처리, 기술경영전략 수립, 청산, 특허소송 등 다양한 필요 때문에 수행되고 있다.

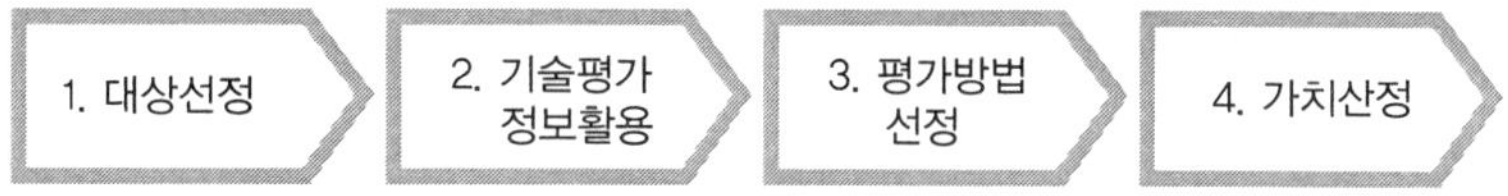

〈그림 4-13〉 기술가치평가 절차

② 기술가치평가 방법

기술가치평가 방법은 크게 세 가지로 대별된다.

첫째는 비용접근법(Cost approach)이다. 이 방법은 말 그대로 기술개발에 소요된 비용을 현재 시점에서 평가하는 것이다. 사실 기술개발비용과 기술가치는 무관함에도 불구하고 비용을 토대로 기술가치를 추정하는 방법이다.

둘째는 시장접근법(Market approach)이다. 이 방법은 평가하려는 기술과 유사한 사례를 기존시장에서 찾아서 비교를 통해서 당해 기술의 가치를 추정하는 것이다. 시장에서 거래사례가 없는 신기술의 경우는 시장접근법을 적용할 수 없다.

셋째는 소득접근법(Income approach)이다. 이 방법은 평가기술로부터 미래에 발생할 현금흐름을 현재 시점에서 평가하는 것이다. 따라서 기술의 수명을 전제하고 적정한 할인율(discount rate)을 적용해야 한다. 그러나 미래에 대한 평가는 어려운 일이다.

이 외에도 최근에는 이상의 세 가지 방법을 변형하여 적용하는 접근법이 등장하였다. 실물옵션접근법(Real option approach)과 몬테카를로법(Monte Carlo approach)이 대표적이다. 실물옵션접근법은 기술의 사업화 기간 혹은 경제적 성과 획득의 기간이 길어지는 경우 투자 및 할인율을 기간별로 조정하면서 기술가치를 산정하는 방법이다. 몬테카를로법은 소득접근법 중에서 수익을 단일 수치로 산정하는 대신에 확률적 분포로 나타내는 방법이다.

사례 4.2 기술중개회사의 기술가치평가 사례: (주)델타텍코리아

특허청은 기술의 조속한 사업화를 위하여 30여 개의 특허(발명)평가기관(예: 한국산업은행)을 지정하고 있으며, 12개의 사업성 평가기관(예: 한국발명진흥협회)을 지정하고 있다. 이외에도 국내에는 (주)델타텍코리아, (주)피엔아이비, (주)테크린 등 많은 민간기업들이

기술거래를 성사시키기 위해 기술평가를 수행하고 있다.

이 중에서 (주)델타텍코리아는 대학이나 공공연구소의 특허를 금액으로 평가하여 홈페이지 등에 공지하거나 잠재 구매자들에게 이메일 등으로 정기적으로 알려주고 있다. 〈표 4-4〉는 2010년 10월 현재 소액특허의 가치를 산정하여 공개한 것이다. 여기에는 관리 이전이라는 목적이 전제되어 있기는 하나, 특허의 가치를 금액으로 보여준다는 점에서 흥미로운 자료이다. 예를 들어 4번의 '와류방지익(날개)'을 구비한 원심송풍기는 600만 원으로 책정되어 있는데, 이는 (주)델타텍코리아가 자체 개발한 기술평가 소프트웨어에 의해서 산정된 것이다. 이때 활용되는 가치산정법은 주로 옵션가격모델(Option pricing model)이다.[3)]

〈표 4-4〉 (주)델타텍코리아의 특허가치 평가 사례

NO	응용분야	기술명	특허번호	금액 (VAT별도)
1	전자/통신	브로드캐스트 메시지 암호화 방법	10-0524646	500만 원
2	전자 /통신	은닉에이전트를 이용한 디지털 컨텐츠 복사방지 방법	10-0443412	400만 원
3	전기/반도체	다이오드 패키징 방법	10-0603521	400만 원
4	전기/반도체	와류방지익을 구비한 원심 송풍기	10-0485329	600만 원
5	전기 /반도체	고출력 오피오 레이저 장치	10-0425593	450만 원

자료: (주)델타텍코리아에서 저자(성태경)에게 보내준 이메일 자료

3) 기술구매 절차 파악

기술을 판매하려면 기술구매자들이 어떠한 절차를 거쳐 구매의사결정을 하는지를 이해하여야 한다. 일반적으로 기술구매자는 〈그림 4-14〉에서 보는 바와 같이 기술평가의 착수→기술스캔 및 모니터링→기술평가→기술선택→기술실행(기술판매 포함) 등의 단계를 거쳐서 기술의 구매효과를 극대화하려고 할 것이다. 특히 구매대상이 되는 기술이 과거 기술과 단절되는 혁신적인 기술(disruptive technology)인 경우는 이러한 절차가 더욱 필요하다.

3) 자세한 내용은 (주)델타텍코리아의 홈페이지 참조.

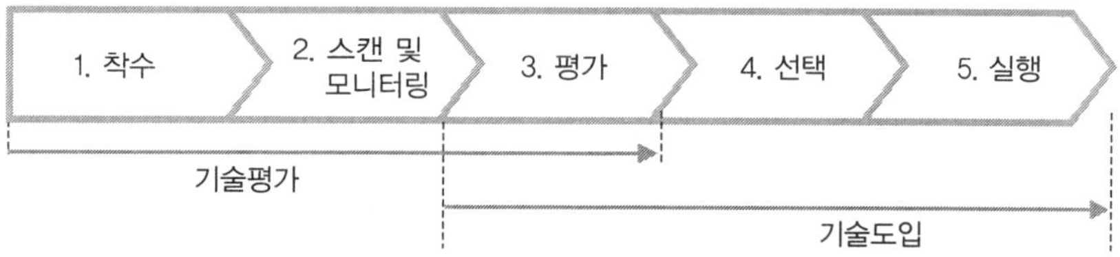

〈그림 4-14〉 구매기술의 탐색절차

그림에서 기술구매절차는 크게 두 단계로 구분되는데, 하나는 기술평가(technology evaluation)이고 다른 하나는 기술도입(technology introduction)이다. 기술평가는 기술평가 착수로 시작하여, 기술스캔 및 모니터링, 평가실시까지의 과정을 말하며, 기술도입은 기술을 재평가하여 대안적 기술 중에서 적합한 기술을 선정하여 이를 제품, 시스템, 서비스 등에서 활용하는 활동까지를 포함한다.

(1) 기술평가의 착수

기술평가의 착수가 자동적으로 이루어지려면 기업의 최고경영자 수준에서의 의사결정이 필요하다. 기술평가의 착수는 두 가지 측면에서 가능하다. 하나는 정보제공의 측면으로 정보시스템을 통해서 조직구성원들에게 기술평가가 적기에 착수되어야 한다는 정보를 제공하는 것이다. 다른 하나는 조직적인 자극을 제공하는 것으로 기술평가를 의도적으로 유발하기 위해 개최하는 워크숍 등이 이에 속한다. 이렇게 하기 위해서는 CTO(Chief Technology Officer)와 같은 기술담당자들이 일상적인 업무에 매이지 않도록 하는 조직구조가 뒷받침되어야 한다.

기술평가 착수의 동기는 소비자 수요의 변화, 제품생산과정에서의 문제 발생 또는 매력 있는 신기술의 등장 등이다.

(2) 기술스캔 및 모니터링

기술평가의 착수가 이루어진 다음에는 관련정보를 수집해야 한다. 이는 기술스캔과 모니터링 활동을 통해서 가능하다. 기술스캔이란 정보가 기업외부로부터 내부로 흐르게 하는 작업으로서, 다양한 관련분야로부터 과학기술발전 상황을 규정하기 위하여 외부 기술환경을 지속적으로 광범위하게 조사하고 검토하는 것이다. 기술 모니터링이란

	핵심기술		미지의 영역
	기존	개발	
기술스캔: 외부에서 내부로			
기술모니터링: 내부에서 외부로			

〈그림 4-15〉 기술관찰의 관점: 기술스캔과 모니터링

스캔과 달리 정보가 기업 내부에서 외부로 흐르는 측면으로 기술스캔 과정에서 규정된 특정 현상을 심층적으로 관찰하는 것이다(〈그림 4-15〉 참조).

양자는 지식창출 과정에서 분명한 차이가 있다. 기술스캔은 직관에 의존하는 반면에, 기술모니터링은 구체적인 분석과 신중한 통합능력이 필요하다.

(3) 기술평가

기술평가단계에서는 이미 규정된 기술들이 미래에 가져올 경제적 이득을 평가한다. 효과적이면서 효율적인 기술평가를 위해서는 세 가지의 조건이 충족되어야 한다. 첫째, 평가자들에게 명확한 평가기준을 제시해 주어야 한다. 둘째, 적절한 평가방법이 있어야 한다. 셋째, 평가양식이 분명하게 선택되어야 한다.

(4) 기술선택

기술선택은 어떤 한 기술이 실행되어야 할 지를 결정하는 활동이다. 기술선택은 필요기술 및 미래에 대한 의사결정을 하는 것이다. 기술선택이 효과적으로 이루어지기 위해서는 의사결정자들이 기술평가과정에 통합되어 활동하여야 한다. 즉 그들은 기술에 대해서 익숙해져 있어야 할 뿐만 아니라 그들의 주관적 가치 및 직관을 평가과정에 적용할 수 있어야 한다.

(5) 기술실행

기술실행은 선정된 기술을 조직의 기술능력기반 속으로 통합시키는 작업이다. 이때 기업은 이 기술을 자체적으로 개발할 것인지 아니면 외부로부터 구입할 것인지를 선택해야 한다. 물론 최근에는 대부분의 산업에서 자체개발보다는 외부조달의 중요성이 커지고 있다. 심지어 대기업들조차도 자체 개발보다는 기술구매를 선호하는 경향이 있다. 이는 기술혁신이 급격하고 기술이 복잡해지고 있기 때문이다.

사례 4.3 기술스캔 및 모니터링의 성공 및 실패 사례: 기술경영 차원에서

흔히 기술경영(Management of Technology; MOT)을 기술능력의 계획, 개발 및 수행하는 활동에 국한시키는 경향이 있는데, 감시 및 통제활동을 포함한다는 사실은 매우 중요하다. 실제로 기술관리(MOT)는 "기업의 전략적 목표를 수립하고 달성하기 위해서 기술능력(technological capabilities)을 계획, 개발, 수행, 감시, 통제하는 다양한 원리들(예: 과학, 공학, 경영학)을 연결시키는 것"으로 정의되고 있다(White and Bruton, 2007). 그만큼 기술에 대한 감시, 통제 그리고 평가활동이 기술구매뿐만 아니라 기술경영 전반적 차원에도 중요하다는 것이다.

기술에 대한 감시와 통제활동을 제대로 하지 못하여 실패한 사례가 미국의 NCR사이다. NCR사는 1960년대 당시 기계적 컴퓨터에서 선도적인 기업이었다. 1960년대 NCR이 당시 최고의 기술과 설비를 갖춘 공장을 준공할 즈음에 실리콘 칩과 LED 디스플레이 기술이 출현하였다. 그러나 NCR은 이러한 첨단기술들이 수년간 발전되고 있음에도 불구하고, 실리콘 칩을 이용한 전자적 컴퓨터가 자사의 기계적 컴퓨터를 수십 년간은 대체하지 못할 것으로 판단하였다. 결국 이러한 잘못된 판단이 NCR을 어려움으로 몰아넣었다. 만약 당시 컴퓨터 분야의 선도적이었던 NCR이 제대로 된 기술 감시 및 통제 과정을 갖추었더라면, 정보화의 물결 속에서 선도기업의 위치를 유지해 왔을 것이다.

반대로 기술 감시 및 통제 그리고 기술혁신전략을 잘 수행함으로써 성공한 기업이 핀란드 통신회사인 노키아(Nokia)이다. 노키아는 1865년 목재/펄프/제지공장으로 시작하였으나, 창업 후 지금까지 '기술혁신의 파도'(waves of innovation)를 가장 잘 탄 기업으로 알려지고 있다. 〈표 4–5〉에는 노키아가 산업 및 기술환경 변화에 대응하여 현재 세계적인 통신회사가 되는 과정이 나타나 있다. 표에서 보는 것과 같이, ① 1800년대 후반 철도 및 화

학산업 발전에 대응하여서는 제지공정에 화학공정을 적용하고 합성고무사업을 전개하였으며, ② 1900년경 전기기술발전에 대응하여서는 전선사업에 진출하였고, ③ 1900년대 초중반 자동차 및 운송산업 발전에 대응하여 자동차 타이어 사업을 전개하였다. 이어 ④ 1960년대 정보장비 발전에 대응하여 라디오 기술을 사용한 전화를 발명하였으며, ⑤ 1990년대 이후 IT산업 발전에 대응하여 이동통신사업을 전개하여 현재 이 분야에서 선도적인 위치를 차지하고 있다. 특히 라디오 기술을 이용한 전화는 이동전화 개발의 단초가 되었다는 점에서 흥미롭다. 그러나 최근 애플의 아이폰(iphone)이 나오면서 노키아는 또 다른 돌파구를 찾아야 하는 상황을 맞고 있다.

〈표 4–5〉 노키아의 MOT 역사: 기술 감시 및 통제의 측면에서

시기	1865년	1800년대 후반	1900년경	1900년대 초중반	1960년대	현재
산업/기술 환경 변화	핀란드 :전통적 임업국가	철도와 화학산업 발전	전기기술 발전	자동차/운송산업 발전	정보장비 발전	IT 산업/기술 발전
노키아의 대응	창업 : 제지산업	• 운송상의 이득실현 • 제지공정에 화학 기술 적용 • 합성고무신발 산업진출 ← 가황 처리기술	전선사업 전개	자동차 타이어 산업진출	라디오 기술 사용하여 전화 발명 (크고, 고가)	이동 통신 사업 전개
비고	–	• 1839년 고무의 가황처리 기술발명 • 노키아가 상업화	–	–	현재 이동 전화의 전신	1992년 통신 사업에 집중

사례 4.4 스위스 기업들의 나노기술 평가 및 도입사례[15]

이 사례는 스위스의 20개 기업들의 나노기술(nanotechnology)에 대한 기술평가 및 기술도입 절차를 구체적으로 설명한다. 연구는 주로 인터뷰를 통해서 이루어졌다. 나노기술은

와해성 기술(disruptive technology)의 일종으로서 많은 기업들에게 주목을 받고 있다.

1. 기술평가의 착수

조사된 20개 기업들이 나노기술에 대한 기술평가 및 기술도입을 착수하게 된 동기는 〈그림 4-16〉에서 보는 바와 같이 소비자 수요의 변화와 생산공정 상의 문제였고, 기술매력도에 의한 부분은 매우 낮았다.

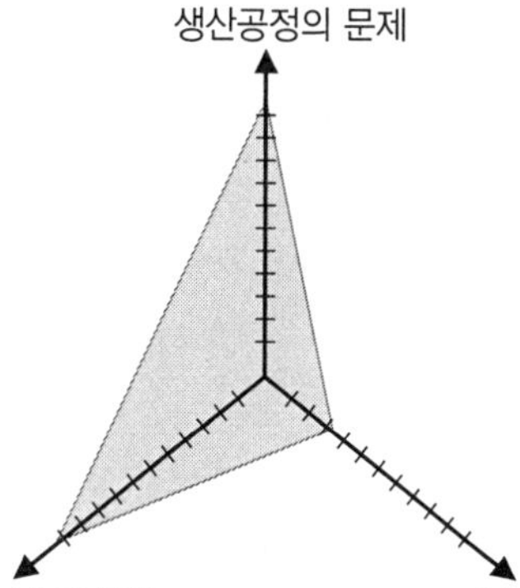

〈그림 4-16〉 스위스 기업들의 나노기술평가 착수동기

2. 기술스캔 및 모니터링

기업들의 기술스캔 및 모니터링 상황을 파악하기 위해서 종축은 조정방법, 횡축은 담당자 유형으로 나눈 그림을 작성하였다(〈그림 4-17〉 참조). 조정방법은 체계적, 프로젝트 유발적 그리고 비공식적 등으로 구분하였고, 업무담당자는 외부전문가, 내부전문가, 그리고 경영진 등으로 구분하였다.

조사결과, 스위스 기업들은 나노기술에 대해서 외부 및 내부전문가들을 활용하여 체계화된 절차를 통해서 기술을 스캔하고 있는 것으로 분석되었다. 한편 기술모니터링은 내부전문가와 경영진에 의해서 프로젝트 베이스로 이루어지는 것으로 나타났다.

4) 이 사례는 Bucher et al.(2003)에서 발췌하였다.

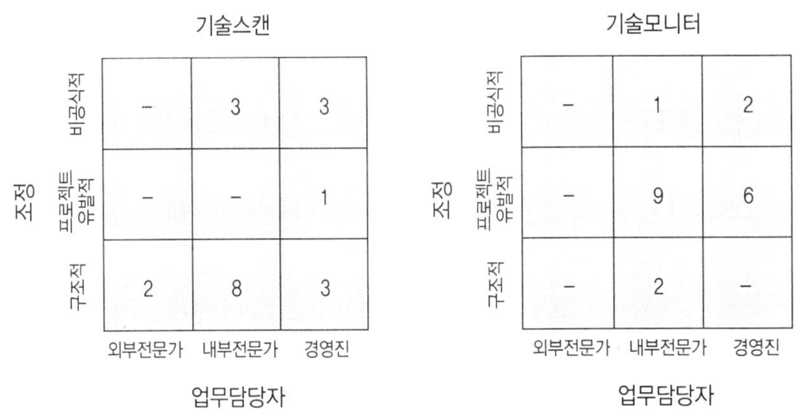

주: 숫자는 기술스캔 및 모니터링 실행 특성에 해당하는 기업수임.

〈그림 4-17〉 스위스 기업들의 나노기술스캔 및 모니터링 실행 특성

3. 기술평가

기술평가와 관련하여 조사된 20개 기업에 공통되는 사항은 기술평가의 목적이 기술적 및 환경적 측면에서 나노기술이 기업경영에 미치는 전반적인 영향을 분석하는 것이라는 점이다. 나노기술의 경우에 〈그림 4-18〉에서 보는 바와 같이 대기업일수록 체계적으로 기술평가를 수행하는 것으로 나타났다. 이는 기계, 화학, 전자, 기타 산업 등에 골고루 적용되는 현상이었다.

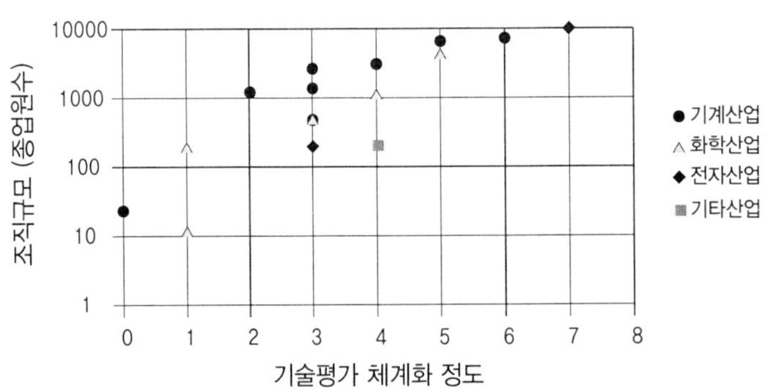

〈그림 4-18〉 스위스 기업의 나노기술 평가에서 체계의 정도

또한 기술평가의 기준, 방법, 형식 등을 결정하는 동안의 투명성의 정도를 측정한 결과, 나노기술을 체계적으로 평가한 기업들이 더 만족스러운 결과를 얻은 것으로 나타났다. 특별히 나노기술의 적용 관점에서 투명성 및 피드백을 가능하게 하는 표준화된 평가절차가

필요하다는 의견이 강하게 개진되었다.

이 조사에서 기술평가 기준, 방법, 형식 등에 대해서는 명확하게 구분하지 못하였다. 그러나 공통적으로 사용하는 평가기준은 전략적 적합성, 기술성능, 기술혁신의 가능성 그리고 기술적 자원의 효과였다. 평가방법으로는 S-curve 분석, 기술포트폴리오, 기술로드맵과 같은 정성적인 방법과 DCF(discount cash flow)와 시뮬레이션 등의 정량적 방법이 모두 동원되었다. 마지막으로 기술평가는 사내 각 부서에서 모인 전문가들로 구성된 통상적인 회의를 통해서 이루어진 것으로 나타났다.

4. 기술선택

〈그림 4-19〉는 기술선택에 관한 의사결정의 위계적 수준이 기업규모 및 나노기술 도입 시 투자규모와 어떻게 연관되어 있는지를 보여준다. 조사결과 나노기술의 선택 시에 최고경영층이 관여하고 있는 것으로 나타났다. 특히 기술선택의 성공과 실패를 결정하는 것은 의사결정자의 경험과 판단력인 것으로 보고하고 있다. 더 나아가서 효과적인 의사결정구조는 일부 의사결정자들이라도 전단계 절차에 참여하여 왔는지에 달려 있다는 일반적인 경영원리를 확인해 주었다.

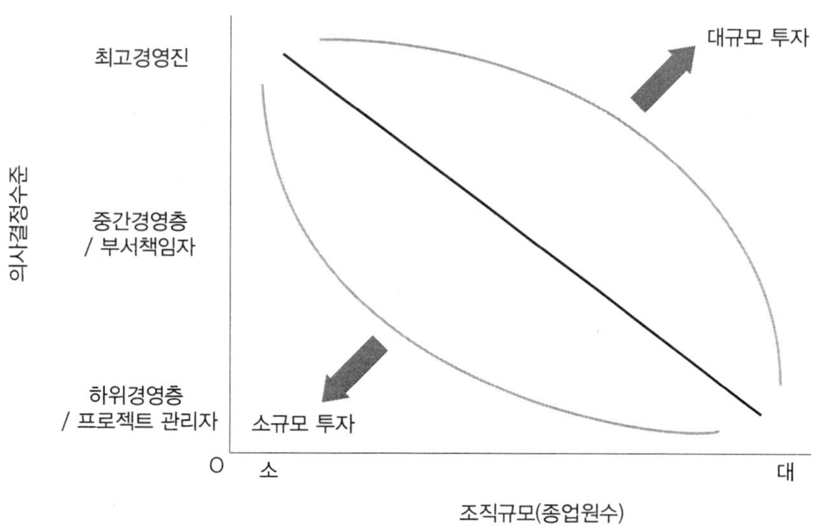

〈그림 4-19〉 스위스 기업의 나노기술 평가에서 의사결정 수준

5. 기술도입 및 실행

기술도입 및 실행은 일반적으로 실제적인 기술선택 이전 단계에서 이루어진다. 스위스 나노기술의 경우에는 〈그림 4-20〉에서 보는 바와 같이 적어도 기술도입 및 실행은 기술 모니터링 동안에 이루어지는 것으로 나타났다.

기술실행은 기술지식과 능력의 점진적 및 상호작용적 축적으로 이루어지는데, 특히 이는 사업타당성 연구를 위한 기술평가에 적용된다. 더 나아가서 나노기술에 있어서 실제적인 기술실행은 기술능력구축을 위한 고도의 자원집중 활동을 필요로 한다.

이 사례연구는 기업규모에 관계없이, 모든 스위스 기업들은 나노기술을 도입하여 실행하는데 소요되는 자체적인 자원을 충분히 가지고 있지 못하지만, 대신에 잘 설계된 연구 네트워크에 참여할 수 있는 기회를 가지고 있는 것으로 보고하고 있다. 그리고 나노기술의 도입 및 실행의 성공요인으로 협력 파트너에 대한 체계적인 규정 및 평가 그리고 외부에서 개발된 지식을 기업의 내부능력으로 통합시키는 정도를 들었다.

이상의 스위스 기업의 나노기술 사례를 종합하여 일반화시킨 체계도가 〈그림 4-21〉에 나타나 있다.

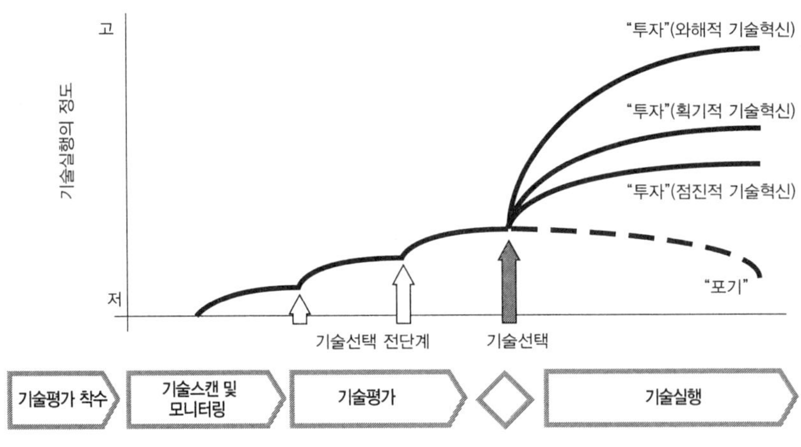

〈그림 4-20〉 스위스 기업들의 나노기술지식과 능력의 축적과정

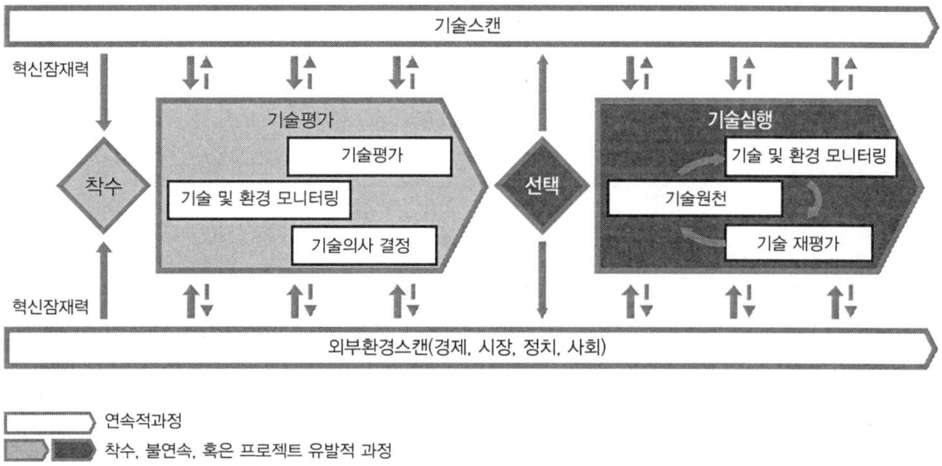

〈그림 4-21〉 혁신기술(예: 나노기술)의 기술평가 및 도입 절차

4) 기술마케팅 수단의 선정

(1) 기술마케팅의 다양한 수단

기술은 보이지 않는다. 따라서 기술이전의 채널만 잘 확립된다면 기술은 국가 간, 산업 간, 기업 간, 기업 내 부서 간 그리고 개인 간에 쉽게 이전될 수 있다. 기술이전의 채널은 크게 일반적 채널(general channels), 리버스 엔지니어링 채널(reverse engineering channels), 계획된 채널(planned channels) 등 세 가지로 나누어 볼 수 있다. 일반적인 채널은 교육, 훈련, 출판, 학술대회, 인력교환 등으로 의도적이지 않으며, 추가적인 자원 투입 없이도 기술이 이전된다. 리버스 엔지니어링은 기술수요자가 타사의 제품을 보고 기술의 코드를 분해하여 그것을 복제할 수 있는 능력을 개발하는 것이다. 만약 지적소유권 침해 등 법적인 문제가 없다면 리버스 엔지니어링은 아주 효과적인 기술이전의 수단이 된다. 계획된 채널은 라이선싱, 프랜차이즈, 조인트 벤처, 턴키프로젝트 등으로 기술마케팅과 직접 관련되는 채널이다.

① 라이선싱

라이선싱은 기술을 이전받는 사람이 다른 어느 누군가의 기술을 사용할 권리를 구입하는 것을 말한다. 이 경우 기술구매자가 기술사용권을 완전히 구입하기도 하고, 초기에 정액을 지급하고 판매성과에 따라서 일정금액을 지급하기도 한다.

② 프랜차이즈

프랜차이즈는 기본적으로 라이선싱의 한 형태이다. 그러나 기술의 판매자가 계속적으로 기술구매자를 지원해주는 경우를 말한다. 예를 들면, 기술거래 후에도 원료를 계속적으로 공급한다든가, 마케팅을 도와준다든가, 교육훈련서비스를 지원하는 것이다. 프랜차이즈는 주로 음식점 체인이나 서비스업종에서 많이 행해지는데, 맥도널드나 피자헛이 대표적인 예이다.

③ 조인트벤처

조인트벤처는 두 개 이상의 이해당사자가 새로운 기술을 개발하거나 제품을 생산하기 위해서 지식과 자원을 공유하고, 혹은 서로의 약점을 보완하기 위해서 각각의 노하우를 사용하는 것이다. 조인트벤처로 인한 수익은 계약에 따라서 배분한다.

④ 턴키프로젝트

턴키프로젝트는 기업이 다른 기업으로부터 완성된 하나의 프로젝트를 구입하는 것이다. 이 프로젝트는 운영가능하게끔 디자인되며, 수행되고, 이전가능하다. 턴키프로젝트 경우 계속적인 교육훈련서비스와 운영을 위한 지원 거래당사자 간 계약에 포함된다. 턴키프로젝트를 수행한다는 것은 기계를 사고파는 일이지만, 그 규모가 공장 전체라는 면에서 거래가 대규모적이다. 대부분의 혁신기업들은 그들 스스로 수익을 창출할 수 있는 공장을 팔거나 기술을 판매하려고 하지 않는다.

⑤ 기술컨소시엄/공동 R&D 프로젝트

기술컨소시엄 혹은 공동 R&D 프로젝트는 두 개 이상의 경제활동주체(기업, 공공연구소, 대학)들이 기술개발을 위해서 협력하는 형태이다. 지난 30년간에 걸쳐서 연구, 개발, 디자인, 엔지니어링 등 기술혁신활동에서 기업 간 협력이 크게 증대되어 왔다. 가장 대표적인 예가 미국의 세마테크(SEMATECH) 컨소시엄으로, 여기에는 14개 기업들이 반도체 칩 개발을 위해 공동으로 참여하였다. 이 밖에도 기술혁신을 위한 합작 혹은 전략적 제휴의 사례를 쉽게 발견할 수 있다. 기업들이 독자적인 기술개발을 통해 수익을 확보하기보다는 경쟁관계 있는 다른 기업들과 서로 협력하는 이유는 다음과 같다.

첫째, 기반기술(generic technology)이 필요한 경우에 협력한다. '기반'이란 말이 의미하듯이 기반기술의 개발 없이는 어느 기업도 더 이상의 독자적인 기술개발이 어렵다. 한 산업 내에서는 여러 기업들이 기반기술을 공동으로 사용한다. 따라서 기술개발에 많은 기업들이 참여할수록, 개별기업은 이득을 얻게 된다. 다시 말하면 기술의 기초적인 특성을 초기에 표준화시킴으로써 중복기술개발의 낭비를 막을 수 있다. 앞에서 예로든 반도체 칩 기술은 기반기술로서, 많은 기업들이 참여하는 컨소시엄의 형태를 취하게 된다. 특히 각국 정부가 국내기업간의 기술개발을 위한 컨소시엄의 구성에 재정지원을 아끼지 않고 있는데, 이는 컨소시엄이 국제경쟁력을 제고시킨다는 인식 때문이다. 우리나라에서도 1990년대에 삼성전자, LG전자, 현대전자 등이 공동으로 참여하는 VLSI(Very Large Scale Integration) 프로젝트를 추진하였다.

둘째, 기반기술이 이미 존재하는 경우에도 경제적 위험성 감소 등 다른 목적을 위해서 기업이 서로 협력한다. 이때는 여러 개의 기업보다는 두 개 정도의 기업이 합작하는 형태로 기술개발의 자원을 공유하게 되는데, 이는 기술개발의 경제적 위험을 피하기 위한 것이다. 콩코드(Concord) 프로젝트가 대표적인 예로, 영국과 프랑스의 제트엔진 업체끼리보다 더 효율적인 엔진을 개발하기 위해서 합작하였다. 이 프로젝트의 목적은 획기적인 엔진의 개발보다는 비용을 분담함으로써 경제적 불확실성을 감소키는 것이었다.

셋째, 자동차나 철강산업처럼 이미 성숙한 기술의 경우에도 기업 간 협력이 이루어진다. 이 경우에 기업 간 기술협력의 형태는 전략적 제휴의 형태로 이루어지며, 기술적 혹은 경영적 자원을 서로 보완하는 것이 그 목적이다. 가령 한 기업이 제품개발에 경쟁우위를 가지고 있는 반면에, 다른 기업은 경영관리, 마케팅, 유통 면에서 경쟁우위를 가지고 있을 때 전략적 제휴가 성립된다.

요컨대 다른 사정이 일정하다면, 기업은 독자적인 기술개발을 통하여 그 이득을 혼자 향유하려고 할 것이다. 그러나 다른 사정이 일정하지 않을 경우—즉 개발위험이 개발비용이 너무 높거나, 기술개발의 성공여부가 기술의 표준화에 좌우된다든지, 정부지원의 혜택이 크다든지—에는 기업 간 협력을 선택하게 될 것이다.

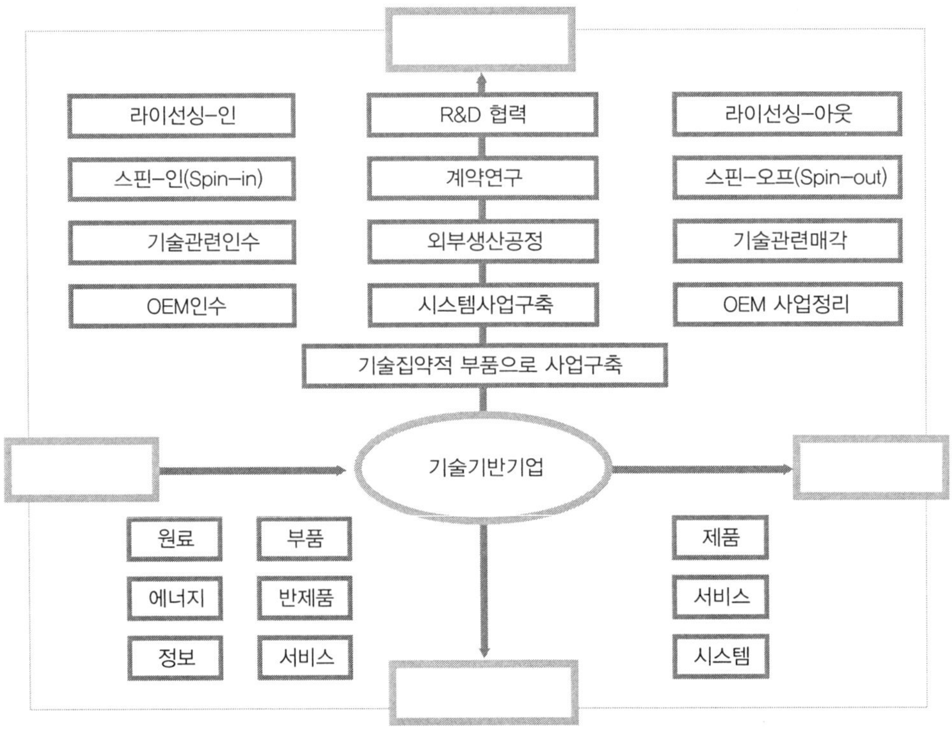

〈그림 4-22〉 기술마케팅의 다양한 형태

(2) 기술마케팅 수단의 선정

기술마케팅의 궁극적인 목적은 수익창출이므로 어떠한 기술마케팅의 형태를 선정할 것인가에 대한 의사결정도 수익극대화에 기반을 두어야 한다. 즉 바람직한 기술마케팅의 형태는 바람직한 비즈니스 모델과 관련된다.

그렇다면 기업은 어떠한 형태의 기술마케팅을 선정하는 것이 바람직할 것인가? 이는 기술 활용의 통제정도와 기술의 공유정도에 따라 달라진다. 〈그림 4-23〉에서 보는 바와 같이 기술활용의 통제정도는 매우 높으나 기술의 공유정도가 약하다면(영역 A) 기업은 자체 생산하여 판매하는 것이 가장 유리할 것이다.

반대로 기술 활용의 통제정도가 낮고 기술의 공유 정도가 높다면(영역 D) 기술을 공표하거나, 비배타적인 공동 라이선스를 제공하는 것도 생각해 볼 수 있다. 만약 기술의 활용정도에 대한 통제정도는 매우 높으나, 역시 기술의 공유 정도도 높다면(영역 B), 조인트벤처, 라이선스, 프랜차이즈 등이 유리할 것이다. 마지막으로 기술의 활용정도에 대한 통제정도가 매우 낮으며, 역시 기술의 공유 정도도 낮다면(영역 C) 배타적인 유통망을 보유하고 사업에 임하는 것이 가장 유리할 것이다.

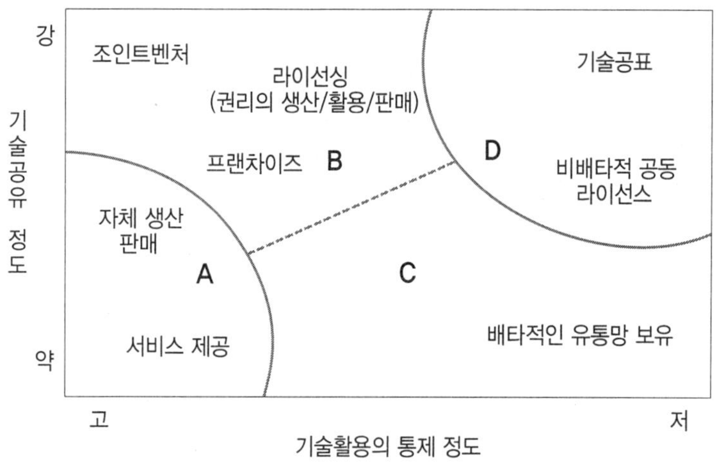

자료: Siefert et al.(2008)

〈그림 4-23〉 효과적인 기술마케팅 수단의 선정

5) 기술거래

이상의 모든 기술마케팅 절차가 끝나면 기술판매자와 기술구매자는 실제로 기술거래를 수행한다.

(1) 기술거래란

중소기업청에 따르면 기술거래란 "기술을 도입하고자 하는 자와 기술을 이전하고자 하는 자 간에 매매, 교환, 임대차, 증여 등의 원인으로 기술 양수도계약, 라이센스 계약, 노하우 실시권계약, 기술 용역계약 등을 통하여 기술이 이동하는 것"을 말한다. 물론 기술거래과정에서 기술성, 시장성 등의 타당성, 국내외 적격 파트너의 물색, 기술이전 관련 협상과 계약관련의 자문 등 기술이전을 원활히 하려는 전반적인 활동도 포함한다.

(2) 기술거래 절차

기술거래는 일반상품의 거래와는 달리 기술판매자와 기술구매자의 기술마케팅전략 하에서 이루어진다. 기술거래 절차를 간단히 요약하면 〈그림 4-24〉와 같다. 그림에서 보는 바와 같이 기술판매자는 보유기술에 대한 평가를 기반으로 판매하려는 기술을 결정하여 수요자를 탐색하고, 기술구매자는 구입하려는 기술을 규정하고 기술판매자를 탐색한다. 이러한 과정에 대한 구체적 내용은 이미 앞에서 설명한 바와 같다.

기술판매자와 기술구매자가 각각 거래상대를 찾게 되면 협상(negotiation)을 통해 계약이 이루어지며, 이에 따라 기술소유권이 기술구매자에게 귀속되거나 실시권이 허여된다.[5] 하지만 기술거래 상대를 찾는 일은 매우 어려운 일이므로 통상 기술중개자가 개입한다.

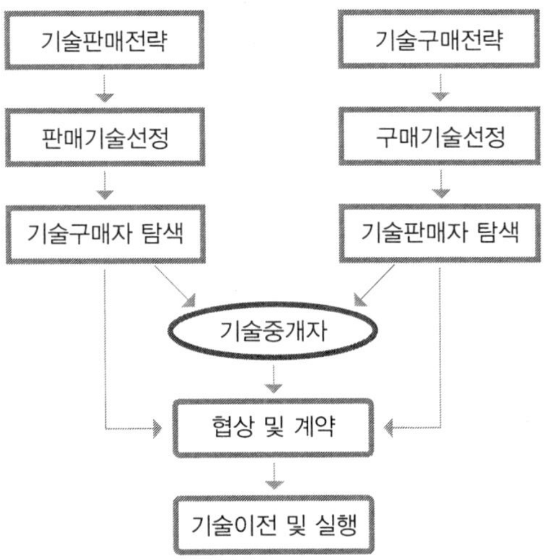

〈그림 4-24〉 기술거래 절차

특히 기술거래에 있어서 협상이 매우 중요하다. 기술거래협상은 기술판매 및 기술구매의 제반 조건을 결정하는 절차이다. 먼저 기술판매자는 잠재적 기술구매자에게 제시할 기술거래조건을 고안하여 결정하고, 이를 토대로 협상을 진행한다. 기술구매자도 자

5) 기술거래에 대한 실무적 내용(준비사항, 협상전략, 계약서식 등)은 중소기업청(1999), 서상혁 · 박현우(2005) 등을 참조할 수 있다.

신에 유리하게 협상을 진행시키기 위해서 협상전략을 마련하여 협상에 임한다. 하지만 기술거래는 한 번에 끝나는 것이 아니므로 양자 모두 우호적인 관계를 유지하는 것이 필요하다. 기술은 눈에 보이는 제품이나 서비스가 아니므로 협상을 수행하는 과정에서 협상의 내용을 기록하고 증빙하는 절차도 분명히 해야 한다. 구체적으로 협상을 위한 회의시간, 장소, 참석자 등을 기록하고 합의여부, 합의사항, 합의를 위한 조건 등을 회의록으로 남겨둘 필요가 있다. 기술거래협상 전에는 필히 비밀유지 계약을 체결해야 한다.

기술판매자와 기술구매자와의 협상이 완료되면, 쌍방은 최종적으로 기술거래 계약서를 쓰고 거래를 완료한다. 기술거래계약서에는 계약의 목적, 특허권목록, 기술이전의 방식, 기술료 및 지급방법, 사후 분쟁해결 방법(예: 기술유출 시 처리방법) 등을 모두 포함시킨다.

(3) 기술거래의 이득

일반상품거래의 경우 생산자와 소비자가 각각 생산자잉여와 소비자잉여를 얻는 것처럼 기술거래의 경우에도 거래참여자들은 거래의 이득을 향유할 수 있다. 먼저 기술판매자는 고정기술료, 경상기술료 등 기술판매수입을 얻을 수 있으며, 상호실시권을 주고받는 경우에는 저렴한 비용으로 필요한 기술을 획득할 수 있다. 뿐만 아니라 상호실시권 허여기업과는 전략적 제휴를 통해서 사업기회나 시장확대의 기회를 얻을 수도 있다.

기술구매자는 필요한 기술을 직접 개발하지 않고도 단기간에 획득할 수 있으며, 이를 통해서 신제품이나 개선된 제품을 적기에 출시할 수 있다. 구입한 기술이 생산공정기술이라면 생산비 절감효과를 가져올 수 있다.

기술거래자는 기술거래중개를 통해 중개수수료를 챙길 수 있으며, 기술중개 과정에서 발굴한 기술을 직접 사업화하여 경제적 이득을 얻기도 한다.

사회적 측면에서는 활용되지 않을 수도 있을 기술이 기술구매자를 통해서 활용될 수 있으므로 자원의 낭비를 막고, 기술사업화를 통해서 부가가치와 일자리가 창출될 수 있다.

4.4 기술마케팅 사후관리

어떤 형태로든 기술거래계약이 성립되고 거래가 이루어지면, 기술공급자는 사후에도 기술구매자가 필요로 하는 부가적인 서비스를 제공해야 한다. 재화 및 서비스 시장에서의 A/S기능이다. 이는 개별기술 차원의 사후관리이다. 한편 기술마케팅 전략 차원에서의 사후관리도 이루어져야 한다.

1) 개별기술 차원

거래가 성사된 이후에도 기술거래에 대한 계약사항의 준수 여부를 지속적으로 관찰해야 한다. 특히 로열티 관련 사항이나 기술구매자의 당초 목적 이외의 사용 등에 대해서는 위험관리 차원에서 파악해야 한다.

또한 기술판매자는 계약에 명시된 기술정보 이외에도 추가적인 기술정보(세부 마무리작업 정보)를 제공하는 경우가 발생하므로 사후관리차원에서 이를 수행해야 한다. 장기적인 라이선스 거래의 경우 추가적인 교육훈련이 지원되어야 하며, 많은 경우 기술제공기업의 기술인력이 기술구매기업에 투입되어야 한다. 거래대상이 노하우인 경우에는 교육지원이 더욱 필요하다. 거래대상이 상표인 경우에는 기술판매자는 라이선스된 기술이 체화되는 제품의 품질경영을 지원해야 한다. 프랜차이즈의 경우에는 핵심원료 및 인력의 계속적 지원을 통해 제품 및 서비스의 질을 유지해야 한다.

더 나아가서 기술은 판매된 이후에도 계속적으로 개선될 수 있으므로 이에 대한 사후관리도 요구된다. 가령 기술구매자가 구입한 기술을 바탕으로 기술혁신을 했을 경우에는 기술판매자가 단독을 소유하거나 공동으로 소유할 수 있으므로 기술혁신에 대한 사후관리도 이루어져야 한다.

2) 기술마케팅 전략 차원

기술마케팅 전략 차원에서의 사후관리란 기술전략 수립 및 관리 절차에 대한 피드백이다. 기술마케팅 전략과 관련하여서는 장기적인 기술로드맵 및 포트폴리오 점검이 필요하며, 이를 통한 기술별 관리방안을 도출하여 실행해야 한다. 기술마케팅 조직과 관련하여서는 전담조직의 구축을 강화하고, 전문인력을 계속적으로 확보하거나 교육 및 훈련을 실시해야 한다. 기술거래 네트워크, 특히 웹상의 거래사이트에 대한 지속적인 관리 및 개선이 이루어져야 한다.

기술판매 프로세스에 대한 효율성 및 효과성을 평가해야 하며, 단계별로 체크리스트를 만들어 이를 확인하는 것이 바람직하다. 또한 전사적 차원에서 개별 기술들의 판매 사례 및 상황을 DB화하여 한눈에 파악할 수 있게 제도화하는 것도 필요하다. 이는 추후 기술마케팅 전략 수립 및 관리의 기초자료로 활용할 수 있다.

PART II

기술사업화

CHAPTER 5

기술사업화 과정

제품 및 서비스와 달리 기술은 개발 및 획득된 후에도 사업화라는 복잡하고도 어려운 과정을 거쳐야만 경제적 이득을 향유할 수 있다. 이 장에서는 기술혁신과정 중에서 가장 핵심적 단계인 기술사업화 활동을 공부한다. 기술사업화는 기술적 가능성을 시장현실로 가져오는 활동으로, 사업화를 위한 아이디어의 선택으로부터 실제적인 혁신에 이르기까지의 사건들을 다룬다.

5.1 기술사업화 사례[1)]

1) 성공사례

전자부품을 생산하는 J사의 사업부는 최근 사내연구소가 추진해온 A라는 제품개발 사업프로젝트를 이관 받았다. 당시 A제품은 기술적으로 완성도가 매우 높았으며, 시장전망도 좋은 편이었다. 하지만 사장은 양산의 위험을 최소화하기 위하여 수도권에 소재한 연구소의 연구원들을 지방에 있는 생산공장으로 전원 발령 조치하였다. 공장에서 양산된 A제품은 6개월 이내에 시장진입 및 판매에 성공하였고, 공장장은 연구원들은 다시 원대 복귀시켰다.

사업화 이관 당시 연구소 기술기획팀과 사업부의 인계인수 절차는 R&D 운영 매뉴얼에 따라 이루어졌으며, 문서화된 기술정보는 기술사업화 계획서를 통해서 전달되었고, 노하우 등 암묵지는 공장에 배치된 연구원들을 통해서 이전되었다. 특히 J사의 공장장은 연구소 제품개발부서장 출신으로 연구인력과 생산인력의 협력을 잘 유도한 결과, 제품의 기술적 신뢰성을 제고하여 고객사들로부터 성능과 품질의 우수함을 인정받았다. A제품은 사업 착수 후 매출액이 500배 이상 증가하였다.

2) 실패사례

I사는 역시 전자부품 회사로 사내연구소에서 원천기술을 통해서 B라는 부품을 세계 최초로 개발하였다. 하지만 연구소, 생산팀, 그리고 최고경영자 간의 협력 부재로 사업화에는 실패하였다.

B제품의 개발 당시에 사업본부장은 기존의 주력제품이 한계에 다다르고 있는 상황이어서 B제품이 새로운 돌파구가 될 것으로 판단하였다. 따라서 연구소와 긴밀한 협의 없이 최고경영자의 도움으로 바로 연구인력을 사업장에 배치하고 생산시설 건설에 착수

1) 이하에서 소개되는 사례는 한국산업기술진흥협회(2011)에서 발췌한 것으로 약간 수정·보완하였다.

하였다.

하지만 B제품은 실험실에서 개발을 끝내고 파일럿 플랜트(pilot plant)에서 준 양산제품으로 검증 중이었으며, 신뢰성 측정실이 준공되지 않는 상황이었다. 게다가 연구소장은 외국에서 연구원으로 재직하다 온 신입 임원으로 경영진들 사이에서 정치적인 영향력이 매우 낮았다. 연구소장은 기술적인 완성도가 낮기 때문에 사업화 조기 착수에 반대하는 입장이었지만, 고객사에서 제품의 조기 양산을 강하게 요구하였으므로 사업본부장을 비롯하여 다수의 경영진들은 사업화를 서둘렀다. 더군다나 신기술 및 신제품이 연구소에서 사업부로 이관되는 프로세스가 명확하지 못했고, 사업본부장의 이관 요구에 강력하게 반대하지 못하였다.

이와 같이 무리수를 둔 사업화 이관으로 인해 신뢰성 검증이 제대로 이루어지지 않았고, 1년 6개월 후 B제품은 품질결함으로 전량 회수되는 결과가 초래되었다. 또한 고객들이 요구하는 제품 대형화에 대해서 연구소와 사업부가 제대로 대응하지 못해 결국 사업부 자체의 폐쇄라는 극단적 조치에 이르게 되었고, 심각한 적자요인이 되었다.

5.2 기술사업화: 개발 및 혁신

1) 기술사업화란

제1장에서 언급한 기술혁신의 여정에서 보면(〈그림 1-1〉), 기술사업화(technological commercialization)는 아이디어를 바탕으로 제품 및 서비스를 규정하고, 이를 시장으로 판매하여 경제적 이득을 창출하는 과정을 말한다. 다산 정약용의 솜틀기계 사례에서 기술사업화는 정약용이 최종설계도를 완성하고 천만호를 방으로 불러들인 이후의 과정이다. 즉 정약용이 천만호와 함께 시제품을 만들고, 천만호가 기업가적 자질을 발휘하여 순풍에 돋을 단 듯 이윤을 획득하게 된다는 이야기까지이다.

보다 정확하게 표현하면, 기술사업화는 개발(development)과 혁신(innovation) 활동을

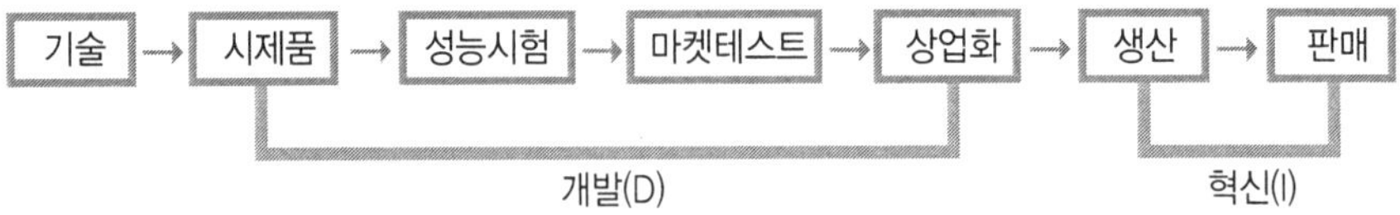

〈그림 5-1〉 기술사업화 과정: D&I

포함하는 개념이다.[2)] 먼저 개발이란 응용연구로부터 신제품 및 신공정을 디자인하고 테스트하는 활동이다. 만약 개발이 성공적이면 혁신으로 이어진다. 혁신은 '신제품, 신공정, 신소재, 신서비스 등이 창출되어 하나의 공장 혹은 시장으로 이전되는 과정'으로서, 본격적으로 생산 및 마케팅이 이루어지는 단계이다.[3)] 그러므로 혁신은 생산설비, 종업원에 대한 교육훈련, 금융, 판매 등에 대한 지출을 포함한다.

개발에서 혁신으로 이어지는 전환과정에서 기업은 상업화(commercialization)를 선언한다. 상업화란 기술적으로 성공한 발명을 신제품으로 만들어 시장에 최초로 소개하는 활동이다. 다른 말로 출시(launching)라고도 하며, 시제품을 만들고 성능시험을 통하여 신제품의 기술적인 위험성을 낮추고, 마켓테스트를 통해 시장 위험성을 어느 정도 낮춘 상황에서 이루어진다. 〈그림 5-1〉에는 상업화를 매개로 개발에서 혁신으로 이어지는 기술사업화 과정을 그려 놓았다.

2) 기술사업화 유형

기술사업화는 〈그림 5-2〉와 같이 네 가지 유형으로 구분할 수 있다. 그림에서 횡축은 활동주체(민간기업과 대학 및 공공연구소)를 나타내고, 종축은 기술획득방법(기술개발과 기술거래)을 나타낸다. 그림에서 유형1은 민간기업이 기술을 자체 혹은 공동으로 개발하여 기업이 사업화하는 경우이다. 앞에서 사례로 든 J사가 개발한 기술을 토대로 A라는 제품을 만들어 사업화한 것이 여기에 속한다.

유형2는 대학이 개발한 기술을 대학이 사업화하는 경우이다. 공공연구소도 기술을 개

2) 참고로 우리나라 '기술이전촉진법'에 따르면 기술사업화는 "개발된 기술을 이용하여 제품의 개발 · 생산 및 판매를 수행하거나 그 과정의 관련기술 향상에 적용하는 것"으로 정의되고 있다.
3) 일반적으로 혁신은 연구에서 발명, 그리고 시장으로 이어지는 전 과정을 말하나, 여기서는 협의의 개념이다.

기술 획득 방법 \ 활동주체		민간기업	대학 및 공공연구소
기술 획득 방법	기술 개발	유형1: 기업이 기술을 자체 혹은 공동으로 개발하여 기업이 사업화	유형2: 대학이 개발한 기술을 대학이 사업화
	기술 거래	유형3: 기업이 개발한 기술을 기술구매자가 구입하여 사업화	유형4: 대학 혹은 공공연구소가 개발한 기술을 구매자가 구매 혹은 이전받아 사업화

〈그림 5-2〉 기술사업화의 유형

발하나 기관의 성격상 자체적으로 사업화하지는 않고 있다. 하지만 대학은 대학자본주의의 등장으로 법적 · 제도적 여건이 조성되어 사업화가 가능하다.

유형3은 민간기업이 개발한 기술을 구입하거나 이전받아 사업화하는 경우이다. 이때 기술사업화의 주체는 타기업, 개인, 비영리법인 등이 될 수 있다. 이 경우 기술개발기업은 기술의 판매자(혹은 이전자)가 되고, 타기업, 개인, 비영리법인 등은 기술의 구매자(피이전자)가 된다. 유형Ⅲ은 기술마케팅의 기여도가 가장 큰 사업화 유형이다.

유형4는 대학 및 공공연구소가 개발한 기술을 구입하거나 이전받아 사업화하는 경우이다. 이때 기술사업화의 주체는 민간기업, 개인, 비영리법인 등이 될 수 있다. 이 경우 대학 및 공공연구소는 기술의 판매자(혹은 이전자)가 되고, 민간기업, 개인, 비영리법인 등은 기술의 구매자(피이전자)가 된다. 기술마케팅의 역할도 필요한 사업화 유형이다.

3) 기술사업화 단계

기술사업화는 사업에 대한 아이디어 착상단계, 기술확보단계, 제품 및 서비스의 실증단계, 생산 및 판매단계, 그리고 사업화 지속단계 등 5가지 단계로 구분하여 파악할 수 있다.

(1) 아이디어 착상단계

사업화의 초기단계에서는 사업에 대한 아이디어를 포착하고, 이를 대략적으로 평가해야 한다. 사업화가 유망한 잠재적 상품 및 서비스를 탐색하여 아이템을 선정하고, 이에 필요한 기술을 규정한다. 하지만 기존에 존재하지 않는 획기적인 제품 혹은 기술이라고 하면, 이 기술이 창출할 수 있는 시장과 경제적 이득을 예측한다.

어떤 경우이든 이 단계에서는 기술적 측면뿐만 아니라 시장관점에서 사업아이디어를 평가하는 것이 중요하다. 시장분석을 위해서는 전통적인 SWOT분석 혹은 Porter의 5 Forces 모형 등이 활용될 수 있다.

(2) 기술확보단계

사업 아이템이 선정되면, 이를 구현하는데 필요한 기술을 확보해야 한다. 〈그림 1-1〉의 기술혁신의 여정에서 보면, 아이디어와 제품화의 중간단계에 속한다. 만약 기술력이 있는 기업이나 개인발명가라면, 자체적으로 기술을 개발할 수 있을 것이다. 그렇지 않은 경우에는 기술을 외부로부터 조달하면 된다. 즉 기술을 판매자로부터 구매하거나, 라이선스 계약을 맺거나, 기술을 보유한 기업을 인수할 수 있다.

(3) 제품 및 서비스 실증단계

기술이 확보되면, 시제품을 제작하여 기술적 완성도를 높이고 시장에서의 판매가능성을 타진한다. 이러한 제품실증활동은 본격적인 생산시설 및 판매 인프라 구축 전에 수행해야 하는 필수적인 활동이다.

기술적 완성도를 높이기 위해서는 제작된 제품 및 서비스가 기대하는 기능과 성능을 갖추었는지, 디자인은 사용자의 입장에서 만족스러운지, 불량률은 낮은지 등등을 점검해야 한다. 아울러 시장에 출시할 경우에 지식재산권 문제는 없는지, 원재료 혹은 부품 조달에는 문제가 없는지 등도 확인할 필요가 있다.

시장판매 가능성을 타진하기 위해서는 신제품에 대한 고객의 태도와 구매의향을 사전에 조사해야 한다. 즉 테스트마켓(test market)를 실시한다. 테스트마켓은 일부 시장을 선정하여 실제로 제품을 판매하여 판매량을 예측하는 활동이다. 하지만 여기에는 많은 비용이 들어가므로 일정한 실험 장소에 구매자를 모아놓고 구매의향이나 태도를 관찰하여 판매량을 예측할 수도 있다. 이를 프리테스트마켓(pre-test market)이라고 한다. 먼저 프리테스트마켓을 실시하고 테스트마켓을 실시하면 시장에서의 불확실성을 크게 줄일 수 있다.

(4) 생산 및 판매단계

제품 및 서비스의 실증과정을 통해서 기술적 완성도를 높이고 시장의 불확실성을 줄이게 되면, 본격적으로 생산라인을 구축하고 시장에 판매할 수 있다. 이 단계에서의 활동은 일반적인 생산 및 마케팅 관행에 따르면 된다.

(5) 사업화 지속단계

어떤 활동에서도 마찬가지이지만 사업화의 최종단계에서는 평가와 피이드백(feed-back)이 이루어져야 한다. 만약 사업화가 성공적으로 진행되고 있다고 판단되면, 개발된 기술과 제품이 장기적으로 시장에서 경쟁력을 가질 수 있도록 조치를 취해야 한다. 이를 위해서는 제품차별화나 비용절감 등의 노력을 기울일 뿐만 아니라 차세대 기술개발도 준비해야 한다. 아울러 소비자들의 관심을 지속적으로 끌 수 있는 시장혁신활동도 병행해야 한다.

하지만 본격적인 생산 및 판매가 이루어진 후에라도 사업화 목적을 달성하지 못한다고 판단되면, 개발된 기술을 다른 용도로 활용하는 방안도 검토해야 한다. 예를 들면, 기술판매, 기술출자 등이다.

4) 기업의 기술사업화 의사결정

기술사업화, 즉 개발 및 혁신에 대한 투자는 표준적 재무관리의 원칙이나 전통적인 투자기법에 입각해서 채택되기 어렵다. 오히려 혁신적 기업가는 일반적인 경영원리를 무시함으로써 기술사업화에 성공한 사례가 많다. 다시 말해서 최고경영자의 가치관이나 목표가 기업의 기술혁신 행태를 설명하는데 주요한 역할을 수행한다.

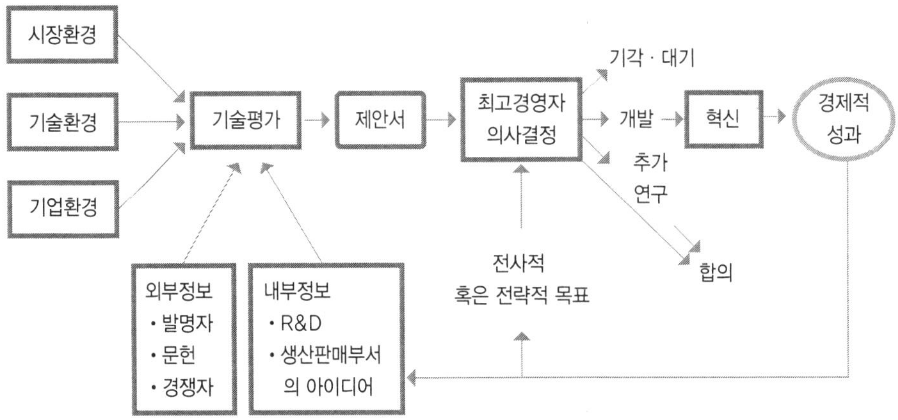

자료: Rosegger(1996)에서 재인용

〈그림 5-3〉 기술사업화에 대한 기업의 의사결정과정

그럼에도 불구하고 최근 기술사업화 프로젝트에 대한 합리적인 의사결정 과정 및 원리가 발전되어 왔다. 일반적으로 기술혁신 프로젝트에 대한 투자는 〈그림 5-3〉과 같은 과정을 거치게 된다.

먼저 기업의 개발 및 혁신의 노력은 '압력'으로부터 시작된다. 이러한 압력은 두 가지로 크게 나누어진다. 하나는 환경적 혹은 구조적인 압력으로서 시장, 기술, 그리고 기업 경영 및 조직 측면에서 유발된다. 가령 기존 소비자들이 제품이나 생산공정의 변화를 요구하여 기술혁신에 착수하는 경우이다. 다른 하나는 특정한 기술적 기회나 시장에 관한 정보가 축적되면서 유발되는 압력이다. 예를 들어 획기적인 R&D 결과, 생산 및 마케팅부서에서 제안된 의견, 혹은 경쟁기업의 행동 등이 기술혁신의 동인으로 작용하는 경우이다. 일단 혁신 프로젝트가 착수되면, 축적한 정보를 토대로 기술적 및 경제적 평가가 이루어진다. 물론 경제성지표모형, 투자결정모형, 가치공헌모형 등 정량적인 모형을 통해서 프로젝트를 평가할 수 있다.[4] 그러나 실제로는 이는 보조 자료에 불과한 것으로 알려지고 있다. 이는 기술혁신의 비용이나 혁신으로부터 기대되는 수익의 흐름을 정확히 평가하기 어렵기 때문이다. 이러한 평가내용은 하나의 제안서에 담아지게 되며, 이를 토대로 최고경영자는 최종적으로 신기술의 상업화에 투자할 것인지를 결정한다. 최고

4) 산업기술진흥협회, R&D관리 종합매뉴얼, 1994 참조.

경영자가 이를 받아들이면, 개발 → 혁신 → 경제적 성과로 이어지고 피이드백의 과정을 거치게 된다. 독자적인 결정이 어려울 경우에는 추가연구나, 위원회 등의 합의를 거쳐서 혁신으로 이어지게 된다.

아이디어와 상업화의 과정 사이에서 추진되는 혁신 프로젝트는 정기적으로 평가되어야 한다. 〈그림 5-4〉는 이러한 과정을 의사결정의 순환으로 묘사하고 있다. 여기서 각 의사결정의 단계는 정보, 제안, 활동 등 세 가지 영역으로 구분되어 있는데, 의사결정자로서 경영자들은 단계에서 프로젝트를 아예 중단할 것인지(①), 정보획득을 위해서 전 단계로 되돌아갈 것인지(②), 아니면 그 다음 단계로 넘어갈 것인지(③)를 결정한다.

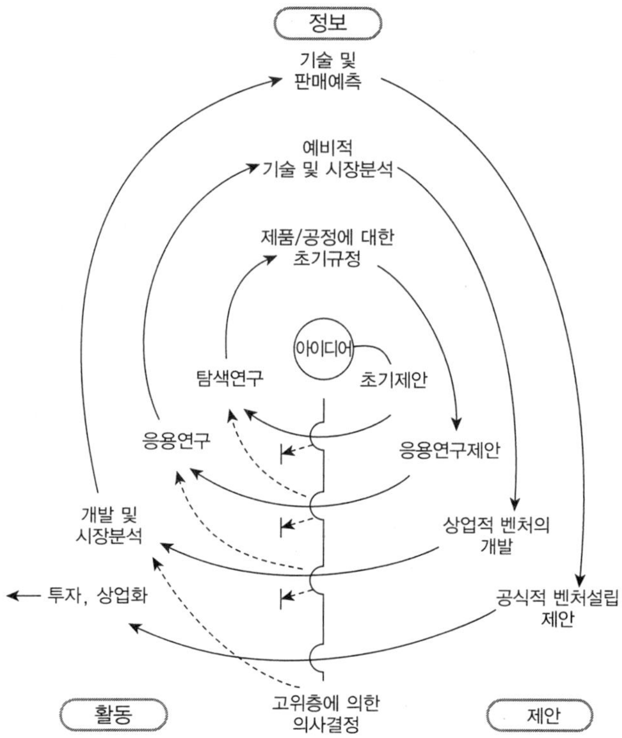

자료: Rosegger(1996)에서 재인용

〈그림 5-4〉 기술사업화를 위한 순환적 의사결정모형

5.3 기술사업화의 경제적 특성

1) 많은 투자비

기술사업화, 즉 개발 및 혁신은 발명 활동에 비해서 많은 투자가 요구되는 활동이다. 통상적으로 산업계에서는 "만약 연구활동에 1원이 투입된다면, 개발비로는 10원, 그리고 생산 및 마케팅 활동에는 100원이 투입되는" 것으로 보고 있다. 물론 이러한 계산은 정확한 것은 아니지만 기술진보의 과정이 진행될수록 비용이 급격히 증가한다는 사실을 말해준다. 〈표 5-1〉은 발명이 사업화되는 데 소요되는 투자비용을 단계별로 구분하여 보여주고 있다. 단계별 구분이 명확하지 않고 산업별로 금융구조가 다르다는 점을 감안하더라도, 각국에서 신기술의 Start-up 투자가 투입비용 측면에서 매우 크다는 사실을 알 수 있다.

〈표 5-1〉 기술혁신의 단계별 투자비중

지출유형	독일	이탈리아	핀란드
R&D	26.6%	17.9%	39.0%
디자인 및 엔지니어링	22.0%	25.2%	6.3%
특허 및 라이선스	2.0%	–	4.0%
Start-up 투자	46.0%	51.5%	46.2%
제품마케팅	4.0%	5.4%	4.5%

자료: D. W. Budworth and Centrim, *Finance and Innovation,* 1996, p.5에서 재인용

이 점은 쿠퍼(Cooper, 2001)에 의해서도 확인되고 있다. 그는 기술혁신과정을 ① 아이디어의 탐색 및 스크리닝, ② 비즈니스모델 개발, ③ R&D, ④ 테스팅, 그리고 ⑤ 마케팅 등 5단계로 구분하고, 각 단계별 투입비용의 비중을 〈그림 5-3〉과 같이 제시하였다. 그림에서 보는 바와 같이 제품개발에 26%, 테스팅(시제품 및 마켓테스팅) 17%, 비즈니스모델 개발에 5% 등 총 48%가 기술사업화 단계에서 소요되는 비용으로 나타나고 있다.

이와 같이 Start-up 투자 비중이 높기 때문에 개발 및 혁신은 독립적인 발명가보다는

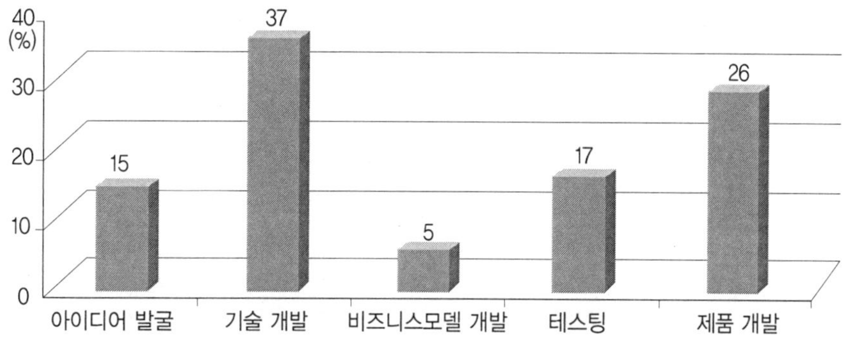

자료: Cooper(2001)

〈그림 5-5〉 제품생산 단계별 투입비용 구조

주로 기업 내 R&D 조직에서 수행되고 있다. 독립적인 발명가는 자금력을 갖춘 대기업에 비해서 개발비를 충당하기 어렵기 때문이다. 이러한 예측은 역사적인 사실에 의해서 뒷받침되고 있다. 〈표 5-2〉에는 1920년대 이후에 이루어진 38개의 대표적인 혁신사례가 소개되어 있다.

〈표 5-2〉 대표적인 기술혁신사례(1920~1967년)

혁신사례	혁신		발명			시차
	연도	혁신자(국가)	연도	발명자	소속	
라디오 (Triode-valve)	1920	Westinghouse(미국)	1912	De Forest	개인	8년
인슐린	1923	Connaught Labs(캐나다)	1921	F.G. Banting	대학	2년
자동감기시계	1928	Harwood Watch Co.(미국)	1922	J. Hareood	개인	6년
합성세제	1930	I.G. Farben(독일)	1886	Krafft	개인	44년
프레온 냉장물질	1931	Kinetic Chemicals(미국)	1930	Midgley & Hume	기업	1년
레이더	1935	SFRE(프랑스)	1887	H. Hertz	대학	48년
텔레비전	1936	RCA(미국)	1919	V. Zworykin	기업	17년
나일론	1938	Dupont(미국)	1934	W.H. Carothers	기업	4년
헬리콥터	1937	Fokke-Wulf(독일)	?	다수	?	?
자동기어장치	1939	GM(미국)	1904	H. Fottinger	개인	35년

제트엔진	1943	Rolls-Royce(영국)	1929	F. Whittle	정부	14년
터보제트엔진	1944	Junkers Co.(독일)	1934	H. von Ohain	대학	10년
페니실린	1942	Kemball, Bishop(영국)	1929	A. Fleming	대학	13년
DDT	1942	J.R. Geigy Co.(스위스)	1939	P. Muller	기업	3년
실리콘	1943	Dow-Corning(미국)	1904	F.S. Kipping	대학	39년
볼펜	1944	Eterpen Co.(아르헨티나)	1938	L.J. & G. Biro	개인	6년
스트렙토마이신	1946	Merck & Co.(미국)	1943	S.A. Waksman	대학	3년
레코드	1948	CBS(미국)	1945	P. Goldmark	기업	3년
즉석현상 카메라	1948	Polaroid, Corp(미국)	1937	E.H. Land	개인	11년
전자사진술	1950	Haloid Corp((미국)	1937	C. Carlson	개인	13년
폴리에스테르 섬유	1950	ICI(영국)	1941	J.R. Whinfield	기업	9년
트랜지스터	1951	Bell Labs(미국)	1947	Shockley 등	기업	4년
컴퓨터	1951	Remington Land(미국)	1944	J. Mauchley	대학	7년
파워스티어링	1951	Chrysler Co(미국)	1926	H. Vickers	개인	25년
플로트 판유리	1959	Pilkington Bros(영국)	1952	A. Pilkington	기업	7년
피임약	1960	Searle Drug Co(미국)	1955	R. Marker	대학	5년
레이저	1967	Hauges Aircrsft(미국)	1954	C.H. Townes	대학	13년
로터리식피스톤엔진	1967	NSU(독일)	1954	F. Wankel	개인	13년

자료: Rosegger(1996)

발명가가 창업했던 하워드 와치(Harwood Watch)사, 폴라로이드사와 같은 극히 일부 사례만을 제외하고는 대부분의 사례에서 개발 및 상업화는 기존기업 또는 기존기업에서 의해서 설립된 신규법인에 의해서 수행된 것으로 나타나고 있다. 프레온 가스를 개발할 목적으로 GM과 듀퐁(Dupont)의 합작에 의해서 설립된 키네틱 케미컬(Kinetic Chemicals)사, 실리콘을 개발할 목적으로 설립된 다우-코닝(Dow-Corning)사 등은 기존기업에 의해서 설립된 신규법인이었다. 핼로이드(Haloid)사는 중소기업이었으나 직접 전자사진술(Xerography)를 개발하여 성공한 예이다.

2) 복잡한 과정

D&I는 추적하기 복잡한 과정이다. 사실 〈표 5-2〉에 소개된 기술혁신의 사례는 추적 가능했기 때문에 선정된 것이지, 중요한 혁신이거나 임의적으로 추출한 사례들이 아니다. 개발 및 혁신을 새로운 제품의 최초의 생산 혹은 새로운 공정의 최초의 상업적 활용이라고 정의내릴 때, '최초'와 '상업적 활용'이라는 말의 의미가 불분명하다. 신제품 혹은 신공정은 그것이 확산(모방)되는 과정에서 변화하지 않고 그대로 남아 있지 않는다. 따라서 최초로 혁신이 일어난 후에도 많은 '최초의' 혁신들이 존재할 수 있다.

개발, 시험공장의 가동 그리고 본격적인 생산활동이 이루어질 때를 신제품 혹은 신공정의 상업화라고 볼 수 있으나, 이 역시 논란의 여지가 있다. 따라서 어떤 기업은 제품이 생산되면 그것이 상업화되었다고 선언하기도 하나, 일부 다른 기업들은 좀더 신중한 입장을 취한다. 더 나아가서 상업화가 되었다고 해도 개발 및 혁신과정이 계속되어야 하는 경우도 있다. 예를 들어 컴퓨터의 하드웨어와 소프트웨어의 경우, 상업화 이후에도 기술적으로 해결해야 할 문제가 있음에도 불구하고 상업화를 성급하게 선언하게 되면 불리하게 된다. 그러므로 D&I를 분석할 때는 기업, 산업 및 경제의 기반과 성장에 분명한 영향을 미치는 획기적인 혁신에 초점을 맞추는 경향이 있다.

뿐만 아니라 하나의 혁신이 어떠한 발명으로부터 왔는가를 추적하기도 어렵다. 많은 경우에 있어서 아이디어로부터 응용으로의 과정에서 너무나 복잡한 연계관계를 가지고 있으며, 이를 발견하기 어렵다. 또한 획기적인 혁신들은 시대와 기술 분야를 넘어서 서로 영향을 주고받는다. 예를 들어 자동차, 헬리콥터, 제트엔진 등과 같은 획기적 혁신의 경우에는 '과학적 및 기술적 체계'를 가지고 있으며, 따라서 발명과 혁신 간의 직접적인 관계를 밝혀내기 어렵다. 발명 ⇨ 개발 ⇨ 혁신의 과정이 불분명하기 때문에 여러 국가와 기업들이 특정 기술에 대하여 권리를 주장하기도 한다.

3) 기술적 불확실성과 시장의 불확실성

D&I는 기술의 완성도를 높임으로써 기술적 불확실성을 낮추고, 기술의 내용을 시장의 선호에 따라 조정함으로써 시장의 불확실성을 낮추는 활동이다. 기술적 불확실성이란

판매 가능한 제품의 개발이 실패할 확률을 말한다. 기술적 불확실성의 결정요인은 혁신의 참신성과 복잡성이다. 만약 제품생산에 요구되는 기술이 참신할수록, 응용이 더 복잡할수록 실패할 확률이 커진다. 기술적 불확실성은 기업이 어느 정도 통제할 수 있는 변수이다. 예를 들어 기업은 여러 개의 개발 프로젝트가 포함된 하나의 포트폴리오를 구성함으로써 위험을 분산시킬 수 있다. 즉 많은 개발 프로젝트에 종사함으로써 개별적으로 높은 위험을 가진 몇 개의 개발 프로젝트를 수행하더라도 평균적인 위험도는 낮게 유지할 수 있다. 문제는 기술적 불확실성은 기업의 주관적인 판단에 의해서 이루어진다는 것이다. 과거의 성공사례, 기업의 경쟁력, 기업규모, 이윤 그리고 재무적 안정성 등이 기술적 불확실성에 대한 판단에 영향을 미친다. 따라서 동일한 개발 프로젝트에 대해서도 어떤 기업은 위험도가 높다고 평가할 수 있으나 다른 기업은 안전하다고 평가할 수도 있다. 이러한 기술적인 불확실성을 낮추기 위하여 기업은 아이디어를 정제한다. 즉 디자인하고 건설하며 신제품의 시제품(prototype)을 테스트하며, 시범 프로젝트를 운용한다.

한편 시장의 불확실성은 기술적 개발이 완료된 후에 상업적으로 실패할 확률을 말한다. 시장의 불확실성은 기술적 불확실성에 비해서 더 평가하기 어려우며, 기업의 통제범위를 벗어나는 변수이다. 일반적으로 기업은 시장의 불확실성을 줄이기 위하여 혁신활동을 기업 내 공정혁신에 국한시키려는 경향이 있으나, 일반적으로 상업적인 성공여부는 신제품에 대한 충분한 시장이 창출될 것인지, 또는 마케팅 부서와 R&D 부서 간에 연계관계가 밀접한지에 달려 있다. 기업은 시장의 불확실성을 낮추기 위하여 시장조사, 테스트 마케팅, 상업생산에 따르는 추가적인 개선을 수행한다.

개별 기업의 입장에서는 신제품 혹은 신공정을 혁신으로 가져오는데 드는 총비용은 기술개발비용과 시장창출비용으로 구성되어 있다. 그러나 경제 전체적으로 보면, 이러한 비용은 기업 및 산업 간에 분산된다. 예를 들어 레이저, 카본섬유, 홀로그래피 등과 같은 현대적 기술에 대한 개발 과정은 여러 산업에서 동시적으로 진행되어 왔을 뿐만 아니라, 다양한 혁신을 가져왔다.

4) 시차

D&I는 인큐베이션(incubation) 기간과 상업적 기간을 거친다. 인큐베이션 기간이란 어느 누군가에 의해서 모든 기술적인 노력이 행해지지만 응용상의 분명한 상업적인 이득이 나타나지 않는 기간을 말한다. 다시 말해서 기술 자체의 완성도를 높여 가는 과정이다. 초기의 기술적인 문제가 해결되고, 제품에 대한 잠재적인 수요가 인식되면 상업적인 개발기간이 시작된다.

인큐베이션 기간과 상업적 개발기간을 합치면 발명에서부터 혁신까지의 시차가 된다. 그렇다면 기술적으로 중요한 발명이 나타난 시점부터 혁신이 완료되기까지는 얼마의 기간이 걸리는가? 이 역시 역사적인 사실로부터 확인해 볼 수밖에 없다. 〈그림 5-6〉에는 〈표 5-2〉에서 소개된 27개의 혁신사례에서 나타난 발명과 혁신 간의 시차가 요약되어 있다. 횡축은 발명연도이고, 종축은 발명에서 혁신까지 걸린 연수를 나타낸다. 그림에서 보는 바와 같이 발명과 혁신 간의 시차는 다양하게 분포되어 있다. 3개의 혁신사례는 그 시차가 40년 정도이고, 4개의 혁신사례는 3년 미만을 기록하고 있다.

이러한 극단적인 경우를 제외하더라도 전체 사례들에 대해서 평균적인 시차를 얘기하기 어렵다. 단지 사례별로 어떤 요인이 발명과 혁신 간의 시차에 영향을 미치는지 조사해 보아야 할 것이다. 예를 들어 산업별 특성도 중요한데, 한 연구에 의하면 석유정제 산업에서 발명과 혁신 간의 시차는 평균 11년이고, 나머지 산업은 14년으로 나타나고 있다(Parker, 1978). 또한 Mansfield(1968)는 기계산업에서 시차가 가장 짧고, 그 다음이 화학산업, 의약산업 순으로 보고하고 있다.

또한 대기업의 R&D 조직에 의해서 개발 및 혁신이 수행되면 발명과 혁신 간의 시차가 빨라질 것으로 예측할 수 있다. 〈표 5-2〉에 국한하여 보면, 혁신적인 기업 내에서 달성한 9개의 사례의 시차는 그렇지 않은 경우에 비해서 상당히 짧게 나타나고 있다.

또 한 가지는 기술혁신의 속도가 빨라진 1970년대 이후에는 발명과 혁신 간의 시차가 매우 짧아졌을 것으로 예측할 수 있다. 그림에서 발명연도와 시차의 관계가 마이너스(−)로 나타나고 있으며, 이는 1970년대 이후 지금까지의 혁신사례를 추적해보면 확인할 수 있을 것이다.

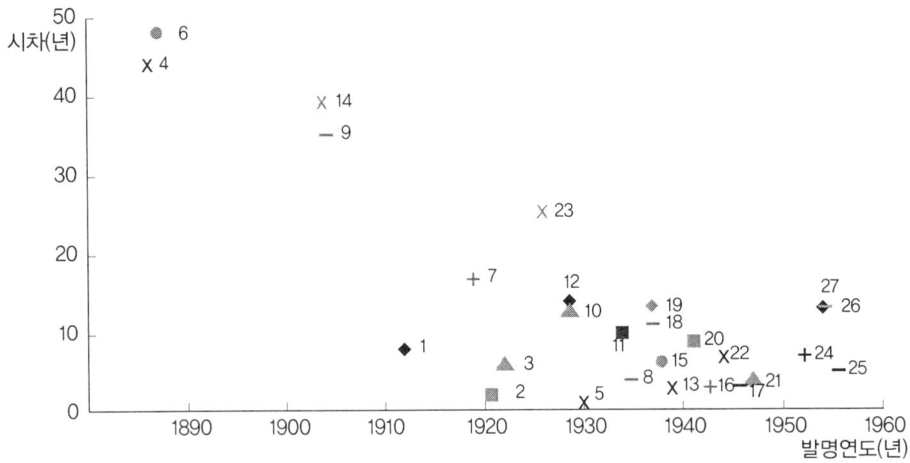

1: 라디오
2: 인슐린
3: 자동감기시계
4: 합성세제
5: 프레온 냉장물질
6: 레이더
7: 텔레비전
8: 나일론
9: 자동기어장치
10: 제트엔진
11: 터보제트엔진
12: 페니실린
13: DDT
14: 실리콘
15: 볼펜
16: 스트렙토마이신
17: 레코드
18: 즉석현상카메라
19: 전자사진술
20: 폴리에스테르 섬유
21: 트랜지스터
22: 컴퓨터
23: 파워스티어링
24: 플로트 판유리
25: 피임약
26: 레이저
27: 로터리식 피스톤엔진

자료 : 〈표 5-2〉

〈그림 5-6〉 발명과 혁신 간의 시차

5) 상업적 사이클

상업화 이후 신제품 및 신공정의 기술적 진화과정을 보면, 일련의 기술혁신이 계속되는 현상을 발견할 수 있다. 즉 초기의 혁신이 상업적으로 성공하게 되면 제품의 개선, 정교화, 확대(scale-up) 활동이 추가적으로 일어나고, 다양한 신제품의 창출 활동이 나타날 것이다. 자동차의 마력, 중량, 속도 연료소비와 같은 경우에는 이러한 노력의 결과를 인식할 수 있다. 그러나 제품의 특성이 아닌 생산공정에 관한 것일 경우에는 추가적인 혁신 활동의 다양한 성과를 쉽게 측정할 수 없다.

그럼에도 불구하고 기술혁신 연구에서는 제품생애주기(product life cycle)와 기술주기(technology cycle) 개념을 통해 기술혁신의 패턴을 유형화시키고 있다. 이는 특정한 제품이나 공정에 대한 기술 및 시장의 진화과정, 즉 도입기로부터 성숙기까지 추적할 수 있음을 의미한다.

5.4 기술사업화 주체로서의 기업가의 역할

기술사업화, 즉 개발 및 혁신은 독립적인 발명가에 의해서 이루어지기도 하지만, 앞에 제시된 사례들에서처럼 주로 기업 내의 R&D 조직에 의해서 수행된다. 그러나 공통되는 사실은 개발 및 혁신이 기업가 정신(entrepreneurship)을 가진 기업가(entrepreneur)에 의해서 착수되고 완성된다는 것이다. 그렇다면 기업가는 구체적으로 누구인가? 쉽게 록펠러, 카네기, 빌 게이츠, 이병철(삼성), 정주영(현대), 김우중(대우) 등을 떠올릴 수 있을 것이다. 그들은 입지전적인 인물로서 불굴의 투지를 가진 사람으로 알려지고 있다. 그러나 이들 기업가에 대해서는 인간적인 특성 이상의 경제학적 분석이 필요하다.

1) 기업가의 역할 및 자질

기업가는 누구를 말하고, 어떤 기능을 수행하며, 따라서 어떠한 자질을 필요로 하는가? 지금까지 전개되어온 기업가정신에 관한 이론을 살펴보면, 기업가는 투기자(speculator), 중개자(middleman), 조정자(coordinator), 혁신자(innovator) 그리고 의사결정자(decision-maker)로서의 역할, 기능 및 자질 등이 거론되어 왔다(〈표 5-3〉 참조). 이 중 혁신자(innovator)로서 기업가의 역할은 슘페터(J.A.Schumpeter)에 의해서 강조되었다. 그에 의하면 기업가는 '새로운 조합'(new combination)을 찾는 사람이라고 한다. 즉 '창조적 파괴자'(creative destructor)로서, 신제품, 신공정, 신시장, 신조직 그리고 신원료공급원을 창출하는 사람이다. 따라서 슘페터가 말하는 혁신가로서의 기업가의 가장 중요한 자질은 창의성이다. 그러나 혁신의 과정은 창의성 이외에도 다양한 자질을 필요로 한다. 다시 말해서 투기자, 조정자, 중개자 그리고 의사결정자로서의 자질도 갖추어야 혁신에 성공할 가능성이 커진다. 각 역할에 따른 자질은 다음과 같이 요약할 수 있다.

〈표 5-3〉 기업가 정신에 대한 대안적 이론들의 비교

기업가의 기능	위험감수자			시장중개인	조정자	기술혁신가	의사 결정자
	투기자	위험의 판단자	소유자				
주장자	Cantillon	Knight	Hawley	Menger, Hayek Kirzner, Drucker	Say Leibenstein	Schumpeter	Casson
기업가의 자질	위험감수 동기	예견력과 자신감	위험에 대한 책임감	기회포착 능력	조정능력, 노력	새로운 조합의 실행동기	정보보유 및 판단 능력
기업가의 행동유형	-	-	-	시장신호에 단순히 반응	점진적 변화추구	혁신적 아이디어의 창출	-
시장변화 속에서 기업가의 역할	-	기업가 활동과 변화가 동반되는 현상	-	주어진 시장여건 하에서 기업가가 변화를 유발	기업가활동과 변화는 동반되는 현상이나, 기업가가 시장 시스템을 창출	기업가가 변화를 유발. 그러나 시장여건을 파괴하고 창출하는 역할	기업가 활동과 변화가 동반되는 현상
생산과정에서의 역할	-	-	타생산요소를 통제함	멩거는 상위 위계에 속하는 생산요소. 커즈너는 생산요소로 보지 않음	다른 자원을 통제하는 네 번째 생산요소	단순한 생산요소가 아닌 경제발전과 경기변동의 원동력	-
이윤의 본질	투기에 따른 위험에 대한 대가	측정불가능한 위험의 감수에 대한 대가	소유에 대한 대가로 동기부여하는 힘	시장중개 역할에 대한 보수	생산의 조정기능에 대한 임금	기술혁신의 성과로서, 변화의 신호등	단기: 우월한 정보에 대한 대가 장기: 의사결정에 소요되는 시간과 노력에 대한 대가

자료: 성태경(2002)

- 투기자: 위험감수의지, 특히 위험판단자로서는 예견력과 자신감
- 중개자: 기회포착능력
- 조정자: 조정능력과 노력도
- 의사결정자: 정보획득 · 보유 및 정보판단능력

혁신성공에 필요한 기업가의 자질은 크게 두 가지로 나누어 볼 수 있다. 하나는 창의성, 위험감수의지, 기회포착능력 등 진취성이고, 다른 하나는 예견력, 조정능력, 노력도, 정보판단능력 등 관리능력이다. 일반적으로 발명가(혹은 공학도)들은 진취성은 강하지만 관리능력은 부족한 반면에, 경영자들은 관리능력은 있으나 진취성이 약한 것으로 얘기되고 있다. 따라서 혁신주체로서의 기업가는 진취성과 관리능력을 모두 갖추어야 한다.

물론 제품이나 산업특성에 따라서 기업가의 적합한 자질이 달라질 수 있다. 예를 들어 차세대 BT 분야의 혁신에서는 기업가적인 과학자(entrepreneurial scientist)들과 그들간의 협력이 강조되고 있다(Oliver, 2004).

더 나아가서 미래의 혁신 환경에서는 테크노 프로듀서(techno-producer)의 역할이 요청되고 있다. 테크노 프로듀서란 새로운 산업 및 제품을 창출하는데 필요한 전략적이고 창의적인 목표를 수립하는 그 누군가로서, 새로운 전략과 개념을 창출할 뿐만 아니라 기술혁신의 과정을 지도한다는 의미에서 오케스트라의 작곡자 및 지휘자의 역할을 수행한다. 이들은 기업내부적인 구조뿐만 아니라 국내 및 해외에서 산업계, 학계 그리고 각국 정부들과 네트워크를 구축하는 역할을 한다.

2) 혁신주체로서의 제도

혁신자로서의 기업가는 한 사람의 개인뿐만 아니라 제도 혹은 시스템에 의해서도 수행된다. 각종 연구기관이나 벤처캐피탈 회사들에 의해 운영되는 투자창업보육센터(business incubator)가 여기에 속한다. 특히 네트워크 경제에서 혁신 및 창업과 관련하여 최근 새로운 유형의 조직으로 부각되고 있는 것이 하버드 대학 교수들에 의해 소개된 NI(Networked Incubator)의 개념이다(Hansen, *et al.*, 2000). 물론 기존의 창업보육센터들도 사무실, 자금, 자문 등을 제공하지만, NI는 이에 더하여 광범위한 네트워크 서비스

를 제공함으로써 더 짧은 기간에 필요한 자원과 협력자를 구할 수 있게 해주는 하나의 시스템이다. NI의 대표적인 예는 미국의 SBVC(Softbank Venture Capital)에 의해서 설립된 Hotbank로, 여기서 이루어진 활발한 조정과 네트워크 활동을 통해 자동차 관련 인터넷 서비스업체인 'Model E' 등의 신생기업이 탄생하였다. 이러한 네트워크 경제에서 기업가의 역할은 단순한 생산의 조정자로서의 역할을 넘어서는 개념이다.

더 알아보기 5.1 기업가에 대한 오해와 진실

허구 1: 기업가 정신은 후천적으로 만들어 나아가는 것이 아니라 타고나는 것이다.
현실: 기업가들은 특정한 지능, 창조적인 재능과 활기 정도는 천부적으로 가지고 있을 수 있으나, 초창기에는 새하얀 백지와 같다. 기업가가 되려면 적절한 기술, 관련된 노하우, 경험 그리고 오랫동안 쌓아온 인맥형성 등이 필수적이며 자기개발도 큰 비중을 차지한다. 창의적인 상상력 그리고 적절한 기회를 잡는 능력은 10년 이상의 경험이 필요하다.

허구 2: 누구나 사업을 시작할 수 있다.
현실: 아이디어와 사업기회의 차이를 충분하게 인식하는 기업가의 성공확률은 크게 높다. 행운도 어느 정도 사업성공과 연결되지만, 철저한 대비책을 필요로 한다. 비즈니스를 시작하는 것 자체는 쉽다. 생존, 지속 그리고 위험을 무릅쓰고 창업자들이 이익을 실현하는 것은 어렵다. 5년 이상 생존한 기업체 중 창업자들이 투자한 자본과 금융이득까지 획득할 수 있는 회사는 절반에 지나지 않을 것이다.

허구 3: 기업가는 도박꾼들이다.
현실: 성공한 기업가들은 철저하게 예측된 위험만을 감수한다. 그들은 함께 위험을 감수할 사람들을 찾거나, 가능하다면 위험 요소를 최소화 또는 회피한다. 그들은 위험을 작은 요소들로 분해하고, 해결 가능한 리스크에만 시간과 자원을 투입한다. 불필요한 리스크를 감수하지는 않는다.

허구 4: 기업가들은 전적으로 자신들 위주로 일한다.
현실: 기업을 직접 소유하고 운영하는 것은, 결국 기업의 성장을 제한하는 것이다. 개인사

업자들은 생계유지 정도의 규모로 기업을 운영할 수는 있다. 하지만 높은 가능성을 가진 기업을 단독으로 키우기는 매우 어렵다. 따라서 더 높은 잠재력을 가진 기업가들과 팀을 이루고, 조직과 회사를 성장시켜야 한다.

허구 5: 기업가들은 어느 누구의 지배도 받지 않고 완전히 독립적이다.
현실: 기업가들은 동업자, 투자자, 고객, 공급자, 채권자, 고용인, 가족, 사회공동체 관련인들과 고루 맞춰나가야 한다. 혼자의 힘으로 수십억 원의 매출을 달성하기는 어렵다.

허구 6: 기업가들은 커다란 스트레스에 시달린다.
현실: 사업운영은 스트레스가 많고 부담이 아주 크다. 그러나 기업가들이 다른 전문직보다 스트레스를 더 많이 받는다는 근거는 없다. 기업가들의 일에 대한 만족도는 높은 편이다. 기업가들은 업적에 대한 높은 성취감을 가지고 있고, 건강 또한 좋을 뿐더러 퇴직 확률도 타 직종 종사자에 비해 낮다.

허구 7: 사업실패 후 다시 재기할 수 없다.
현실: 능숙한 기업가들은 특별한 기회를 추구하고 적합한 사람들을 모으며 필요한 재원과 자원을 이용하여 성공적인 벤처를 가시화한다. 더 나아가 사업은 실패할 수 있지만, 이를 통하여 학습과 요령을 체득한 기업가는 재기할 수 있다.

허구 8: 창업하는데 가장 중요한 것은 돈이다.
현실: 다른 재능이 있다면 돈은 따라오지만, 돈이 사업을 성공으로 이끄는 것은 아니다. 기업가에게 있어서 돈은 화가의 붓이나 물감 같은 존재이다. 훌륭한 작품은 화가의 손에서 탄생한다.

허구 9: 기업가는 젊고 열정적이어야 한다.
현실: 나이는 숫자에 불과하다. 높은 잠재력을 가지고 창업하는 사람들의 평균연령은 30대이지만, 60대에 시작하는 사람들도 적지 않다.

허구 10: 기업가의 가장 강력한 사업동기는 재산증식이다.
현실: 높은 잠재력을 지닌 기업가는 단기적인 연봉이나 특권보다는 장기적인 업적, 목표로부터 동기부여가 된다. 돈은 기업을 판단하는 기록일 뿐이다. 성공적인 기업가들은 계

속해서 새로운 것을 추구한다.

허구 11: 기업가들은 남들에게 권력을 행사하고 싶어 한다.
현실: 성공적인 기업가들은 자신의 권력보다 책임, 업적, 성취를 즐긴다. 그들이 이룬 업적으로 인하여 영향력을 행사할 수는 있지만, 그것은 추구할 대상이 아니라 부산물이다.

허구 12: 많은 재능을 가진 기업가들은 1년~2년 사이에 성공한다.
현실: "레몬은 2년 반 만에 익지만, 진주는 7년, 8년이 걸린다."라는 이야기가 벤처캐피탈리스트 사이에서 회자된다. 즉 새로 시작한 사업이 3, 4년 이내에 성공하기는 힘들다는 것이다.

허구 13: 좋은 아이디어를 가지고 있으면, 쉽게 벤처캐피탈의 투자를 받을 수 있다.
현실: 좋은 아이디어가 있어도, 투자를 받을 수 있는 확률은 1~3% 정도이다.

허구 14: 많은 초기자금을 가지고 시작하는 기업가는 성공확률이 높다.
현실: 많은 자금에 도취하여 충동적으로 지출하거나 규정이 미비될 수 있다. 따라서 현실에서는 반대의 경우도 많다.

허구 15: 기업가들은 다른 사람과 협력하지 못하는 외로운 존재이다.
현실: 크게 성공한 기업가들은 훌륭한 팀을 구성하고 효율적인 관계를 구축하는 지도자들이다.

출처: Timmons and Spinelli(2009)

5.5 기술사업화의 성공/실패요인

개별기업의 입장에서 볼 때 기술혁신의 성공을 가져오는 요인을 이해하는 것이 중요하다. 다시 말해서 기술혁신에 성공한 기업들의 일반적인 특징을 파악할 필요가 있다. 일반적으로 기술혁신의 성공 요인은 크게 기술 요인과 수요 요인으로 나누어지고, 이는 과학추동설(science-push)과 수요견인설(demand-pull)의 논쟁으로 잘 요약되고 있다. 그러나 중요한 사실은 양 측면 중 하나만을 강조하면 실패할 가능성이 크다는 것이다. 특히 개별기업의 입장에서 기술사업화의 실패는 기술혁신에 내재하는 기술적 불확실성 혹은 시장 및 경쟁에 대한 판단 미숙에 기인하는 것으로 평가되고 있다. 따라서 또 하나의 성공 요인으로서 기술과 시장의 연결 요인을 지적할 수 있다.

1) 기술적 요인

과학적 연구는 계속적으로 새로운 발견을 가져오고, 새로운 기술적 가능성을 열어 주므로 이를 추적할 수 있는 기업은 새로운 가능성을 실현시키는 선도기업이 될 것이다. 다시 말해서 기업 내에 R&D 전담부서가 있어서 자질 있는 과학자나 기술자를 고용하고, 대학 혹은 다른 연구기관과 밀접한 연계관계를 맺으며, 과학에 근거한 기술변화를 쉽게 수용하는 기업일수록 혁신의 성공가능성이 커진다. 우리가 익히 들어 알고 있는 IBM, DuPont, GM, Bell, NEC, 토요타 등은 강력한 공학적 및 기술적 기반을 가지고 성장해온 기업들이다. 기술적 측면에서 본 혁신의 성공요인은 다음과 같이 요약된다.

- 독자적이고 집중적인 전문적 R&D 활동
- 기초연구에 대한 투자 혹은 기초연구를 수행하는 인력과의 밀접한 관계 유지
- 진입장벽 또는 경쟁기업과의 협상수단으로서의 특허권의 사용
- 장기적으로 막대한 R&D 비용을 조달하기에 충분한 기업규모

2) 수요측 요인

한편 기술혁신은 "필요는 발명의 어머니"라는 말처럼 시장의 수요측면으로부터 유발되기도 하며, 이러한 수요가 긴급하고 구체적이면 혁신의 핵심적인 성공요인이 된다. 각국의 사례가 이를 말해주고 있다. 양차 세계대전을 겪으면서 독일은 천연소재를 대체할 합성소재에 대한 강한 수요가 있었고, 이는 이게파르벤(IG Farben)사를 비롯한 많은 화학회사들의 집중적인 R&D 투자를 유도하였다. 제2차 세계대전 후 미국에서 군사 및 우

주항공 분야에 대한 투자수요가 커지면서 벨(Bell)사는 반도체 및 컴퓨터의 개발에 성공하였고, 이에 근거하여 일련의 기술혁신을 이룩하였다. 영국이 각종 레이더 개발에 성공한 것은 제2차 세계대전 중 독일의 공습에 대비하기 위해서였다. 반대로 시장에서 수요가 부족하여 실패한 사례도 있다. 미국에서 합성고무와 레이더의 개발 그리고 전후 유럽에서 칼라 TV의 개발 실패가 그러하였다.

고객의 요구에 민감하게 부응하는 기업이 새로운 아이디어가 창출할 잠재적인 시장을 인식할 뿐만 아니라 소비자가 가지는 불만의 원천을 식별할 수 있을 것이며, 신제품 및 신공정을 소개하는 선도기업이 될 것이다. 수요측면에서 본 혁신의 성공요인은 다음과 같다.

- 경쟁자보다 더 짧은 상품 생산부터 완성까지의 시간(lead time)
- 잠재적 시장에 대한 확실하고도 발 빠른 규정
- 잠재적 시장 및 고객에 대한 지속적 관심

3) 기술과 시장의 연결요인

앞에서 언급한 바와 같이 기술요인과 수요요인 중 어느 한 측면만 강조하는 기술혁신은 실패할 확률이 높다. 가령 아무리 열정인 발명가라도 잠재적 시장의 특정한 요구나 제품원가를 무시하다면, 혁신가로서 성공하기는 어렵다. 컴퓨터에서 EMI와 AEI 그리고 레이더에서 영국의 몇몇 기업들이 강력한 R&D 조직을 갖추고 상당한 기술적 완성도를 달성했으나 실패하였다. 반대로 아무리 시장요인을 잘 평가하는 기업가라도 하나의 제품을 개발하는데 필요한 과학적인 지식을 가지지 못한다면 혁신가로서 역시 실패할 것이다. TV의 베어드(Baird)가 그러한 사례에 속한다.[5)]

그러므로 혁신의 성공여부는 기술과 시장을 연결시키는 능력에 달려 있다고 볼 수 있다. 다시 말해서 성공적인 기업가 정신과 뛰어난 경영은 기술적 가능성과 시장가능성을 연결시키는 능력이다. 이러한 연결과정은 아주 오랜 기간이 걸린다. 혁신가는 과학기술

5) 물론 이러한 실패는 혁신을 궁극적으로 성공시키는 데 기여할 것이다.

과 시장 사이에서 존재하는 하나의 아이디어를 순간적으로 포착하며, 그 이후에도 상당 기간 마음속에 담아 두게 된다. 레이온과 컴퓨터는 상업화되기 전 각각 200년 전과 100년 전에 발명되었다는 사실이 이를 말해준다. 뿐만 아니라 기술과 시장의 연결과정은 매우 복잡하다. 혁신은 감각적으로 아이디어를 시장으로 가져오는 활동이 아니다. 실험적 개발작업 및 테스트 마케팅 과정에서 지속적이고도 창조적인 대화가 필요하다. 물론 무선통신기를 발명하고 사업화시킨 마르코니(Marconi)와 같이 막 창업하는 기업의 경우에는 이 연결과정이 단순할 수 있을 것이다. 그러나 이미 설립된 기업에서는 상이한 부서, 팀, 개인 간의 연결과 조정을 포함한다. 기업 내뿐만 아니라 기업과 고객과의 커뮤니케이션도 성공의 관건이 된다.

기술과 시장의 연결측면에서 본 혁신의 성공 요인은 다음 두 가지로 요약된다.

- R&D, 생산, 마케팅을 효과적으로 연결시킬 수 있는 기업가 능력
- 고객 및 외부 과학연구기관과의 충실한 연계

더 알아보기 5.2 우리나라 기업들의 기술사업화 성공 요인

과학기술정책연구원(2009)은 우리나라 기술사업화 성공 요인을 크게 자원, 제도, 조직, 시장으로 구분하여 AHP(Analytic Hierarchy Process) 상대비교분석을 실시하였다 그 결과 자원 0.40, 시장 0.31, 조직 0.20, 제도 0.09의 순으로 중요도가 평가되었다(〈그림 5–7〉). 즉 기업 내 기술사업화 업무를 담당하는 전문가 시각에서 보면, 기업이 보유한 기술 및 인력, 자본 등의 자원이 기술사업화를 성공으로 이끄는데 있어서 가장 중요한 요인으로 작용한다는 것이다. 한편 시장 요인과 조직 요인도 중요한 것으로 판단하고 있음을 알 수 있다. 반대로 제도적 요인은 상대적으로 덜 중요한 요인으로 평가되었다.

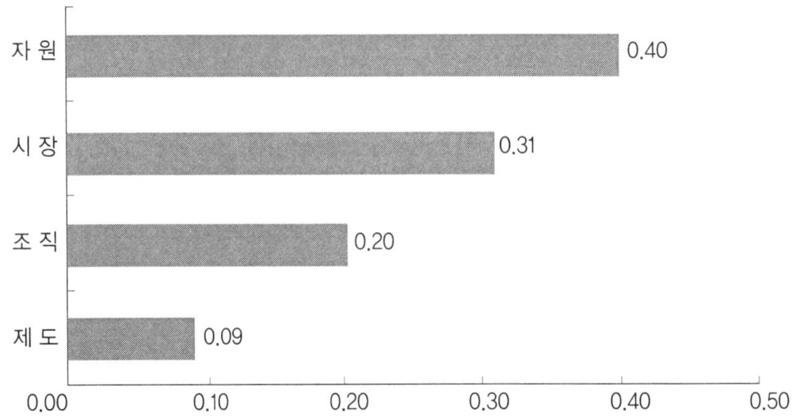

자료: 과학기술정책연구원(2009)

〈그림 5-7〉 기술사업화 성공 요인: 대분류별 중요도

성공요인을 세분화하여 우선순위를 보면(〈그림 5-8〉), 자원에서는 7개 세분류 항목 중에서 기술의 질적수준(0.089)과 연구개발투자(0.077)가 중요한 것으로 나타났다. 시장 요인은 4개 세분류 항목이 전반적으로 우선순위가 높은 가운데, 마케팅 능력(0.083), 기술사업화 전략(0.081), 기술사업화 성공경험(0.082) 등이 중요한 것으로 나타났다. 조직은 7개 세분류 항목 대부분의 우선 순위가 낮게 나타났으며, 이 중 경영지배구조(0.046)와 기업경험(0.041)이 중요한 것으로 나타났다. 마지막으로 제도에서는 기술사업화 정부지원(0.059)이 기술사업화 인센티브(0.031)보다는 중요한 것으로 나타났다.

세부 요인별로 다시 보면, 기술의 질적수준과 마케팅 능력 등이 중요한 것으로 평가되었고, 기업규모와 기술협력도는 상대적으로 덜 중요한 것으로 평가되었다. 즉 중소기업의 보유 기술의 수준, 연구개발 투자규모, 사업화를 위한 마케팅 역량, 추진전략 및 성공경험 여부가 기술사업화를 성공적으로 수행하는 데 주요 요인으로 제시되었다. 이에 반해 종업원 규모, 기업 매출액 규모, 대학 및 공공연구기관과의 협력 등은 기술사업화에 있어 상대적으로 중요하게 작용하지 않은 것으로 평가되었다. 특히 기술협력도는 우선 순위 척도가 0.015로 가장 낮게 나타났는데, 이는 기술협력도가 중요하다고 보는 일반적인 견해와는 상치되는 결과이다. 그러나 이 연구에서 수행된 정량적 평가에서는 기술협력도가 중요한 것으로 나타났다.

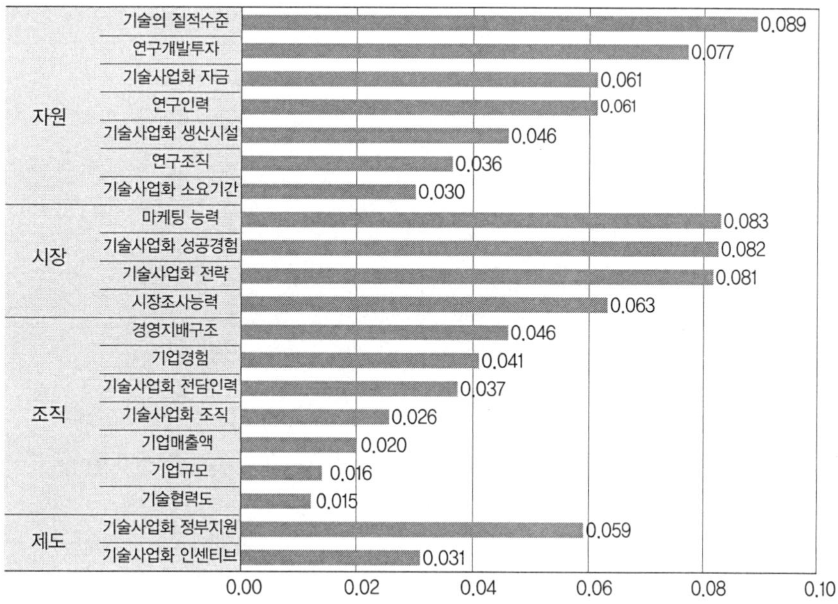

주: 수치는 대분류의 중요도에 세분류별 중요도를 곱한 척도임.

자료: 과학기술정책연구원(2009)

〈그림 5-8〉 기술사업화 성공 요인: 세분류별 우선순위

CHAPTER 6

벤처기업의 기술사업화

기술사업화는 기존 기업에 의해서 수행될 뿐만 아니라 새로운 기업의 창업에 의해서 이루어진다. 이 장에서는 벤처기업(venture firms)에 의한 기술사업화 과정에 대해서 알아본다.

6.1 벤처기업의 기술마케팅 사례: (주)바이로메드

(주)바이로메드는 서울대 미생물 전공교수였던 김선영 교수가 유전자치료제의 개발 및 사업을 목적으로 1996년 창업한 벤처기업이다. 본 절에서는 (주)바이로메드의 기술개발 및 기술마케팅 사례를 소개한다.[1)]

1) 창업배경 및 회사개요

(주)바이로메드는 정부의 기술하부구조 구축정책(BT 분야)으로 탄생한 벤처기업이다. 1994년 김선영 교수는 과학기술부의 선도기술개발사업(일명 'G7' 프로젝트)의 세부사업인 "신기능생물소재기술개발사업" 분야에 공모하여 1억 5천만 원의 연구비를 지원받았다.

이를 종자돈으로 하여 김 교수는 실용화를 목표로 한 특허기술을 창출하였다. 이 결과를 해외에 발표하자 영국의 한 유전자치료 벤처회사가 김 교수팀의 연구결과에 관심을 가지고, 연구비를 지원하겠다는 의사를 밝혀왔다.

그러나 당시 대학에 중앙집중식 연구비관리제도가 도입되지 않았고, 그것도 외국에서 대규모 연구비를 수탁 받는 일이 흔하지 않았기 때문에 영국 벤처회사 측에서 벤처창업을 권유하였다. 이에 따라 김 교수는 1996년 11월 국내 최초의 유전자 치료제 회사이자 최초 대학 내 벤처회사인 (주)바이로메드를 설립하였다.

서울대 실험실을 기반으로 하여 초기에 서울대 대학원에 재학 중인 석 · 박사급 고급인력을 활용할 수 있었다. 2010년 현재는 종업원 71명 규모의 기업으로 성장하였다. 2005년 12월에 코스닥에 상장하였으며, 2006년에는 바이오신약 및 연구기자재 도매업체인 (주)진바이오텍과 합병함으로써 R&D 활동뿐만 아니라 수익창출도 꾀하고 있다.

---

1) (주)바이로메드는 대학발 벤처기업으로 제9장에서도 사례로 자세히 소개한다. 여기서는 기술사업화 활동에 초점을 맞춘다.

2) 기술개발성과

김 교수팀은 연구주제가 유전자치료제였기 때문에 순수한 과학지식의 발견이나, 논문 발표에 머무르지 않고 실제 치료제로 사용될 수 있는 결과물을 얻었다. 세계 최초로 바이러스의 유전자 서열이 포함되지 않은 MLV(murine leukemia virus) 레트로바이러스를 만들어, 바이러스의 복제 가능성을 최소화 하였다. 이는 기존의 어떠한 벡터보다도 안전하고, 활용도가 넓은 벡터를 만드는 기술이었다. 이 결과는 1996년 사이언스(Science)지에 발표되었을 뿐만 아니라, 1997년 특허를 출원하여 "유전자 요법을 위한 개선된 레트로바이러스 벡터"라는 명칭의 특허(등록번호 10-246096-0000)를 획득하였다.

이를 시발점으로 그간 동사는 유전자치료제, 세포유전자치료제 그리고 단백질치료제 분야에서 자체 기술력을 토대로 국내외에서 29건의 특허를 획득하였으며, 34건의 특허를 출원 중이다.

3) 기술마케팅 및 사업화 실적

(1) 국내시장

김 교수팀은 초기 연구결과에 자신감을 얻어 'G7' 매칭 펀드에 참여했던 국내 N사에 후속 연구 및 사업화를 제안했으나, 당시 유전자치료분야는 투자위험이 높다는 이유로 거절당했다. 다만 해외로의 기술수출 등의 가시적 성과가 나타나면서, (주)바이로메드는 1997년과 1999년 2차에 걸친 유상증자를 실시하였는데, 1999년의 경우 무한기술투자 등 국내 5개 벤처캐피탈로부터 15억 원을 유치하였다. 국내 벤처캐피탈 회사들은 기술에 대해서 자세하게 파악하지는 못했지만, 대표이사인 김선영 교수에 대해 신뢰감을 가지고 투자하였다. 반면에 대기업인 C사, L사, S사 등에도 투자를 제안하였으나, 영국에 기술수출이 이루어진 후에도 모두 거절하였다.

(2) 해외 기술수출

창업 후 (주)바이로메드는 영국의 옥스포드 바이오메디카(Oxford Biomedica)사와 70

만 달러의 기술수출 계약을 체결하였다. 2001년에는 항암치료보조제인 ReMDR을 개발하여 일본 다카라 바이오(Takara Bio)사에 50만 달러에 라이선스하였다. 2004년에는 중국 바이오벤처기업인 베이징 노스랜드사와 크로스라이선싱 계약을 체결하기도 하였다.

2004년도에는 항알레르기 물질을 미국기업에 라이선스하여 정액기술료로 2년간 210만 달러를 벌어들였고, 경상로열티로 매출액 대비 12.5%를 받았다. 이는 10년간 5,000만 내지 1억 달러에 달하는 가치이다. 당시 우리나라 기술수출액이 2억 달러, 기술도입액이 30억 달러로 28억 달러 적자였고, 국내제약업계의 기술수출액이 2,350만 달러였던데 비하면 놀라운 실적이었다.

(3) 해외투자 유치

국내의 대기업들은 기술구입 혹은 공동개발을 거절하였으나, 마침 영국의 한 유전자치료 벤처회사가 김 교수팀의 연구결과에 관심을 가지고, 연구비를 지원하겠다는 의사를 밝혀왔다.

국내 대기업과는 대조적으로 일본의 주류회사인 다카라 바이오사는 2000년 6백만 달러를 투자하여, (주)바이로메드의 지분을 50% 확보하였다. 투자 동기는 기술의 수월성과 기술의 발전 속도를 인정했기 때문이었다. 현재까지 총 1,000만 달러의 해외투자를 유치하였다.

(4) 기술사업화

(주)바이로메드는 개발한 기술을 영국, 일본 등지로 수출하였을 뿐만 아니라 직접 활용하여 유전자치료제(허혈성족부궤양치료제, 심근경색/협심증치료제, 항암백신, 선천성면역결핍치료제), 단백질(혈소판감소증치료제), 천연물의약품(아토피피부염치료제, 관절염치료제), 건강기능식품(알레르기질환, 근육피로개선제, 치매) 등 다양한 제품을 개발하고 있다. 이 중 혈소판감소증치료제와 관절염치료제는 상용화에 근접한 제품으로 현재 한국과 중국에서 각각 임상3상이 진행되고 있다.

6.2 벤처기업이란?

1) 정의

앞의 사례에서 (주)바이로메드는 벤처기업으로 소개되었다. 그렇다면 정확히 벤처기업은 어떤 기업을 말하는가? 흔히들 벤처기업을 '고위험-고수익'을 추구하는 기업 혹은 코스닥(KOSDAQ; Korea Securities Dealers Automated Quotation) 시장에 상장된 기업들을 지칭하는데, 이는 정확한 정의가 아니다. 현재 우리나라에서는 벤처기업은 '벤처기업육성에 관한 특별조치법' 제2조의 2(벤처기업의 요건)에 의해서 다음과 같이 정의되어 있다. 우선 벤처기업은 「중소기업기본법」 제2조에 따른 중소기업이어야 하며,[2] 다음 요건 중 하나에 해당하면 된다.

- 벤처투자기관으로부터 투자받은 금액이 자본금의 10% 이상으로, 투자금액이 5천만 원[3]이상인 기업
- 기업부설연구소를 보유한 기업으로서, 연간 연구개발비가 5천만 원 이상이고, 연간[4] 총 매출액 대비 연구개발비 비율이 5% 이상으로[5]사업성이 우수한 것으로 평가받은 기업
- 기술보증기금(기보) 또는 중소기업진흥공단(중진공)으로부터 기술성이 우수한 것으로 평가받고, 기보의 보증 또는 중진공의 대출을 순수 신용으로 받되, 보증 또는 대출금액이 8천만 원 이상이고, 당해기업의 총자산에 대한 보증 또는 대출금액 비율이 5% 이상인 기업[6]
- 창업기업의 경우는 기보 또는 중진공으로부터 기술성이 우수한 것으로 평가받은 기업

---

2) 현재 중소기업은 제조업의 경우 상시종업원수 300인 미만인 기업을 말한다. 업종별 자세한 내용은 중소기업청 홈페이지(http://smba.go.kr)중소기업범위해설을 참조하면 된다.

3) 벤처투자기관은 중소기업창업투자회사, 중소기업창업투자조합, 신기술사업금융업자, 신기술사업투자조합, 한국벤처투자조합, 투자전담회사, 기타 대통령령으로 정하는 기관이며, 문화상품 제작자의 경우 자본금의 7% 이상.

4) 정확히는 벤처확인 요청일이 속하는 분기의 직전 4분기.

5) 업력이 3년 미만인 기업의 경우는 연구개발비 비율은 적용 제외.

6) 창업 후 1년 미만 기업은 보증 또는 대출금액 4천만 원 이상이며(총자산대비 비율은 적용 배제), 보증금액 10억 원 이상인 기업은 총자산대비 비율 적용 배제.

위의 요건을 보면, 벤처기업의 유형은 차례로

① 벤처투자기업

② 연구개발기업

③ 기술평가 보증/대출기업

④ 예비벤처기업

으로 구분할 수 있다. 여기서 공통되는 점은 기술성 혹은 사업성이 우수한 기업이어야 벤처기업으로 인정된다는 것이다. 즉 특허 등 신기술을 기반으로 사업화에 착수하거나 연구개발기업의 경우처럼 특허 등 신기술을 공급할 능력이 있는 기업이여야 한다.

그렇다면 (주)바이로메드는 어떤 조항에 의해서 벤처기업으로 인정될 수 있었겠는가? 1998년 '벤처기업육성에 관한 특별조치법'이 시행된 후 몇 번의 개정으로 정확히 추적하기는 어려우나, 예비창업기업 혹은 벤처투자기업으로서 자격을 가지고 있었을 것으로 추정된다.

2) 벤처기업지정의 이득

왜 기업들은 굳이 벤처기업으로 인정받으려 하는가? 이는 〈표 6-1〉에서 보는 것처럼 벤처기업에 대한 다양한 우대지원제도가 있기 때문이다. 몇 가지 예를 들면, 우선 교수창업의 경우 벤처기업대표 또는 임직원을 겸직할 수 있다. (주)바이로메드는 1996년 창업되었으나, 당시 벤처특별법 자체가 없었기 때문에 교수의 벤처기업 임원 겸직이 불가능하여 외부 사람의 이름을 빌어 이사진을 구성해야 했으며, 1998년 12월 벤처특별법이 통과된 이후에야 김선영 교수가 회사의 공식 대표이사가 되었다. 입지 면에서도 교수 혹은 연구원의 실험실 공장을 허용한다. 코스닥 상장심사 시 우대하며, 병역특례기관이 될 수도 있다. 물론 정책자금, 보증지원, 투자지원 등 금융 면에도 많은 혜택을 받을 수 있다.

〈표 6-1〉 벤처기업 우대지원제도

구분		일반한도
창업	교수 · 연구원 창업 특례	• 벤처기업을 창업하거나 근무하기 위해 휴직가능 • 벤처기업의 대표 또는 임직원 겸임 · 겸직가능
	산업재산권출자 허용	• 현물출자 대상에 특허권, 실용신안권 등의 권리포함
세제	법인세, 소득세 50% 감면	• 창업 후 3년 이내 벤처기업확인을 받은 기업(창업벤처중소기업)
	등록세, 취득세 면제	• 창업벤처 중소기업의 벤처확인일로부터 4년 내 취득 사업용 재산
	재산세 50%감면	• 창업벤처 중소기업의 사업용 재산으로 벤처확인일로부터 5년간
금융	코스닥 등록	• 등록심사시 우대
	정책자금	• 중소기업정책자금 심사시 우대
	보증지원	• 보증심사시 우대 • 연대보증기준완화
	투자지원	• 창업투자회사의 투자대상에 업력제한 없음
인력	인력 스톡옵션 (주식매수선택권)	• 부여대상 확대 (외부전문인력과 외부기관) • 행사이익에 대해 소득공제 (연간 3천만 원 한도)
	병역특례	• 병역특례 연구기관 지정신청기회를 연2회 부여 • 전문연구요원이 벤처기업 부설연구소로 옮겨 근무시 전직제한 기간 2년 적용제외 특례 • 산업기능요원 추천심사시 가점 부여
입지	실험실 공장	• 교수 · 연구원의 실험실 공장 설치 허용 (500㎡ 이하)
	집적시설입주벤처 기업 특례	• 과밀억제권역내 취득세, 등록세, 재산세 중과세율 적용 면제
특허	우선심사	• 특허 등 출원시 우선심사 대상
마케팅	방송광고	• TV, 라디오 광고비 70% 감면
기타	유한회사	• 유한회사의 경우 사원총수를 300인까지 가능
	주식교환	• 벤처기업의 경우 주식교환 가능

더 알아보기 6.1 다른 나라에서의 벤처기업의 정의

벤처기업이 신기술분야의 성장을 주도하고 있는 미국에서는 벤처기업을 명확하게 정의하지 않고 있다. 다만 신기술을 이용하여 "고위험-고수익"이 기대되는 독립적인 신생기업으로 보고 있는 정도이다. 그러나 미국대학에서는 벤처기업 창업과 관련된 분야가 기업가 정신(Entrepreneurship)이라는 이름으로 조직인사관리, 회계, 마케팅, 재무 등과 같이 하나의 독립적인 학문영역으로 자리 잡고 있다. Bobson College가 이 분야를 선도하는 대학이다.

기술혁신에 대해서 많은 연구를 진행하는 OECD도 벤처기업에 대해서 특별한 정의를 내리지 않고 있다. R&D 집약도가 높은 기업으로 기업성장전략의 초점이 기술혁신 혹은 기술경쟁우위에 있는 기업으로 보고 있다.

이와 달리 일본에서는 벤처기업을 공식으로 규정하고 있다. 일본에서 벤처기업은 중소기업으로서 R&D 집약도가 3% 이상으로 창업 후 이내의 기업을 말한다. 우리나라의 경우에는 벤처기업을 특별법에 따라 엄격하게 구분하고, 확인제도를 통하여 정책지원을 아끼지 않고 있다. 1997년 처음 제정된 "벤처기업육성에 관한 특별조치법"은 몇 차례 개정을 거치면서 오늘에 이르고 있다. 처음에는 신기술기업, 즉 특허 등을 사업화하는 기업으로 평가기관으로부터 우수평가를 받은 기업을 벤처기업으로 지정하였으나, 앞에서 살펴본 바와 같이 현재는 요건에서 빠졌다.

한편 2000년대 이후에 NTBFs(New Technology-based Firms), 즉 신기술기반기업이라는 기업형태가 학계의 주목을 받으면서 연구되어 왔다(Audretsch, 1995; Durning et al., 2000, 2001; Colombo and Grilli, 2005). 말 그대로 보면 NTBFs는 특허나 첨단기술을 토대로 하여 창업한 기업이라고 할 수 있다. 우리나라의 경우에는 1997년 벤처특별법 제정 당시의 신기술기업에 해당한다고 볼 수 있다. 따라서 NTBFs는 벤처기업의 한 형태로 볼 수 있으며, 기술마케팅에서 가장 중요한 기술수요자이자 공급자이기도 하다.

6.3 우리나라의 벤처기업 현황

우리나라에서 벤처기업들은 갑자기 등장한 개념이 아니다. 1980년대 초부터 컴퓨터 관련 중소기업들(예: 큐닉스, 삼보컴퓨터 등)이 독자적인 기술개발을 이루면서 나타나기 시작하였으며 메디슨, 팬텍, 미래전자, 터보텍, 한글과 컴퓨터 등 기술집약적인 중소 신생기업들이 창업되었다.

사례로 소개한 (주)바이로메드는 1996년에 창업되었는데, 이 당시 벤처기업협회의 조사에 따르면 벤처기업의 수는 1,500여개로 파악되었다. 1997년 '벤처기업육성을 위한 특별법'이 제정되고, 벤처기업육성책이 본격적으로 시행된 이후에는 벤처기업에 대한 조사가 체계적으로 이루어져 왔다.

먼저 1998년 이후 벤처기업을 증가 추이를 보면(〈그림 6-1〉 참조), IT산업의 성장과 함께 2000년대 초반에 벤처기업이 급증했음을 알 수 있다. 하지만 거품 붕괴와 함께 감소세를 보이다가, 2005년 한국모태펀드의 출범과 함께 벤처투자가 증가하면서 다시 증가세를 보이며 2013년 현재, 역사상 최고인 3만여 개소에 이르고 있다.

유형별로는 〈그림 6-2〉에서 보는 바와 같이 2013년 12월 현재 총 29,141개의 벤처기

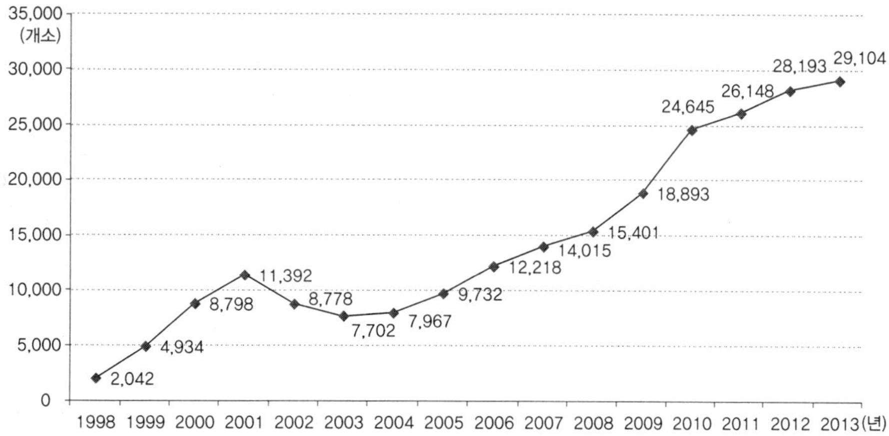

주: 2013년은 11월말까지 자료

자료: 벤처인(venturein) 홈페이지 통계시스템을 토대로 작성

〈그림 6-1〉 벤처기업 수의 변화 추이

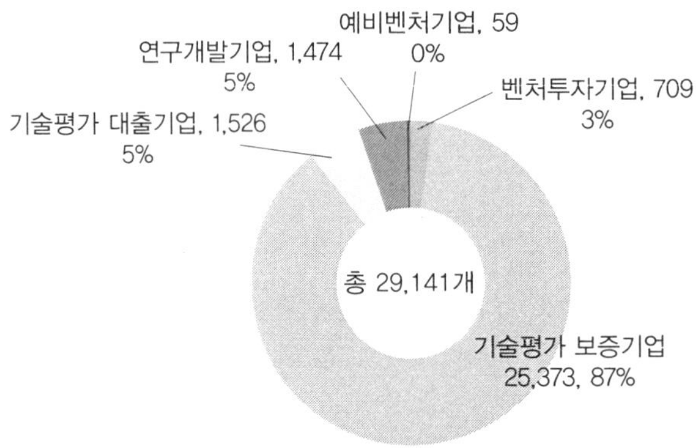

자료: 벤처인(venturein) 홈페이지 통계시스템을 토대로 작성

〈그림 6-2〉 유형별 벤처기업의 비중

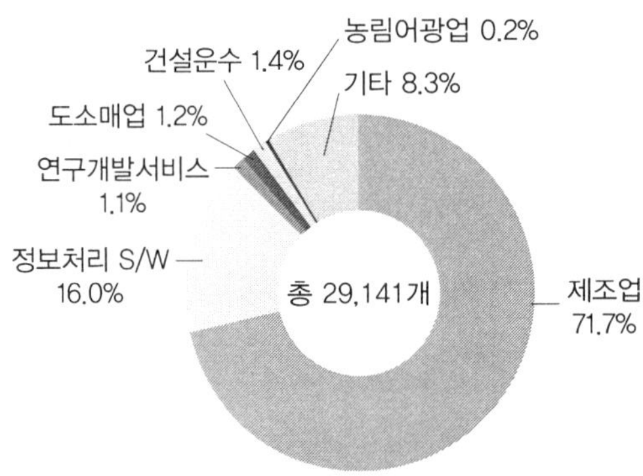

자료: 벤처인(venturein) 홈페이지 통계시스템을 토대로 작성

〈그림 6-3〉 산업별 벤처기업의 비중

업 중 기술평가보증기업이 전체의 87%로 가장 높은 비중을 차지하고 있다. 그 뒤를 이어 기술평가대출기업과 연구개발기업이 각각 5%를 차지하고 있으며, 벤처투자기업은 3%를 차지하고 있다. 예비벤처기업은 59개사로 매우 낮은 수준이다.

산업별로는 제조업에 속한 기업의 비중이 72%로 압도적으로 크다(〈그림 6-3〉 참조). 우리나라 산업구상 제조업의 비중이 30%에 미치지 못한다는 점에 볼 때, 벤처기업들이 제조업에 상당히 치중되어 있음을 알 수 있다. 다음으로 정보처리 및 S/W 비중이 16%로 높은데, 이는 적은 비용으로 창업이 가능하고, 최근 게임 및 인터넷산업 등의 호황에 기인하는 것으로 보여진다.

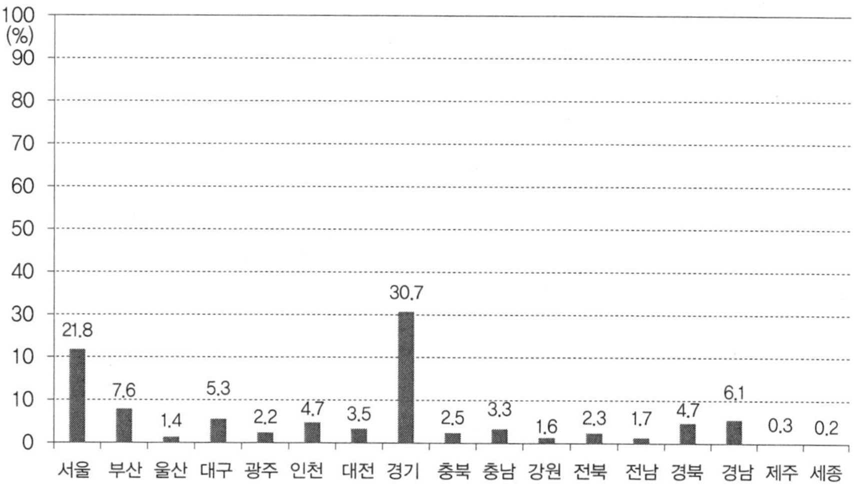

주: 2013년 12월 현재로 총 29,141개에서 차지하는 비중임.
자료: 벤처인(venturein) 홈페이지 통계시스템을 토대로 작성

〈그림 6-4〉 지역별 벤처기업의 비중

지역별로는 〈그림 6-4〉에 나타나 있듯이 서울, 경기, 인천의 비율이 57.2%로, 수도권에 집중되어 있다. 다음으로 대구, 경북, 경남, 울산 등 영남권이 약 20%로 높은데, 이는 산업이 이 지역에 집중되어 있기 때문으로 보인다. 충남과 대전지역도 각각 3.3%와 3.5%로 상대적으로 높게 나타나고 있다. 이것은 대덕단지에 연구소들이 집중되어 있고, 이들이 공급하는 기술을 토대로 벤처기업들이 창업되었기 때문이다.

6.4 기술시장에서 벤처기업의 역할

벤처기업 혹은 신기술기반기업(NTBFs)들은 가장 분명한 기술수요자들이다. 기업형태 자체가 특허 등 신기술을 토대로 사업화를 추구하는 기업들이기 때문이다. 한편 이들은 필요한 기술을 자체적으로 개발할 능력도 가진 기업이 대부분이다. 따라서 기술공급자로서의 역할도 수행한다.

1) 기술수요자로서의 역할

벤처기업의 핵심능력은 기술이며, 창업 전 뿐만 아니라 창업 후에도 계속 기술을 확보하여야 한다. 이 과정에서 벤처기업은 제6장에서 살펴본 바와 기술구매자로서 기술을 평가하고 기술을 도입하여 활용해야 한다. 왜냐하면 기술을 사업화하다 보면, 추가적인 기술이 필요할 뿐만 아니라, 새로운 사업을 추진하는 경우 외부로부터 기술을 구매해야 하기 때문이다.

특히 벤처기업은 기술의 주요 공급자인 대학과 공공연구소로부터 기술을 이전받거나 구매할 수 있다. 대학과 공공연구소는 창업보육센터를 운영하고 있으며, 많은 벤처기업들이 여기에 입주해 있다. 2013년 현재 우리나라 창업보육센터는 〈그림 6-5〉에서 보는 바와 같이 총 278개로서 이중 81%인 226개가 대학에, 그리고 8%인 22개가 연구소에 설치되어 있다. 총 입주기업수는 4,583개로 이중 벤처기업의 수는 1,145개로 약 25%를 차지하고 있다. 바로 이러한 기업들은 대학과 연구소로부터 기술을 이전 혹은 구매하여 사업화할 수 있는 잠재수요자들이다..

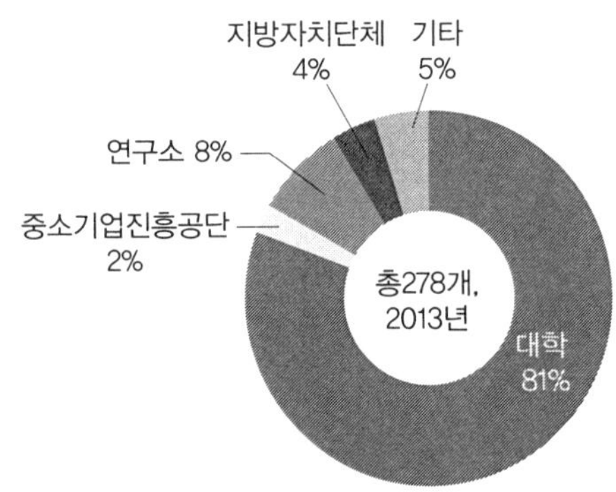

자료: BI-Net 창업보육네트워크시스템

〈그림 6-5〉 우리나라 창업보육센터의 운영주체별 현황

2) 기술공급자로서의 역할

벤처기업은 중요한 기술공급자의 역할을 수행한다. 앞에서 대표적 사례로 소개한 (주)바이로메드는 기술수요자라기보다는 기술공급자라고 할 수 있다. 즉 30개 이상의 특허

를 보유하며, 이를 필요로 하는 어느 누구에게든 판매하여 수익을 창출할 준비가 되어 있는 기업이다. 벤처기업의 유형 중 전체의 7%를 차지하는 연구개발기업들은 대부분 기술공급자로서의 능력을 가지고 있다고 볼 수 있다.

6.5 벤처기업의 기술사업화 과정

1) 기회의 포착

모든 벤처기업은 하나의 아이디어로서 출발한다. 그러나 좋은 아이디어라고 해서 항상 좋은 기회는 아니며, 따라서 좋은 아이디어가 좋은 벤처기업을 가져오는 것은 아니다. 벤처창업에 있어서 기회포착이 중요하다. 그렇다면 기회는 어디로부터 오는가? Drucker(1985)에 의하면 기회는 다음 7가지 원천으로부터 온다고 한다.

① 기대되지 않은 사건(Unexpected occurrences)
② 당위성과 현실의 갭(Incongruities)
③ 절차 혹은 공정상의 필요(Process needs)
④ 산업/시장의 변화(Industry and market changes)
⑤ 인구변화(Demographic change)
⑥ 인식의 변화(Changes in perception)
⑦ 새로운 지식(New knowledge)

기회포착 능력은 천부적으로 타고 태어나는 것이 아니며, 마술이 아니다. 다음의 후천적인 자질을 배우고 익히면 된다. 첫째, 오랜 실무경험이다. 둘째, 사회적 네트워크이다. 셋째, 지식과 노력의 결합능력이다. 넷째, 창의성과 개방성이다. 새롭고 창의적 방식으로 문제에 접근해야 하며, 시장기회를 향한 자세와 변화에 대하여 열려 있는 마음이 필요하다. 마지막으로 기회포착자들은 숫자(특히 % 개념)에 민감하고, 분석적으로 일하며, 기대와 가치 그리고 욕구를 공부한다. 특히 아이디어를 증명하고 검증받기 위해 다른 사람과 이야기하기를 좋아한다.

문제는 기회를 어떻게 하면 현실로 가져올 수 있는가이다. 기회를 현실화하기 위해서는, 즉 시장으로 가져오기 위해서는 다음과 같은 일에 체계적으로 착수해야 한다.

- 제품/서비스 타당성(Product/service feasibility)
- 산업/시장 타당성(Industry/market feasibility)
- 조직 타당성(Organizational feasibility)
- 재무적 타당성(Financial feasibility)
- 개인적 적합성(Personal fit)

즉, 창업도전자는 기회가 포착된 산업과 그 산업에서의 신제품, 트렌드에 대해 충분히 이해해야 하며, 사업기회에 대하여 객관적으로 평가한 후에 실제 실행여부를 결정해야

〈표 6-2〉 벤처사업기회 평가기준

항목	내용
산업과 시장	• 사람들의 일상생활을 바꿀 수 있는 제품이나 방식 • 시장 선도 • 아직 미성숙한 시장 • 1,000억 원 이상의 시장 규모 • 5년 이내에 20% 이상의 시장점유율
재무적 측면	• 2년 이내에 손익분기점 도달 • 25% 이상의 ROI (Return on Investment) • 매출액의 20% 이상인 현금흐름과 지속적인 현금흐름 창출 • 40% 이상의 매출총이익 • 10% 이상의 당기순이익
회수적 측면	• 20배 이상의 PER (Price Earning Ratio) • 공개시장에서 높은 가치평가 및 유동성 공급 가능
경쟁 이슈	• 낮은 고정비용 • 적절하고 배타적인 법적, 계약상 위치
경영진	• 시장에서 높은 위치 및 실적 보유 • 높은 도덕성 • 부족한 점에 대하여 정확히 인식하고 해결하는 자세

출처: Timmons et al.(2009)

한다. 특히 실제적 아이디어와 문제 해결방법에 대하여 인식 및 재정의하고, 분석해야 한다. 실행에 대한 동기부여는 기본적이다.

벤처사업기회의 성공확률에 대한 평가기준을 정리하면 〈표 6-2〉와 같다.

2) 투자유치전략의 수립

벤처기업이 기회(기술)의 사업화를 결정하고 투자를 유치하기에 앞서 먼저 기업 내부적으로 현재 상태를 점검하고 사업단계를 평가하여 중장기적 계획을 수립하는 단계가 선행되어야 한다. 이러한 계획에 따라 투자, 융자, 자체자금 등 자금조달 시기 및 방법이 결정되고 기업의 향후 운영 방향이 결정될 수 있기 때문이다. 중장기 계획에 의거 투자유치를 결정하였다면 그 대상이 벤처캐피탈과 같은 기관투자자인지, 엔젤투자자나 가족 혹은 친지와 같은 개인인지 여부를 결정하여야 한다. 기관투자가는 비교적 투자자금이 크고, 회수기간이 정해져 있으며, 복잡한 의사결정을 거쳐 투자가 이루어지기 때문에 사전 준비, 즉 적정한 투자전략을 세우는 것이 무엇보다 중요하다. 투자유치전략 수립시 고려사항은 〈그림 6-6〉과 같다.

첫째, 기업 내부적으로 투자유치 목적에 대한 명확한 정리가 필요하다. 목적이 분명해야 투자금 사용계획 및 자금유치 규모가 결정되고 조달 방법 및 조달처를 결정할 수 있기 때문이다.

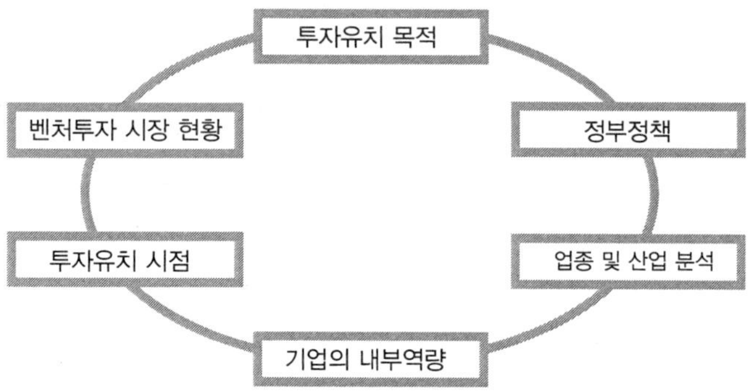

〈그림 6-6〉 투자유치전략 수립시 고려사항

둘째, 전략 수립시 벤처투자시장, 즉 벤처캐피탈 조합결성 현황, 시장상황 등을 고려하는 것이 필요하다. 벤처투자시장이 활성화(벤처캐피탈 조합결성이 증가) 되면, 벤처캐피탈의 투자여력이 늘어나고 이에 따라 투자유치 기회도 증대되기 때문이다. 최근에는 정책금융공사, 모태펀드 등 정부 주도의 벤처투자시장이 예전보다 활성화되어 투자유치 기회가 증가하고 있다. 또한 시장상황, 특히 벤처캐피탈의 주요 회수시장인 코스닥 시장의 상황에 따라 벤처캐피탈의 투자심리는 크게 영향을 받기 때문에 경제동향도 관심을 갖는 것이 중요하다. 한편, 투자조합 중에서도 특정 산업, 지역, 초기단계에 있는 기업 등에 투자해야 하는 정책적 목적의 특수목적조합들이 다수 있으므로 해당 특수목적에 해당하는 기업들을 활용할 필요가 있다.

셋째, 전략 수립시 정부정책을 고려해야 하는데, 정책금융공사, 모태펀드 출자금액이 지속적으로 증가하고 있으며 초기기업에 대한 출자예산도 증액하고 있는 추세이다. 또한 정부정책지원 사업을 벤처캐피탈 투자와 연계해서 매칭으로 지원하는 방식도 확대되고 있으므로 벤처캐피탈 관련 정부정책 및 제도를 파악하고 이를 활용하는 것이 필요하다.

넷째, 투자유치 시점도 투자유치 전략 수립시 중요 고려사항이다. 벤처캐피탈은 투자자금이 기업 내에서 최고의 효율로 사용되어진다고 기대되는 시점, 즉 수익성이 극대화되는 시점에 투자를 한다. 일반적으로 제조업체 기준으로 볼 때 벤처캐피탈이 선호하는 투자대상은 기술개발단계[7]나 제품개발단계[8]보다는 생산준비단계[9]나 본격성장단계[10]의 기업이다. 따라서 회사의 중장기적인 계획과 자금 사용 스케쥴에 따라 적기에 공급받는 기술이 필요하다. 이때, 초기부터 너무 무리한 투자유치 계획을 세우지 말고 회사의 발전단계에 따라 2~3차례의 추가 투자를 고려한 투자유치 계획이 바람직하다. 보통은 IPO 전까지 대표이사(대주주) 및 관계인의 지분이 50% 이하가 되지 않게 조절하는 것이 적당하다고 알려져 있다. 아울러 앞에서 언급한 바와 같이 벤처투자시장 상황을 고

7) 기술개발단계는 대표이사(창업자)가 보유한 기술을 바탕으로 기업차원의 핵심기술을 개발하는 단계이고 일반적으로 창업준비와 동시에 이루어짐.

8) 제품개발단계는 원천기술을 기반으로 시장개척 가능성이 높은 차별하된 제품 컨셉과 시제품을 개발하는 단계.

9) 생산준비단계는 생산공정 설계, 공장설립 또는 임대, 생산라인 구축, 시생산 등 본격 생산을 위해 준비하는 단계로 기술개발, 생산, 마케팅, 관리 등 각 기능별 조직역량 구축이 본격화되는 단계.

10) 본격성장단계는 양산라인을 구축하고 본격적인 양산을 진행하는 단계.

려하여 좋은 평가를 받을 수 있는 시기를 판단하여 투자를 유치하는 전략도 필요하다.

다섯째, 기업의 내부 핵심역량을 도출하는 것이 필요하다. 벤처기업의 핵심역량은 기술 경쟁력, 내부 인력의 경쟁력, 최고경영자의 능력 등이 있지만, 특히 가장 중요한 핵심역량은 기술 경쟁력이다. 여기서 기술 경쟁력이라 함은 경쟁사와 차별되는 기술, 지속적으로 발전 가능한 기술, 확장성 있고 파급력있는 기술, 독창적이고 모방할 수 없는 기술, 시장성 있는 기술 등을 모두 포함하는 개념이다. 벤처캐피탈은 기술 그 자체보다 기술과 개발된 제품이 시장과 산업에 어떠한 의미가 있으며, 새로운 기술이나 제품이 얼마만큼의 파급력과 폭발성을 보유하고 있는지 여부, 즉 그 기술의 결과에 주로 초점을 맞추고 투자여부를 결정한다. 따라서 벤처캐피탈의 검토 대상이 되는 기존제품과의 차별성, 시장성 여부, 기술의 신뢰성 여부, 기술의 응용분야, 양산 가능성 여부 등을 고려하는 것이 필요하다. 또한, 투자 유치 후 사업을 지속 · 성장 · 발전시키기 위해서는 기술 뿐만 아니라 생산, 마케팅, 관리 등 기업 경영활동 전부문의 역량이 중요한데 이를 위한 지속적인 관심과 준비가 필요하며, 벤처캐피탈 판단시 이에 대한 고려가 이루어짐은 물론이다.

마지막으로, 기업이 속한 업종 및 산업에 대한 분석이 필요하다. 벤처캐피탈은 그 속성상 폭발적인 성장 가능성이 높은 시장을 선호한다. 과거에는 반도체 산업, 정보통신 산업, 인터넷 서비스 산업, 디스플레이 산업 등이었고, 최근에는 녹색기술산업, 첨단융합산업 등 신성장 동력과 관련 있는 산업으로 투자의 무게중심이 이동하고 있다. 이들 산업의 공통점은 첨단기술을 기반으로 정부 및 대기업의 주도로 시장확대가 급속도로 이루어지며, 초기단계에서 시장 진입에 성공하면 한동안 진입장벽이 형성되는 특징을 가지고 있다. 이와 같이 산업분석에 따라 최근에 벤처캐피탈이 선호하는 산업인지 여부를 검토하고, 기업이 속한 산업의 현황과 전망, 투자선례 등에 대한 조사를 통해 투자유치 전략을 세워야 한다.

3) 사업계획서 작성

일단 투자유치전략을 세우면 사업계획서(Business plan; BP)를 작성하여 이를 더 구체화시켜야 한다. 사업계획서는 기업의 얼굴인 동시에 기업의 신용이므로 정확하고 객관성이 유지되어야 하며, 전문성과 독창성을 갖춰서 작성해야 한다.

(1) 사업개념제안서(Business Concept Proposal; BCP)

본격적인 사업계획서를 작성하기 전에 A4 용지로 2쪽짜리의 사업개념제안서(BCP)를 작성하는 것이 좋다. BCP는 하나의 기회에 어떠한 장점들이 있는지를 검토하는 것으로, 사업을 할 것인지, 아니면 하지 않을 것인지를 의사결정하는 자료가 된다. BCP작성은 조기에 착수되어야 하고, 여러 번 작성하는 것이 좋다. 또한 짧아야 한다. BCP 포함 내용은 다음과 같다.

- 아이디어나 기회에 대한 설명(최대 6줄을 넘어서는 안 된다.)
- 고객에 대한 이득은 무엇인가? 최종 고객이 있다면, 그들의 이득은 무엇인가?
- 기회의 원천은 무엇인가? (Drucker의 기회의 원천 7가지 중에서)
- 시장잠재성은? 즉 시장규모와 가능한 시장점유율은?
- 현금흐름을 포함한 수입과 이윤의 예측(5년간)
- 벤처창업을 하지 못할 수 있는 중요한 상황이 있는가?

벤처창업자는 위 사항을 검토 후 기술사업화의 진행 혹은 기각을 결정한다.

(2) 사업계획서(BP)

BP는 초기 아이디어를 BCP로 구체화한 다음, 기회를 평가하는 하나의 문서이다. 즉 BP는 벤처기업의 기회, 제품/서비스, 체제, 전략, 팀, 요구되는 자원, 예상수익 등을 보여준다. 일반적으로 사업계획서는 〈그림 6-7〉에서 보는 순서대로 작성된다.

BP의 목차는 일반적으로 다음과 같다.[11]

- 표지
- 목차
  - Ⅰ. 사업개요
  - Ⅱ. 회사소개

11) BP에 대한 자세한 내용은 벤처경영 관련 서적을 참조할 수 있다.

Ⅲ. 제품/서비스

Ⅳ. 시장 및 경쟁사

Ⅴ. 마케팅 및 판매전략

Ⅵ. 운영계획

Ⅶ. 관리조직

Ⅷ. 자금조달계획

• 참고문헌

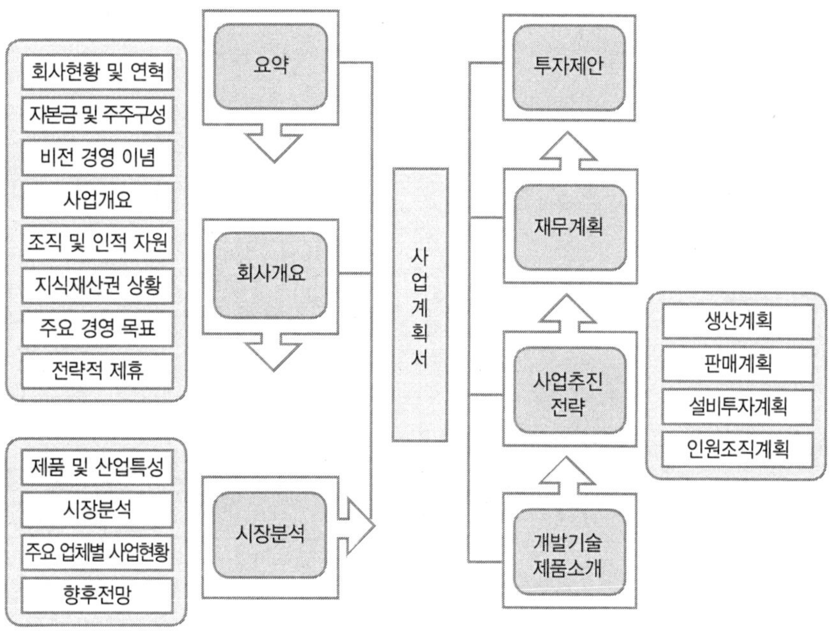

자료: 벤처캐피탈 투자유치 길라잡이, 중소기업청/한국벤처캐피탈협회

〈그림 6-7〉 사업계획서 개요

더 알아보기 6.2 사업계획수립 시 주의사항

벤처기업은 먼저 사업기회에 대하여 평가하고, 그것이 긍정적이면 본격적인 실행에 옮길 것이다. 그 첫걸음은 사업계획 수립이며, 사업계획을 준비할 때 필수사항과 금지사항으로는 다음과 같은 것들이 있다.

1. 필수사항

- 사업계획을 수립할 때에는, 모든 경영진을 참여시켜라.
- 논리적이며 이해하기 쉽고, 읽기 쉽고, 가능한 짧게 작성하라.
- 계획을 준비할 때에는, 많은 시간과 돈을 투입하고 그 헌신도를 주변에 알려라.
- 발생가능한 치명적 리스크와 그 원인에 대하여 분명히 하라.
- 현재 또는 미래 잠재적인 문제에 대하여 공개하고 토의하라.
- 재원조달의 다양한 방법을 강구하라.
- 사업계획은 실제 사업이 아니라는 것을 명심하라. 한 가지의 실행이 두 가지의 계획보다 더 가치가 있다.
- 설령 계획수립이 늦어지더라도, 현금흐름을 창출할 수 있는 기회가 있으면 우선 실행하라.
- 투자그룹에 대하여 인식하라. 그들의 희망사항과 반대사항에 대하여 연구하고, 그에 맞게 재원조달 계획을 수립하라.
- 재무계획의 기초는 현실적인 시장 및 매출 전망으로부터 출발해야 한다.

2. 금지사항

- 적극적인 참여의사가 불분명한 사람을 경영진에 포함시키는 것
- 모호하거나 지속성이 떨어지는 근거(명확히 할 것)
- 전문가만 이해할 수 있는 전문용어를 사용하여 설명
- 화려한 안내책자, 발표 자료에 돈 낭비
- 판매를 하고 돈을 벌어야 하는 순간에도 사업계획서 작성에 시간을 허비
- 실제로 현금이 유입되어야 거래가 된 것임에도 불구하고, 단지 구두 약속 또는 악수하는 행위를 거래 성사로 가정하는 것

출처: Timmons et al. (2009)

4) 자금조달

(1) 자금조달수단

벤처기업이 기업을 운영하는데 필요한 인력, 설비, 기술개발 등을 위해서는 투자재원 조달이 필수적이다. 일반적으로 창업의 초기단계에는 회사의 신용도가 낮기 때문에 본인이나 가족, 친지, 주변의 지인들로부터 투자재원을 유치하게 되며, 사업이 진행됨에 따라 제품 개발 자금 및 제품 양산을 위한 설비 투자 등 더 큰 자금 수요가 생기게 된다. 벤처기업은 이때 외부로부터의 자금 유치를 고려하게 되는데, 자금 유치 방법에는 금융기관으로부터의 융자, 정부의 정책자금, 벤처캐피탈로부터의 투자 유치 등이 있다.

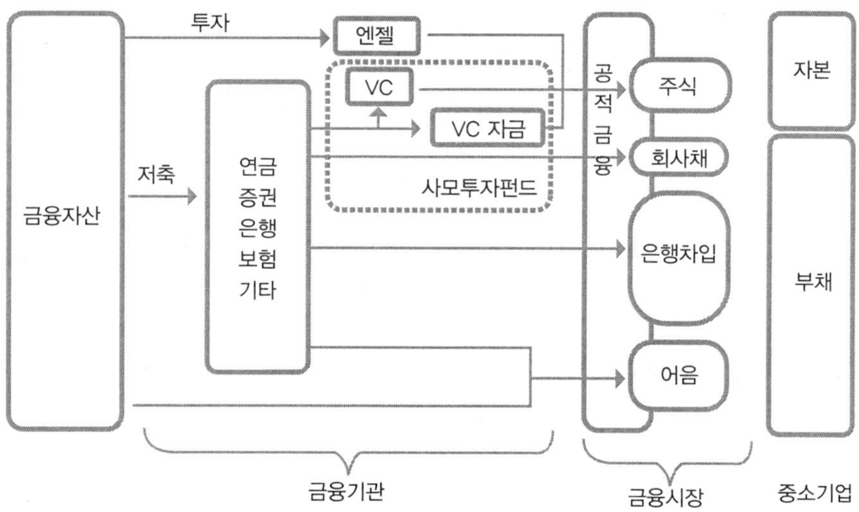

출처: 한국의 중소기업 금융정책에 대한 실증적 평가, KDI 강동수

〈그림 6-8〉 국내 중소벤처기업 자본시장 구조

중소기업청과 벤처기업협회에서 실시한 2012년 벤처기업정밀실태조사에 따르면 〈그림 6-9〉에서 보는 바와 같이 2011년 기준 신규 자금조달 규모는 평균 11억 1,915만원으로 나타났다. 벤처기업은 주로 정부 정책자금(52.7%)을 통해서 신규 자금을 조달하는 것으로 나타났으며, 다음으로 은행 등 일반금융(36.6%)이 큰 역할을 수행하고 있는 것으로 나타났다. 반면, 벤처캐피탈 투자 등은 1%대로 신규 자금조달 방법으로 매우 미미한 수

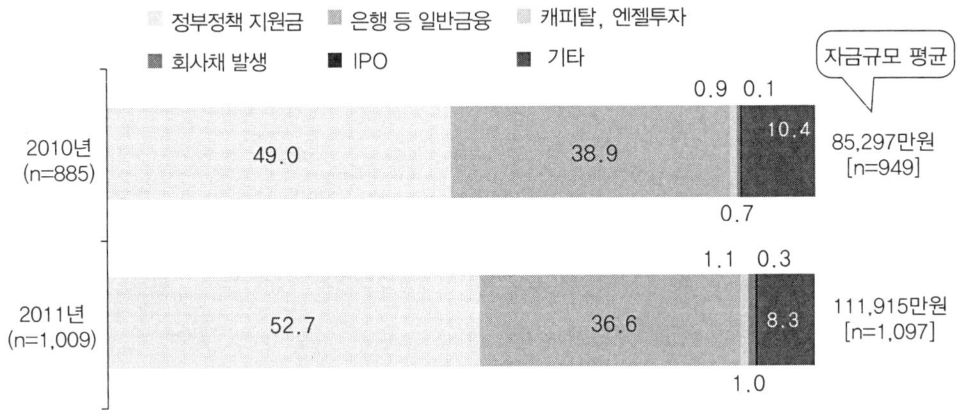

출처: 중소기업청/벤처기업협회(2011, 2012) 벤처기업정밀실태조사.

〈그림 6-9〉 신규 자금조달 규모 및 방법

준에 있다.

(2) 벤처캐피탈로부터의 자금유치 방법

벤처캐피탈로부터 자금유치를 희망하는 경우, 먼저 벤처캐피탈이 어떤 의사결정 과정을 밟고 있는지 알게 되면, 자금유치가 수월할 수 있다. 벤처캐피탈마다 조금씩 차이는 있지만 대체로 〈표 6-3〉과 같은 절차를 통해 투자가 이뤄진다.

벤처캐피탈로부터 투자를 받는 과정은 첫 미팅 이후 2~6개월 정도 소요되며, 때에 따라 1년이 넘게 검토가 진행되는 경우도 있다. 투자유치를 원하는 기업들은 투자상담 및 예비심사 단계에서 대부분 투자거절 통보를 받게 되고, 최종 투자 승인이 나는 기업은 채 5%도 되지 않는다.

중소 · 벤처기업은 투자유치에 앞서 무엇보다 투자유치 목적을 분명히 해야 한다. 투자목적에 따라 조달방법 및 규모 등이 결정되기 때문이다. 또한 투자금이 가장 효율적으로 사용될 수 있도록 회사의 중장기적인 계획에 따라 투자금을 유치 받아야 한다.

기업차원에서 해당 기업이 기업성장단계에서 어디에 있는지 정확히 파악해야 한다. 기술개발단계 또는 제품개발단계 기업은 생산단계에 있는 기업에 비해 상대적으로 벤처캐피탈이 덜 선호하는 경향이 있는데, 이는 2000년 벤처버블 이후 과거 초기 기업투

자로 많은 시행착오와 실패 경험을 축적한 벤처캐피탈이 비교적 안정적 수익이 기대되는 투자와 위험이 높은 투자의 포트폴리오를 적절하게 조율하기 때문이다. 이 경우 시장실패 보완을 위해 모태펀드가 정책적으로 출자하는 창업 3년 이내 초기 기업에 투자하는 펀드에 대해 관심을 가질 필요가 있다.

〈표 6-3〉 벤처캐피탈의 투자절차

투자상담 및 초기검토	심사역이 업체를 발굴하거나 투자대상 기업에서 사업계획서 제출, 전화, 이메일, 방문 등을 통해 초기 검토
▼	
예비심사	투자대상 기업의 재무상태 등 회사검토 및 산업분석 등 시장조사
▼	
사업설명회(IR)	투자대상 기업의 경영진, 심사역이 참가하여 사업계획 등에 공개 토론
▼	
적정평가절차	주요경영진 인터뷰, 기술력 평가, 평판조사 등 현장실사 진행, 투자 조건 협상, 심사보고서 작성
▼	
투자심의위원회 개최(본심사)	벤처캐피탈 대표이사, 핵심 운용인력, 준법감시인 등으로 구성된 투자심위위원회에서 최종투자여부 결정
▼	
투자집행	투자계약서 체결 후 투자금 집행
▼	
사후관리	투자기업의 가치 제고를 위해 추가투자 자금 지원 · 마케팅 지원 등 서비스 제공, 투자업체 리스크 상황 발생시 즉각적인 대응이 가능하도록 노력
▼	
투자회수	IPO 및 M&A 등 투자자금 회수를 통해 수익 실현

5) 기업성장

(1) 기업생존의 어려움

기회가 잘 규정되어, 팀이 잘 조직되고, 사업계획서가 훌륭하게 완성되며, 자금조달도 성공적으로 이루어졌다고 해서 벤처기업의 여정이 끝난 것은 아니다. 오히려 이 단계부터 본격적인 경영이 시작된다. 성장을 시작해야 하기 때문이다. 일반적으로 창업된 10개의 기업 중 1개 기업만이 도전에서 살아남으며, 10명 이상의 종업원을 고용한다고 한다. 주변에서 많은 창업기업들이 '좋은 시절'을 누려보지도 못하고 도태되는 것이 흔히 목격된다.

(2) 성장의 필요성

소규모의 벤처기업 수준에 머물러 있으면 규모의 경제 효과를 누리지 못한다. 따라서 일정규모의 기업으로 성장할 필요가 있다. 기업의 규모가 커지면 기업은 신용이 커지며, 시장접근이 용이하게 된다. 고객들에게 좋은 평판을 얻을 수 있고, 다른 기업과의 협력이 많아지며, 유능한 인력을 채용할 수 있다.

따라서 벤처기업은 신기술을 상업화하는 과정에서 최대한 빨리 일정수준의 규모, 즉 임계수준(critical mass)까지 성장할 필요가 있다.

(3) 성장전략

벤처기업의 성장전략은 내부적 전략과 외부적 전략으로 구분할 수 있다. 내부적 성장전략은 기업내부의 자원 및 능력으로부터 나오고, 외부전략은 다른 활동주체들과의 관계를 활용하는 전략이다.

① 내부적 성장전략

내부적 성장전략은 제품전략과 지역전략을 포함한다. 기업은 기존고객뿐만 아니라 신규고객을 확보하기 위하여 신제품개발에 착수한다. 제품개발이야말로 기업생존과 경쟁우위의 유일한 수단이다. 특히 벤처기업가는 하이테크 제품의 기술수용주기(technology adoption cycle)를 잘 인식하고 있어야 한다(〈더 알아보기 6.2〉 참조).

한편 기업은 지역적으로 시장을 확장하여 성장을 꾀할 수 있다. 또 해외시장으로 진출하기도 한다. 이때 지역에 맞는 비즈니스 모델(Business model)의 확립이 중요하다.

② 외부적 성장전략

벤처기업은 소규모기업이기 때문에 내부적 성장만으로는 한계에 도달한다. 따라서 외부기관과의 협력이 필요하다. 첫째는 전략적 제휴(strategic alliance)이다. 즉 경쟁을 통하지 않고 얻을 수 없는 자원이나 유통능력을 장기적인 계약을 통해서 얻을 수 있다.

둘째는 인수합병(M&A)이다. 이 역시 전략적 제휴의 동기와 마찬가지로 착수된다. 신생 두 기업이 M&A를 통해서 서로 약점을 보완할 수 있다.

셋째는 라이선싱이다. 벤처기업이 많은 지식재산권을 가지고 있으므로 기술공급자로서 라이선싱을 통하여 추가적인 수익을 창출할 수 있다. 기술수요자의 입장에서도 벤처기업은 기술구입을 통하여 신기술개발의 위험과 비용을 줄일 수 있다.

더 알아보기 6.3 기술수용주기(Technology adoption cycle)

기업에 성장단계가 있는 것처럼 기술 혹은 제품도 성장단계가 있다. 특히 기술수용주기를 이해하는 것은 기술기반 혹은 과학기반 창업자들에게 매우 중요하다. 왜냐하면 이 모델은 기술, 제품 그리고 서비스가 가지는 사업 잠재성을 현실감 있게 평가하는데 도움을 주기 때문이다.

기술기반기업 창업자들이 초기에 혁신적인 제품을 출시하면, 특정 혹은 소규모의 고객들이 관심을 보인다. 이들은 혁신적 수용자(Innovator)들이다. 그러나 더 장기적인 관점에서 보면 시간이 지남에 따라 일정한 수용패턴이 나타난다. 즉 점차 많은 고객들이 신기술/제품에 대해서 관심을 표명하게 되는데,

초기 수용자(Early adopter) 단계→초기 다수수용자(Early majority) 단계
→후기 다수수용자(Late majority) 단계→지각수용자(Laggards) 단계

로 이어진다. 물론 단계 단계마다 상이한 제품전략, 마케팅전략, 유통전략, 가격전략 등이 요구된다.

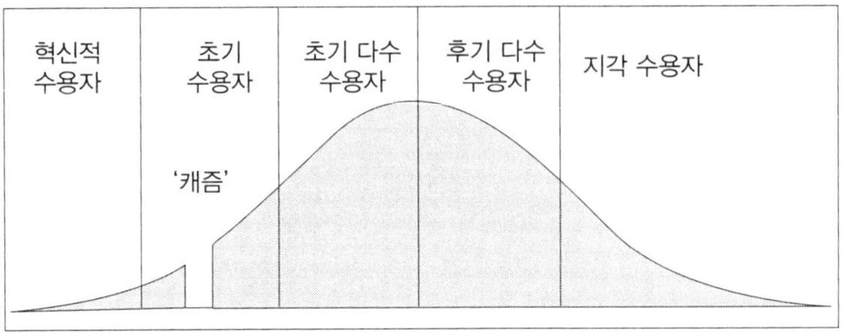

자료: Rogers(1995)

〈그림 6-10〉 기술수용주기

그런데 문제는 각 단계마다 틈새가 있고, 특히 초기 수용자와 초기 다수수용자 단계 사이에 커다란 갭이 존재한다는 것이다. 이를 하이테크 마케팅에서는 '캐즘'(Chasm)이라고 부른다. 이러한 차이가 나타나는 이유는 초기 수용자와 후기 다수수용자 간의 신제품에 대한 태도와 구매성향이 다르기 때문이며, 이들 간의 의사소통이 잘 이루어지지 않기 때문이다. 이는 신제품이 초기에는 어느 정도 팔리다가 일정시점에서 시장 확대가 정체되는 현상을 잘 설명해준다. 그리고 이러한 캐즘을 탈출하기 위해서는 특단의 조치가 필요함을 알려준다.

더 알아보기 6.4 벤처기업의 성장유형

박상문 외(2004)는 다음 세 가지 기준에 의하여 벤처기업의 성장전략을 제시하였다.

- 기술능력(technological capability)
- 제품-시장의 성숙도(product-market maturity)
- 목표시장(target market)

첫 번째 기준인 기술능력은 혁신자(innovator)와 모방자(imitator)로 구분된다. 혁신자는 자신만의 새로운 기술과 상품을 만드는 기업이고, 모방자는 혁신자가 만든 기술이나 상품을 좀 더 개선해서 자신의 사업에 활용하는 기업이다.

두 번째 기준인 제품-시장의 성숙도(product-market maturity)는 제품의 수명주기

(product life cycle)와 관련된다. 제품의 수명주기는 시장출시, 성장, 성숙 그리고 쇠퇴라는 단계들로 분류되며, 제품-시장의 성장단계는 크게 신흥시장(emerging market)과 기존시장(existing market)으로 구분된다.

세 번째 기준은 목표시장(target market)으로서 현지(local)와 해외(global)로 나누어진다. 당연히 세계적으로는 우량기업이 많고, 따라서 해외시장에서의 경쟁은 더욱 심하다.

이상의 기준으로 벤처기업을 유형화 하면 〈그림 6-11〉과 같다. 그림에서 의미 없는 2개 영역을 제외하면(기술수준과 시장측면의 상반된 영역), 다음과 같이 7가지 영역으로 구분된다.

<table>
<tr><td colspan="3" rowspan="3"></td><td colspan="3">Level of Technological Capability</td></tr>
<tr><td colspan="2">Global Follower</td><td rowspan="2">Global Pioneer</td></tr>
<tr><td>Local Follower</td><td>Local Pioneer</td></tr>
<tr><td rowspan="3">Product/ Market Maturity</td><td colspan="2">Global Emerging</td><td></td><td>Early Market Entry</td><td>Global Innovation</td></tr>
<tr><td rowspan="2">Global Existing</td><td>Local Emerging</td><td>Proactive Localization</td><td>Creative Imitation</td><td>Global Niche</td></tr>
<tr><td>Local Existing</td><td>Reactive Imitation</td><td>Import Substitution</td><td></td></tr>
</table>

This single line indicates boundaries of the local market

This double line indicates boundaries of the global market

자료: 박상문(2004)

〈그림 6-11〉 벤처기업의 성장전략 유형

① 반응 모방형(reactive imitation): 이미 존재하고 있거나 쇠퇴하는 시장에서 활동하는 전통적인 중소기업으로, 연구개발에 투자하기를 주저하고, 경쟁제품을 모방한다. 따라서 혁신에 필요한 기술적 여력이 없다.

② 수입 대체형(import substitution): 국내시장에서 수입제품을 대체하는 기업이다. 주로 국내 대기업에 납품하며, 가격경쟁력을 지니고 있다.

③ 국내시장 개척형(proactive localization): 글로벌 유망 제품이나 서비스를 국내에 조기 도입하는 사업형태로서, 해외 제품이나 서비스를 국내 시장에 맞게 개선하여 시장을 개척한다.

④ 창조적 모방형(creative imitation): 기존 글로벌 시장 또는 국내 신규시장을 대상으로 하는 벤처기업으로써, 국내 시장에서 성장한 후에 해외진출을 추구한다. 해외 경쟁사와

비교하여 가격경쟁력을 갖추었다. 많은 국내성공 벤처기업들이 이 부분에 속하며, 국내시장 개척형과 수입대체형 벤처기업들이 글로벌화되기 위하여 본 단계를 거쳐 간다.

⑤ 해외시장 개척형(early market entry): 신흥 글로벌 시장의 조기진출을 통해 사업기회를 추구한다. 기술 변화가 잦아지고 제품의 수명주기가 짧아지고 있기 때문에 적절한 타이밍과 기술이 필요하다.

⑥ 글로벌 틈새형(global niche): 이미 성숙한 글로벌 시장으로 진입하는 글로벌 틈새형 벤처기업으로 표준화 및 대량생산으로 인하여 가격경쟁을 가지고 있는 기업이다.

⑦ 글로벌 혁신추구형(global innovation): 미성숙 또는 글로벌 신규시장의 개척자로서 혁신적인 제품이나 서비스로 새로운 시장을 창출한다. 기술혁신을 통한 고위험-고수익을 추구하며 경쟁을 위하여 핵심 지식과 기술이 필요하다.

박상문 외(2004)는 이상의 모델을 국내 벤처기업들에 적용한 결과, 내수기업이 글로벌기업으로 성장할 때, 〈그림 6-12〉와 같이 창조적 모방형(creative imitation) 단계를 거치는 것으로 본다. 이 단계로 진화하기 위하여 신흥시장으로 목표를 전환하거나 새로운 기술능력을 개발한다. 이렇게 창조적 모방형으로 성장한 벤처기업은 그 이후 해외시장 개척형(early market entry), 글로벌 틈새형(global niche) 그리고 글로벌 혁신추구형(global innovation)과 같은 글로벌 기업으로 성장을 도모한다. 이 모델은 벤처기업가들이 기업의 현재 영역을 정확히 인식하고, 그에 따른 성장전략을 계획하는데 지침을 제공한다.

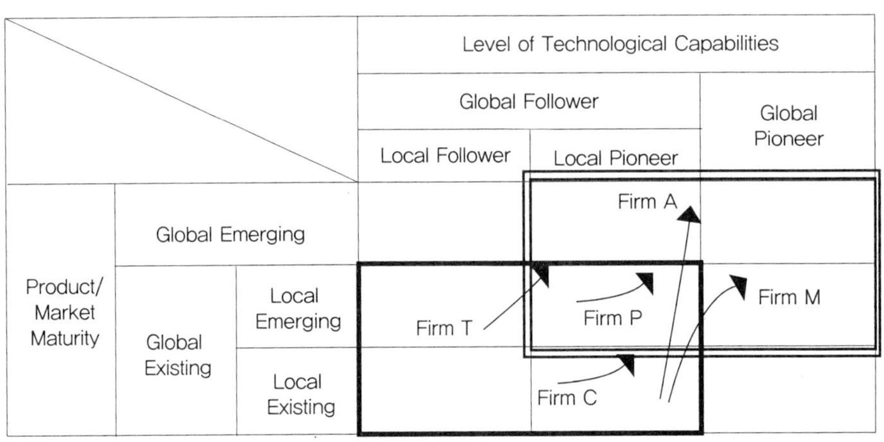

〈그림 6-12〉 한국 벤처기업의 유형별 성장 과정

6) 수익의 실현

벤처창업자는 기업을 키우기 위하여 많은 시간과 돈 그리고 개인적인 에너지를 투자한다. 이는 어느 일정 시점에서 충분한 보상을 기대하기 때문이다. 벤처기업의 성장결과 수익을 실현하기 위한 수단들은 다음과 같다.

(1) 'Cash cow'의 이득 향유

벤처기업이 어느 정도 성장하고 나면, 이제는 신규투자를 그치고, 기업이 창출하는 가치를 점진적으로 누릴수 있다.

(2) 기업판매(Trade sales)

벤처기업이 어느 정도 성장하고 나면, 새로운 소유자에게 기업 전체를 판매하거나 일부를 판매하는 것이다. 새로운 소유자는 법인, 투자펀드회사 혹은 개인이 될 수 있다.

(3) 합병(M&A)

사실 많은 대기업 혹은 선도기업들도 사내 R&D에 의존하기보다는 구입 또는 라이선스할 신제품, 신기술혹은 새로운 아이디어를 적극적으로 탐색하고 있다. 이 과정에서 신생 벤처기업들은 대기업들의 신기술 원천으로서 M&A 목표가 된다. 하나의 예로 인터넷 전화업체인 스카이프(Skype)는 2005년에 기업 전체를 이베이(eBay)에 15억 달러를 받고 팔았다.

(4) 인수(Buyout)

인수에는 여러 가지 방법이 있다. 첫째는 가족승계(Family sales)이다. 둘째는 경영권 인수(Management buyout; MBO)이다. 이는 창업자가 기업을 기존파트너 혹은 경영자에게 판매하는 것이다. 이 과정에서 창업자는 회사주식의 대부분 혹은 전부를 포기한다. MBO는 신속하게 과정을 처리할 수 있고, 비밀을 유지할 수 있으며, 판매가격 책정 시에도 유리하다. 셋째는 종업원들에게 회사를 인계하는 방법이다. 종업원들이 회사주식을 획득하는 방법은 여러 가지가 있는데, 스톡옵션이나 이윤분배계획 등이 여기에 속한다. 가장 일반적인 방법은 종업원주식소유계획(Employee Stock Ownership Plan; ESOP)이다.

(5) 주식시장 상장

벤처기업이 주는 이득을 가장 크게 향유할 수 있는 방법은 주식시장에 상장하는 것이다. 영어 표현으로는 'Initial Public Offering'(IPO)라고 한다. (주)바이로메드는 1996년에 창업하고 2005년에 주식시장에 상장하였는데, IPO로 많은 이득을 향유했을 것으로 추정된다.

벤처기업 성장의 이득을 향유할 수 있는 이상의 방법을 수행할 때 두 가지의 중요한 점이 있다. 하나는 이득의 실현시기(timing)이다. 즉 기업의 가치 혹은 보유기술의 가치가 극대화되는 시점을 선택하여야 한다. 그러나 극소수의 벤처경영자들만이 기업성장단계에 대하여 분명한 비전을 갖는 것으로 알려져 있다. 둘째는 가치평가이다. 이는 궁극적으로 벤처창업자가 받는 돈의 크기를 결정하고, 기업의 성패여부를 결정한다.

CHAPTER 7

특허의 활용

특허는 사업화 목적으로 활용될 뿐만 아니라 정보획득의 목적 혹은 기업전략적 측면에서 활용될 수 있다. 본 장에서는 먼저 특허에 대해서 이해한 다음에, 경제적 활용수단을 알아보고, 특허정보 활용의 차원에서 특허정보 조사 및 분석의 절차, 방법, 그리고 사례를 소개한다.

7.1 특허의 이해

1) 개요

특허는 통상적으로 발명특허(invention patent)라고 불리는 것으로서 어떤 한 발명에 대해서 배타적인 법적 권리를 일정기간 동안 부여하는 것이다. 원칙적으로 특허는 발명자에게 귀속된다. 그러나 대기업에 고용된 과학자, 엔지니어, 기술자들은 특허권을 그들의 고용주에게 양도한다.

특허는 발명정보를 포함하며, 하나의 권리로서 사적으로 소유될 수 있다. 뿐만 아니라 특허권은 구입(buying), 판매(selling), 라이선스(license), 거래(trade), 분할(divide)될 수 있다.

더 알아보기 7.1 특허 이외의 권리보호 방법

지적재산권 보호를 위한 가장 효과적인 비공식적 방법은 과학지식이든 응용기술이든 비밀을 유지하는 것이다. 공식적 영업비밀의 보호는 그것이 일단 위반되는 경우에만 이루어지므로 기업 특유의 기술정보의 많은 부분이 비밀에 부쳐지게 된다. 심지어 영업비밀이 시판된 제품에 체화되어 있다고 하더라도, 제품을 만드는 방법은 다른 기업의 능력범위를 넘어서는 경우가 있다. 예를 들어 코카콜라는 전 세계적으로 소비되고 있으나, 그 제조기법은 영업비밀이므로 다른 청량음료기업들이 도전을 못하고 있다.

그러면 특허보다는 비밀유지를 선호하게 되는 이유는 무엇인가? 첫째, 기술정보가 비밀에 부쳐질 가능성이 크면 비공식적인 비밀유지를 선택한다. 반대로 리버스 엔니지어링이 쉬운 기술인 경우에는 오히려 특허를 통한 공식적인 방법이 더 효과적일 것이다. 화학, 의약, 기계산업에서 특허등록이 중요하게 되는 이유가 바로 여기에 있는 것이다. 둘째, 특허를 출원하게 되면 그 내용이 특허청에 의해 일반대중에게 공개되며, 이로 인해 불이익을 받게 된다. 잠재적 경쟁기업이 특허정보를 조회하여 응용연구의 실마리를 잡을 수 있다. 독립적인 발명가의 경우에는 기존기업이 특허를 침해하더라도 그것을 방어할 자금의 부족으로 비밀유지를 선호할 수 있다. 또한 특정제품에 대한 특허 혹은 특허집합이 존재하게 되면 다른 기업들이 특허침해 없이도 동일한 기술적 목적을 달성할 수 있게 된다. 특허 '주변의 발명'(inventing around patents)이 가능하게 되는 것이다. 셋째, 경쟁우위의 원천이 감추어진 일련의 기술정보에 있는 것이 아니라 생산과정에서 축적된 경험에 있다면 굳이 특허를 출원하지 않을 것이다. 특히 발명이 기업에 의해서 잘 통제되는 통합된 기술시스템의 일부분이라면 더욱 그럴 것이다.

한편 기술이 급격하게 발전하는 분야에서는 발 빠른 발명활동이 비공식적 지적재산권 보호의 한 수단이 될 수 있다. 컴퓨터 산업이 그 대표적인 사례이다. 1980년대 중반까지 컴퓨터의 하드웨어와 소프트웨어 양 분야에서 기술진보가 급속하게 진행되면서, 기존제품에 대한 특허권 자체가 별로 의미가 없었다. 이는 새로운 기술의 출현으로 기존기술은 바로바로 진부화 되었기 때문이었다. 당시 컴퓨터 산업에서는 "단지 특허는 과거에 해놓은 것을 정리한 것에 불과하다."라는 말까지 나온 적이 있었다. 그러나 표준화된 제품들이 나타나자 컴퓨터 기업들은 특허나 저작권의 보호에 관심을 갖기 시작하였다. 최근에는 Windows' 프로그램을 둘러싼 애플 컴퓨터와 마이크로소프트사의 사례에서 보는 것처럼 컴퓨터 산업에서 특허분쟁이 크게 늘고 있다. 이 사례에서 우리는 기술발전의 초기단계에서는 발 빠른 발명을 통한 시장진입만이 지적재산권 보호의 지름길임을 알 수 있다.

요컨대, 많은 발명가들이 특허, 저작권, 상표권, 영업비밀 등 공식적인 방법에 의해서 자신의 권리를 보호하고 있으나, 오히려 더 많은 부분이 비공식적 방법에 의해 보호되고 있다.

2) 특허제도

(1) 특허제도의 준거

정부가 특허권을 부여하는 목적은 첫째, 발명을 촉진시키고, 둘째, 발명의 상업적 활용을 북돋으며, 셋째, 발명자가 자신의 발명정보를 일반대중에게 공개하도록 유도하는 것이다.

그렇다면 만약 특허제도가 없으면 어떻게 될 것인가? 발명유인의 결여로 발명활동이 사라지거나 위축될 것이다. 반대로 특허권의 보호가 무한대로 확장된다면, 발명정보 공개를 통한 지식확산 기능이 마비될 것이다. 그러므로 우리는 적정수준의 특허권리보호의 정도를 생각해볼 수 있다.

〈그림 7-1〉에서 보는 바와 같이 특허권의 보호가 전혀 없는 상황으로부터 특허권의

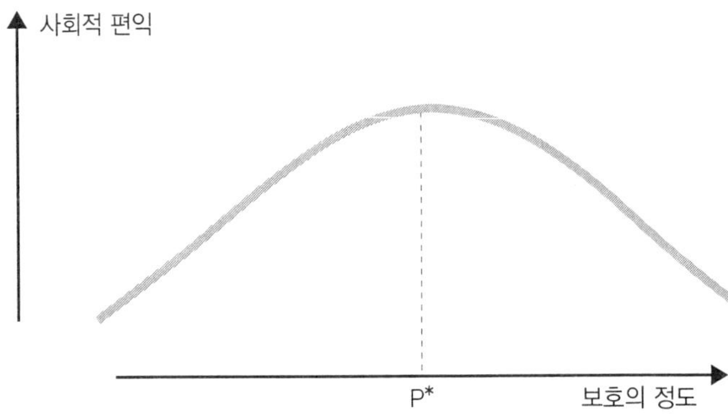

〈그림 7-1〉 특허보호의 적정수준

보호 정도가 증가할수록 사회적 편익은 증가할 것이다. 그러나 일정수준을 지나 특허보호의 정도가 커지면 다시 사회적 편익은 감소하게 될 것이다. 바로 사회적 편익이 극대화 되는 특허보호수준 P^*가 최적수준(optimal quantity of protection)이라고 할 수 있다.

(2) 특허제도의 원리

특허대상과 특허요건 등을 규정하는 특허제도는 국가마다 많은 차이를 보이고 있다. 하지만 최근 세계화에 발맞추어 특허제도도 국제화가 되어감에 따라 서로 일치해 가고 있다. 특허제도를 이루고 있는 운영원리는 등록주의, 출원공개주의, 권리주의, 심사주의, 선출원주의 등이 있다.

① 등록주의

특허권은 특허결정을 받았더라도 등록절차를 행하지 않으면 특허권이 발생하지 않도록 되어 있어서 설정등록을 해야만 생겨난다. 등록이란 공적 장부인 특허원부에 특허권의 권리변동사항 등을 올리고 이를 공식적으로 알리는 형식적으로 필요한 조건이다. 우리나라 특허법은 명확하게 권리관계를 규명하고자 등록주의를 채택하고 있다.

② 출원공개주의

오늘날 기술의 수준이 하루가 다르게 진보하고 출원건수가 증가함에 따라 심사주의에 너무 충실할 경우 심사의 결과에 따라 발명을 공표하는 기간이 길어질 수 있다. 이 경우 중복된 기술이 연구될 수 있고, 이에 대한 투자도 중복될 수 있으므로 국민경제에 상당한 손해를 불러일으킬 수 있다. 이러한 문제점을 해결하기 위해 특허법은 특허출원에 대한 심사결과와 상관없이 발명의 내용을 출원일로부터 일정한 기간이 지나면 일단 먼저 공개함으로써 심사주의의 단점을 보완하는 출원공개제도를 채택하고 있다.

③ 권리주의

현재의 특허제도는 오직 법에 의해서만 특허권이 부여된다. 우리나라의 특허법은 발명을 한 발명자에게 특허를 얻을 수 있는 권리를 준다. 이를 권리주의라 한다.

④ 심사주의

국내 특허법은 산업상 이용가능성, 신규성, 진보성 등의 실질적 특허요건에 대해 심사가 행해진 후 특허등록 여부가 결정되는 심사주의를 택하고 있다. 오늘날 형식만을 심사하여 특허를 부여하는 무심사주의를 택하는 나라도 있지만 세계적으로 심사주의를 택하는 추세이다.

⑤ 선출원주의

특허권을 부여하는 방식은 크게 선발명주의와 선출원주의가 있다. 선발명주의는 특허권의 권리를 먼저 발명한 발명자에게 주는 것이고 선출원주의는 특허권의 권리를 먼저 출원한 이에게 주는 것이다. 두 가지 모두 장단점을 지니고 있다.

선발명주의는 먼저 발명한 발명자를 보호하고 처음부터 완벽하게 특허명세서를 작성하게 할 수 있다는 장점이 있지만, 선발명자를 입증하기가 어렵고 권리의 안정성 유지가 어려운 단점을 가진다. 현재 미국만이 선발명주의를 택하고 있다.

선출원주의는 특허 출원일자를 기준으로 권리를 판단하게 됨으로 권리의 안정성 유지 측면에서 선발명주의에 비해 안정성을 지니고 있으며, 발명자로 하여금 특허 출원을 빨리 하도록 유도하여 기술의 조기공개를 이끌어 산업으로 이용이 용이한 장점이 있다. 하지만 진정한 의미에서의 발명자를 보호하기 어렵다는 단점도 가지고 있다. 우리나라를 포함하여 대다수 국가는 선출원주의를 채택하고 있다.

3) 특허의 실체적 요건

특허는 특허출원된 발명일지라도 특허법에 명시되어 있는 필요한 조건들을 갖추어야만 등록이 될 수 있다. 발명은 진보성, 신규성, 산업상 이용가능성을 모두 갖추고 있으며 특허법상의 발명이어야만 특허등록이 가능한 데 이를 특허의 실체적 요건이라 한다.

(1) 발명

특허법상 보호대상인 발명에 대해 "발명이라 함은 자연법칙을 이용한 기술적 사상의 창작으로서 고도한 것을 말한다."라고 특허법 제2조 제1호에 명시되어 있다. 따라서 정의된 발명의 요건을 우선적으로 충족해야만 인간의 지적능력을 활용한 창작물이 특허를 받을 수 있다. 그리고 출원 시점을 기준으로 판단하는 발명 성립성의 기준은 특허출원서에 최초로 첨부된 도면과 명세서를 참고하여 특허청구 범위에 기재된 사항을 토대로 한다. 앞에서의 발명의 정의와 관련된 성립성을 아래에 설명한다.

① 자연법칙의 이용

발명은 자연계에 존재하는 원리뿐만 아니라 이에 좌우되는 자연현상까지 포함한 자연법칙의 결과를 사용해야만 한다. 즉, 발명이란 자연계에 존재하는 어떤 법칙이나 원리, 원칙 또는 그 성질 등을 이용하여 일정한 효과를 반복해서 얻는 것을 의미하며, 예를 들어 양력을 이용한 비행기, 헬기 등과 압력 및 마찰력을 이용한 스케이트, 타이어 등을 발명이라고 할 수 있다.

수학법칙, 경제법칙, 기술적 요소를 포함하지 않은 순수한 영업방법, 자연법칙에 위배되는 영구기관에 관한 발명, 계산법과 작도법과 같은 인간의 정신활동 등은 자연법칙을 이용하지 않은 대표적인 사례로 볼 수 있다. 발명에 대한 자연법칙의 사용 여부는 특허청구범위의 기재를 보고 전체를 파악하여 판정해야만 한다. 알고리즘이나 수학공식이 발명의 일부로 특허청구범위에 포함되어 있더라도 특허청구범위 전체로 보았을 때 자연법칙을 사용한다면 특허법에 규정된 발명이라 할 수 있다. 그리고 발명자는 자연법칙을 경험상의 결과로 사용한 것이라면 굳이 자연법칙에 대하여 증명하거나 그에 대해 완전하게 인식하고 있어야 할 필요는 없다.

② 기술적 사상

특허법상의 발명은 "기술" 자체를 일컫는 것이 아니라, 자연법칙을 사용한 "기술적 사상"을 뜻한다. 발명은 자연법칙을 사용하여 인간의 사고가 기술적 사상으로 형상화되어야 하고 기술은 정해진 목적을 이루기 위해 실제로 이용할 수 있는 구체적이고 합리적인 방법이다. 기술과 발명의 공통점은 목적을 달성하기 위해 자연법칙을 사용하여 더 구체적인 방법으로 제 기능을 발휘할 수 있는 것이다. 그러나 기술은 산업상 구체적이며 실질적으로 사용할 수 있는 방법 그 자체이나 기술적 사상인 발명은 기술까지는 아니고 더 개념적이고 추상적인 사상의 수단이라는 점이 다르다.

③ 창작성

창작성이란 완전한 의미의 독창성을 말하는 것은 아니며, 단지 어떠한 작품이 남의 것을 단순히 모방한 것이 아니고, 작자 자신의 독자적인 사상 또는 감정의 표현을 담고 있음을 의미한다.

④ 고도성

발명은 자연의 법칙만을 이용하여 창작된 기술적 사상이 아니라 그 창작수준이 고도여야만 한다. 창작된 발명이 고도성이 없으면 발명이라 할 수 없으나, 이 고도성을 판단할 수 있는 객관적인 기준이 없어 심사관의 주관적인 판단에 의지할 수밖에 없다.

(2) 신규성

"발명은 새로움, 즉 대다수의 사람들이 알고 있지 않는 신선함을 가져야만 한다."라고 일컫는 신규성은 현재 대부분의 나라에서 특허제도에 적용하는 기본적인 원칙 중에 하나이다. 신규성을 좀더 상세히 설명하자면 세상에 널리 알려지지 않고 공공의 목적으로 사용되고 있는 기술이 아닌, 즉 기존의 기술적 지식, 선행기술에 비추어 알려지지 않은 기술적 사상이 지금까지 존재하지 않았던 것을 말한다.

특허출원 전에 국내외에서 공지되었거나 공연이 실시된 발명은 신규성을 상실하게 된다. 또한, 특허출원 전 국내 또는 국외에서 반포된 간행물에 기재되거나 전기통신회선을 통하여 공중이 이용가능하게 된 발명 역시 신규성이 상실된다.

(3) 진보성

일반적으로 진보는 사물의 정도나 내용이 점차 나아지거나 높아진다는 의미를 가지고 있으나 특허법 상에서 진보성은 발명에서의 창작수준의 난이도를 일컫는 것으로 특허가 출원되었을 경우 기존의 기술 수준으로는 그 기술분야에서 일상적인 지식을 가진 자가 발명해 낼 수 없는 수준을 말한다.

진보성이 없는 발명에게 특허를 내어주면 특허권에 대해 상호간 권리관계가 뚜렷하지 않으며, 특허권이 남발되어 분쟁으로까지 이어질 수 있을 뿐만 아니라 창의적으로 발명하기보다 남의 발명을 따라하여 특허를 내는데 급급해져 발명의 수준이 땅바닥에 떨어질 수 있다. 하지만 진보성을 판단하는 기준은 심사관의 경험과 지식을 통해 심사하는 것에 달려 있어 심사관이 출원인의 입장에서 해당기술 분야의 특수성을 고려하고 진보성의 판단기준을 어느 정도로 고정하고, 항상 타당성과 객관성을 유지하며 판단해야만 한다.

(4) 산업상 이용가능성

우리나라를 포함하여 세계 각국들은 특허법에서 산업상 이용가능성을 아주 중요한 조건으로 취급하고 있다. 특허법의 목적이 산업 발달에 이바지하는 것이기 때문에 산업에 있어서 이용가치가 없는 것에 대해서 특허를 부여할 필요가 없게 되는 것이다. 즉 이것은 공업, 농업, 수산업, 광업 등의 산업에서 실제 사용되거나 활용될 가능성을 말한다. 전통적인 의미에서의 산업에 포함되지 않는 산업인 3차 산업으로 분류되는 서비스업이 특허법상의 산업에 해당되는지의 여부에 대한 논란이 많았다. 그러나 최근 인터넷이 발달되어 전자상거래가 확산되자 이에 관한 영업방법(Business Method: BM) 특허가 증가하여 금융업, 교육업, 보험업, 컨설팅업 같은 서비스업의 일부가 인정받기 시작했다. 결국 산업상 이용가능성은 산업적 경영에 사용되거나 산업에 이로운 발명이라는 의미로 넓게 해석되고 있다. 오늘날 급속한 환경 변화 때문에 이 의미를 한정짓기에는 매우 어렵다. 따라서 이는 산업기술상 국가 산업 발전에 유용한 발명임을 필요로 한다는 의미로 해석하면 무리가 없을 것이다.

4) 특허명세서의 이해와 작성

(1) 특허명세서

우리나라 특허제도에는 특허법이 존재한다. 그러한 특허법 제1조에는 “발명을 보호, 장려하고 그 이용을 도모함으로써 기술발전을 촉진하여 산업의 발달에 기여함을 목적으로 하고 있다.”로 규정하고 있다. 이것은 발명을 한 발명자에게 특허권으로 정해진 일정 기간 동안 그 권리를 독점할 수 있는 권리를 제공함으로써 발명과 발명자를 보호하고 그 발명 내용을 다른 이에게 기술이전 등의 방법을 통해 그 발명을 활용하여 산업 발전에 기여할 수 있는 기회를 제공하는 것을 의미한다.

발명과 발명자를 보호하고 그 권리를 부여 받기 위해서는 기술 문서로 특허 출원인이 문서로 그 발명 기술에 대하여 남겨 놓아야 그 범위 내에서 특허권을 행사할 수 있다. 이때, 작성되는 문서가 명세서이다. 즉, 특허명세서는 특허를 출원할 때 특허청에 자신이 제안하는 발명의 기술적 내용을 문서로 작성하는 것을 의미한다.

① 특허명세서의 성격

특허 출원이 공개된 명세서는 누구나 이 문서를 참고자료로 활용할 수 있다. 그리고 명세서에는 공개 여부의 의사 표시와 기술 내용의 설명서가 있어 일반인들이 기술개발에 이롭게 활용할 수 있으며, 특허권자는 특정한 보호대상과 범위의 독점권을 법적으로 부여 받게 된다.

② 특허명세서의 내용

명세서는 특허출원서와 함께 첨부되며 일반 대중들에게 기술문헌자료로 공개되고 심사대상발명의 설명서로도 사용되기 때문에 특허법은 정해진 양식에 따라 기재해줄 것을 요구한다. 또한 특허를 출원하기 위해 발명의 기술적인 부분의 내용을 자세하게 기재해야 한다.

명세서가 이와 같은 역할을 제대로 할 수 있도록 발명에 대한 내용을 담아내야 되기 때문에 발명의 명칭과 특허청구범위, 도면의 간단한 설명과 발명의 상세한 설명의 부분을 구분하여 법 규정의 취지에 알맞게 기재하면 된다. 명세서에서 기술문헌의 역할은 발명의 상세한 설명부분이고 권리로서의 역할은 특허청구범위의 부분이다.

다시 말해, 특허명세서는 가급적 발명의 내용을 충실하게 표현하고, 발명의 기술적 사상에 근거해 발명이 미칠 수 있는 권리범위를 가능한 한 넓게 잡도록 작성해야 한다. 특허명세서에 중요한 부분이 누락되는 경우에는 발명 내용의 우수함과는 무관하게 특허거절사유가 될 수 있으므로 주의해야 한다.

사례 7.1 특허청구범위와 에디슨

특허명세서에 포함되는 특허청구범위의 내용이 특허의 핵심적 내용이다. 즉 특허청구범위가 기술하는 규정이 특허보유자가 기대하는 법적 보호의 정도를 결정한다. 만약 특허청구범위가 너무 좁다면 다른 사람들이 원래의 아이디어와 비슷한 발명을 쉽게 할 수 있을 것이고, 너무 포괄적으로 기술되면 특허청이 그것을 기각할 것이다.

1880년 1월 27일 토마스 에디슨은 처음으로 사용가능한 전구에 대해서 특허를 받았다. 그런데 그의 청구항은 카본 필라멘트에 제한되어 있었다. 따라서 어느 누군가가 다른 소재의 필라멘트를 사용하여 전구를 발명하고 시장에 판매하였다고 하더라도 이는 특허침해에 해당되지 않을 수 있었다. 이는 청구항의 범위를 너무 좁게 잡은 사례로서, 이를 인식한 에디슨은 다른 발명에서는 청구항의 범위를 넓게 잡으려 했다고 한다.

③ 특허명세서의 구성

[명세서]

[발명의 명칭]

: 발명의 간단한 명칭을 표시하고, 주로 국명 명칭과 함께 괄호를 이용하여 영문명칭을 입력한다.

[발명의 상세한 설명]

: 발명의 상세한 설명에는 그 발명이 속하는 기술분야에서 통상의 지식을 가진 자가 용이하게 실시할 수 있을 정도로 발명을 기재해야 한다(특허법 제 42조 제 3항).

[기술분야]

[배경기술]

[발명의 내용]

[해결하고자 하는 과제]

[과제 해결 수단]

[효과]

[도면의 간단한 설명]

[발명의 실시를 위한 구체적인 내용]

[실시 예]

[산업상 이용 가능성]

[특허청구범위]

[청구항 1]

[청구항 2]

… …

[요약서]

[도면]

(2) 특허명세서의 작성[1)]

① 발명의 상세한 설명 작성방법

㉮ 기술분야

기술분야의 기재는 보통 구체적인 기술분야와 포괄적인 기술분야로 구분하여 작성을 한다. 발명에 해당하는 부분은 가능한 관련 기술분야까지 범위를 넓혀 작성하는 것을 추천한다. 발명 분야를 너무 실제적이고 세밀한 부분으로 한도를 정하는 것은 발명에 대한 권리범위가 좁혀지게 되어 특허권 행사에 제한을 받을 수 있기 때문이다. 기술분야의 기재 순서는 큰 기술분야와 작은 기술분야 순으로 기재하여야 한다.

1) 실제 특허명세서는 제7장 마지막에 있는 부록 참조.

㉯ 배경기술

배경기술은 해당 발명의 이해와 조사 및 심사에 유용하다고 생각되는 기존의 기술 등을 기재한다. 이때, 기존기술의 출처를 알고 있을 때에는 그 출처에 대하여 명확히 기재하여야 한다. 만약 그 출처가 문헌이라면 문헌의 명칭, 출간일, 기술이 기재된 페이지, 출간자 등의 정보를 기재하여야 한다.

또한 배경기술은 출원 전에 국내외에 공연을 하거나 간행물에 공지를 하거나 또는 전기 통신회선에 공개되어 일반 대중들이 인식하고 있는 선행기술을 의미한다.

그러므로 사내에서만 알려지고 일반 대중들이 알 수 없는 기술은 배경기술이라 하지 않는다.

㉰ 발명의 내용: 해결하려는 과제

발명의 내용은 발명을 통하여 해결하려는 과제와 이를 위해 선택한 기술적인 수단을 기재한다. 이때 기존기술이 갖는 문제점을 부각하여 발명의 목적을 기재하여야 한다.

㉱ 발명의 내용: 과제 해결 수단

발명의 내용은 주어진 과제를 해결하는 수단을 뜻하며, 특허를 받고자 하는 발명에 의하여 어떻게 해당 문제가 해결되었는지를 기재한다. 즉, 해당 문제를 해결하기 위한 발명의 구성을 기재한다.

㉲ 발명의 내용: 발명의 효과

발명으로 인하여 창의적이고 특별하게 얻어질 수 있는 효과, 즉 우수하다고 인정되는 사항을 기재하여야 한다. 이때, 그 우수함을 알리기 위하여 그 특별함과 특별한 효과 이외의 부가적인 효과가 나열되어야 한다. 단순히 추상적이 아닌 구체적으로 나타나는 기술적 효과를 기재하고 구성의 차이가 별로 없을 경우에는 효과가 뚜렷하게 나타나는 지에 따라 특허여부를 정할 수 있기 때문에 예측이 가능한 효과까지도 넓게 기재하는 것이 바람직하다.

㉥ 도면의 간단한 설명

도면은 발명의 상세한 설명을 위하여 필요한 요소이다. 도면은 작성하여 제출할 때 도면과 함께 도면의 명칭과 도면의 주된 부분의 부호에 대한 간단한 설명을 첨부한다. 도면 첨부를 이용하여 발명 내용에 대한 정확한 전달을 도와 줄 수 있다.

㉦ 발명을 실시하기 위한 구체적인 내용

발명을 하기 위해 필요한 수단과 그 내용을 구체적으로 적고, 적어도 하나 이상으로 기재하여야 한다. 보통 발명의 실시 예는 전체적인 동작의 주요 내용을 쓴 다음에 동작의 특징을 상세히 설명한 도면을 첨부한다. 그리고 실시형태가 다른 것이 가능한 것이 있다면 변형의 예를 포함해서 모두 기재하는 것을 권장한다. 왜냐하면 다양한 실시 예는 발명을 누군가 침해했을 때 권리를 좀더 쉽게 주장할 수 있기 때문이다.

② 특허청구범위 작성방법

특허청구범위는 특허가 기술적 사상인 무형의 발명에 대해 부여되기 때문에, 특허권의 권리를 행사하는 영역을 결정하는 것은 매우 중요하나 명확하게 하는 것이 쉽지 않다. 이런 특허의 성질 때문에 우리나라뿐만 아니라 대부분의 국가들은 특허청구범위에 특허권의 보호범위를 기록하여 결정하고 있다.

특허청구범위는 발명을 뚜렷하고 확실하게 그리고 간결하게 기재를 해야 한다는 원칙에 따른다. 그리고 특허청구범위는 발명에 더 자세한 설명을 뒷받침하도록 기재해야 한다. 만약, 보호받고 싶은 사항에 대해 청구항을 두 개 이상으로 작성할 경우에는 특허시행령 제5조에 따라 다항제에 의한 특허청구범위의 기재방법에 필요한 조건을 충족시켜야 한다.

특허청구범위는 특허출원 당시 기술적인 수준을 기준으로 동일 기술 분야 내에서 통상의 지식을 가지고 있는 자가 그 발명이 어떻게 실시되는지를 쉽게 알 수 있어야 한다. 그렇게 하기 위해서는 특허청구범위와 발명의 상세설명의 내용이 일치하고 그 명세서만으로 특허청구범위 내에 기술구성이나 작용효과나 결합을 훤히 알 수 있어야 발명을 보다 자세하게 설명해줄 수 있다.

다음과 같은 경우들은 발명에 대해 상세한 설명이 뒷받침되지 않는다고 여겨지기 때문에 특허를 부여받을 수 없다.

- 청구항에 기재된 사항과 대응되는 사항이 발명의 상세한 설명에 기재되어 있지 않고 암시도 되어 있지 않은 경우
- 발명의 상세한 설명과 청구항에 기재된 발명 간에 용어가 통일되어 있지 않아서 양자의 대응관계가 불명료한 경우
- 청구항에 기재된 사항이 특정기능을 수행하기 위한 수단 또는 공정으로 기재되어 있으나, 이들 수단 또는 공정에 대응하는 구체적인 내용이 발명의 상세한 설명에 기재되어 있지 않은 경우

또한 다음과 같은 유형은 발명이 명확하고 간결하게 기재되지 않은 것으로 취급되어 특허를 받을 수 없다.

- 청구항의 기재 내용이 불명료한 경우
- 청구항에 각 구성요소가 단순하게 나열되어 있을 뿐 그 결합관계가 기재되어 있지 않아서 발명이 불명확한 경우
- 청구항에 기재된 발명의 카테고리가 불명확한 경우
- 청구항의 기재가 너무 장황하여 보호를 받고자 하는 발명의 구성이 불명확한 경우
- 청구항에 발명의 수성을 불명확하게 하는 표현이 기재되어 있는 경우

③ 도면 작성방법

도면은 발명의 내용을 이해하는데 도움을 주기 위해 발명에 따라 특허명세서와 함께 필요할 때만 첨부한다. 하지만 실용신안등록 출원을 할 때는 도면이 필수사항이다. 도면의 작성방법은 다음과 같다.

- 식별기호로 [도 1]과 같이 일련번호를 기재하여야 하며, 기재순서에 따라 아라비아 숫자를 차례로 기재하는 것을 원칙으로 한다. 또, 발명 또는 고안의 내용을 정확히 표현하기 위하여 필요한 경우에는 아라비아 숫자 뒤에 알파벳 소문자를 한 자 이상(1a, 1b, …) 기재할 수 있다.
- 제도법에 따라 평면도 또는 입면도를 흑백으로 선명하게 도시하여야 하며, 필요한 경우에는 사시도 및 단면도를 사용할 수 있다.

④ **요약서 작성방법**

특허출원서 제출시 첨부해야 하는 요약서는 특허발명 보호범위를 결정하는 데 사용이 불가하며 기술정보에 쓰이기 위해서 제출하는 것이 의무이다. 요약서는 요약, 대표도, 색인어 순으로 구분하여 다음과 같이 작성한다.

- [요약]란에는 발명의 내용을 쉽게 이해 및 파악을 할 수 있도록 발명이 속하는 기술분야, 발명의 목적, 발명의 구성, 발명의 효과를 기재해야 한다.
- [대표도]란에는 도면이 없는 경우에는 삭제하고, 도면이 있는 경우에는 발명의 내용을 잘 요약하여 표현한 한 개의 도면 번호를 [대표도] 식별항목 다음 행에 식별기호 없이 "제○도"와 같이 기재하거나, 도면 중에서 대표도로 사용할 만한 적당한 도면이 없는 경우에는 새로 작성한 대표도를 [대표도] 식별항목 다음 행에 이미지로 직접 입력해도 된다.
- [색인어]란에는 발명을 구성하는 내용과 관련된 주요 색인어로써 5개 이상 10개 이하로 기재한다. 필요한 경우에는 특허명세서에 없는 용어도 사용 가능하며, 복합단어는 띄어 써야 한다. 또한 해당 기술분야에서 관용적으로 사용하는 외국용어는 발음표기대로 기재해야 한다.
- 요약서에는 청구범위 내에 언급된 청구항의 불확실한 효과나 용도에 관한 내용에 관해서는 기재할 수 없다.

5) 특허의 출원 및 심사

(1) 특허의 출원절차

특허를 받기 위해서는 법령이 정한 서식을 필요로 한다. 특허를 얻고자 하는 발명자는 특허청 출원과에 출원서와 명세서, 요약서 그리고 도면과 같이 법률적으로 효력을 가지는 첨부서류를 제출해야 한다. 출원인이 출원서를 접수하게 되면 특허청은 일정한 심사를 거쳐 출원서를 IPC 분류별로 분류하게 된다. 출원 후 1년 6개월이 지나게 되면 발명에 대한 명세서 및 출원 정보는 일반인에게 공개하여 기술내용을 누구나 열람할 수 있게 한다. 이러한 공개는 연구 및 투자가 중복되는 것을 막고 더 향상된 기술개발을 촉진시키기 위한 목적을 가지고 있다.

발명에 대한 공개 이후에는 각 기술분야별 담당 심사관에게 발명에 대한 심사를 받게 된다. 만약 심사 중 특허등록 거절이유가 발견이 된 경우에는 심사관은 출원인에게 거절 이유를 알리고, 정해진 기간 내에 보충 의견서를 제출하도록 통보한다. 만약 거절 이유가 발견되지 않았을 경우에는 특허 등록결정이 내려지게 되고 출원인이 특허료를 내는 동시에 특허권 설정등록이 된다. 또한 특허공보에 등록공고가 내려지게 된다. 특허출원 및 심사의 절차에 대한 흐름도는 〈그림 7-2〉와 같다.

우리나라 특허법은 서면주의를 택하고 있다. 즉 특허출원서, 명세서, 요약서 그리고 도면을 모두 서면으로 기재한 후 제출하는 것을 원칙으로 하며, 필요에 따라서는 필요한 증명인 우선권 증명서류, 대리권 증명서류 등을 서면으로 하도록 규정하고 있다. 별도로 미생물에 관한 발명에 한해서는 일정기간 검사를 위한 현물을 제출해야 하며, 심사관이 실물을 요구할 경우 실물을 제출해야 한다. 이때 실물은 참고자료로 사용될 수 있다.

국내 특허출원에 있어서 적용되는 원칙은 서면주의, 국어주의, 양식주의 그리고 수수료납부주의가 있으며 자세한 내용은 다음과 같다.

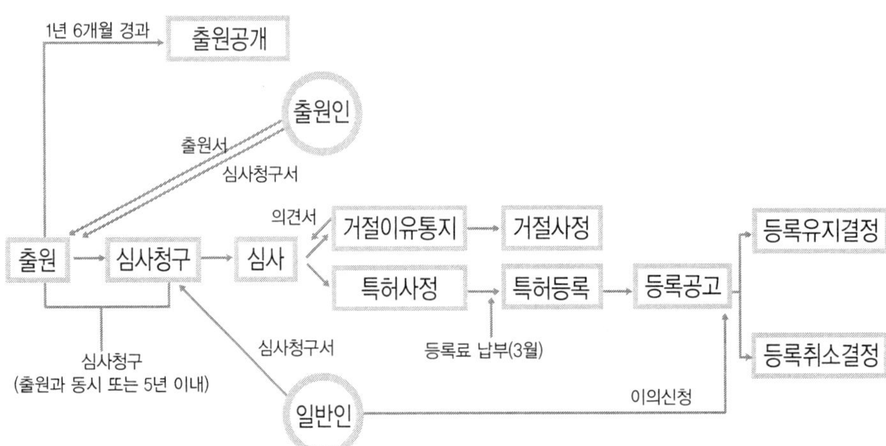

〈그림 7-2〉 특허출원 및 심사 절차 흐름도

① 서면주의

서면주의란 특허출원 시 특허출원 관련 서류들을 서면, 전자문서 또는 플로피디스크에 수록하여 제출해야 한다는 원칙이다.

② 국어주의

특허출원서에 작성되는 언어는 국어로 되어 있어야 한다.

③ 양식주의

특허출원서는 법령에서 정하는 양식에 따라 작성되어야 하며, 그 양식은 특허법에 구체적으로 기재되어 있다.

④ 수수료 납부주의

특허출원을 하는 자는 수수료를 납부해야 하며, 수수료를 납부해야 할 대상과 그 금액은 특허법에 규정되어 있다.

(2) 해외 특허출원

해외 특허출원의 경우 출원 비용과 출원 시간이 각 나라마다 다르기 때문에 사업전략에 따라 특허를 취득하고자 하는 나라와 취득 경로를 우선 정하는 것이 효율적인 특허출원을 가능하게 한다. 일반적으로 해외 특허출원의 경우가 국내에 비해서 비용이나 시간을 많이 필요로 한다.

해외 특허출원을 함에 있어 직접적으로는 제조국가와 시장을 판단하는 것이 가장 중요하다. 현존하는 시장은 물론 잠재적인 시장까지 내다보고 특허제품을 판매한 국가를 선택하는 것이 바람직하며 경쟁제품을 생산할 제조국가 또한 생각해야 한다. 간접적으로는 비용과 시간을 고려해야 한다. 특허출원과 특허등록까지의 비용과 특허로 인한 이득, 특허를 취득하는데 걸리는 시간과 상품의 라이프 사이클을 고려하여 해외 특허출원의 여부를 결정하는 것이 바람직하다.

해외 특허출원에 있어 권리적인 요소로는 권리 구제의 실효성과 권리의 유효성이 있다. 권리구제의 실효성은 등록된 특허권이 제대로 보호될 수 있는 국가인지를 고려하는 것이다. 그리고 권리의 유효성은 국가별로 특허성을 판단하는 기준이 다르기 때문에 어느 국가에서 자신의 기술에 대해 특허를 내줄지 판단하여 출원국가를 정하는 것이다.

해외 특허출원은 해당 특허에 대한 특성에 따라 출원방법이 구분된다. 개별국가에 대해서 출원을 할 것인지 특허협력조약에 기초한 국가에 일괄적으로 출원을 할 것인지에 따라 출원방법이 달라진다. PCT 출원의 경우 여러 국가에 동시적인 출원이 가능한 장점을 가지고 있는 반면, 각 국가마다 번역문을 제출해야 하고 출원에 따른 소요기간이 오래 걸리는 단점을 가지고 있다. 일반적으로 3개국 미만에 특허를 출원할 경우에는 PCT보다는 파리조약에 기초해 우선권 제도를 이용하여 각 국가마다 출원을 하게 된다. PCT 출원과 파리조약에 기초한 출원방법에 대해 아래에 좀더 상세하게 설명한다.

① 파리조약에 기초한 개별국 출원

파리조약에 기초한 개별국 출원이란 우선권 제도를 이용하여 국내 출원 후 1년 이내에 원하는 국가에 각각 출원하는 방식이다.

우선권 제도란 파리조약의 동맹국의 제1국에서 특허권을 먼저 출원한 자나 그 승계인이 우선권 주장기간인 1년 안에 다른 동맹국에 같은 발명에 대해 출원하여 우선권을 주장하는 경우 제1국의 출원일을 기준으로 특허요건 등을 판단하는 제도이다. 제1국의 출원일을 실체적 특허요건의 판단시점으로 고려한다는 것이지 제1국의 출원일을 제2국에서의 출원일과 동일하게 적용해주는 것은 아니다. 출원방식이나 절차 같은 제도의 적용 기준은 제2국의 출원일을 기준으로 적용한다.

② PCT에 기초한 출원

국제협력조약에 기초한 PCT는 하나의 발명에 대하여 여러 나라에 동시 출원할 때 PCT에서 규정한 서류에서 원하는 나라를 지정하여 특허청에 제출하면 되기 때문에 비용과 노력을 줄여주고 각 나라마다 심사에 따른 부담을 줄여주는 조약이다. PCT 출원은 통일화, 간소화, 경비절감 효과 등 장점을 가지고 있다. 하지만 PCT 출원 자체가 국제적으로 특허의 효력을 발생시키는 것은 아니다. 국제특허를 받기 위해서는 정해진 기간 내에 각 국가에 진입해야 하며, 국제출원 관련기관이 너무 많아 절차상 복잡하고 고정비용이 발생하는 단점도 있기 때문에 출원 시에 주의해야 한다.

(3) 특허 심사

① 특허 심사 개요

특허권이란 발명에 대해 발명자가 가지는 독점적인 권리이다. 이를 보호받으려면 특허법에 규정된 방식과 절차에 따라 특허출원을 해야만 한다. 이렇게 출원된 발명에 대해 특허권의 부여 여부를 결정하는 과정을 특허심사라고 한다. 출원된 발명을 어떻게 심사할 것인가에 따라 심사주의와 무심사로 나뉘는데, 현재 심사주의를 대부분의 국가에서 행하고 있다. 심사주의의 특허심사는 방식심사(출원서의 방식과 절차가 적합한지의 여부를 판단하는 것)와 실체심사(출원서의 발명이 실질적으로 특허를 받을 수 있는지의 여부를 판단하는 것)를 병행하여 심사하며 그 결과에 따라 특허의 등록 여부가 결정된다.

② 절차에 따른 심사의 분류

절차에 따라 심사를 분류할 경우 크게 특허이의신청의 심사, 전치심사, 특허권 존속기간 연장등록 출원에 대한 심사 그리고 출원된 특허의 심사로 나눌 수 있다.

㉮ 특허이의신청의 심사

특허를 부여받은 후에도 일정기간 내에 특허권 취소를 제3자가 요구할 수 있는 기회가 있다. 이러한 이의신청은 특허권의 부실권리를 방지하고, 특허 부여에 대한 신뢰도를 높이기 위함을 목적으로 한다. 이의신청이 있을 경우 특허청은 특허 부여에 대한 내용을 자세히 조사하게 되고 잘못된 점이 있을 경우에는 해당 내용을 바로잡는 절차를 거치게 된다. 즉 특허권에 대한 이의신청의 적절성 여부를 심사관의 합의에 의해 심사하도록 하는 것을 특허이의신청의 심사라고 한다.

㉯ 전치심사

전치심사란 해당 특허를 심사한 심사관에게 특허출원자가 자진 보정을 한 내용으로 재심사하도록 하는 것이다. 이는 특허 재심사에 있어 비용 및 노력을 줄이고 처리기간을 단축하고자 하는 목적을 가진다. 거절 결정에 불복할 경우 심판청구일로부터 30일 이내에 자진 보정하여 전치심사를 요청할 수 있으며 제출된 보정서를 바탕으로 거절결정이 된 이유의 해소여부를 재심사 받을 수 있다.

㉰ 특허존속기간 연장등록 출원에 대한 심사

특허발명을 실제로 시행하기 위해서는 특허권의 존속기간을 다른 법령의 규정에 따라 허가받거나 등록받아야 한다. 특허권존속기간 연장등록 제도는 그 허가나 등록을 위해 필요한 활성기간 만큼 존속기간을 연장해주는 제도이다. 특허권자는 특허권의 존속기간을 연장받으려면 특허법에 따라 존속기간 연장등록 출원을 해야 하고 심사관은 특허법에 따라 심사한다.

㉱ 출원된 특허의 심사

출원된 특허의 심사는 크게 실체심사와 방식심사로 이루어진다. 실체심사란 발명의 진보성과 신규성 같은 실체적인 특허요건을 만족하여 특허를 부여받을 수 있는지의 여부에 대해 심사관의 판단에 의지하여 하는 심사를 말한다. 방식심사란 특허법에서 정한 절차에 맞게 적법한 출원인지의 여부를 심사하는 것을 말한다.

7.2 특허의 경제적 활용

특허는 발명자에게 일시적인 독점권을 부여해 준다. 이러한 독점의 경제적 이득은 발명이 과연 신제품 또는 신공정으로 전환될 수 있는지, 그리고 이러한 기술혁신에 대한 수요가 있는지에 의존한다. 일단 발명가가 특허의 경제적 이득을 기대하여 특허를 획득했을 경우에, 이의 실현을 위해서 다음과 같은 몇 가지 대안을 고려해 볼 수 있다.

- 특허기반 창업
- 특허의 판매
- 특허의 대여
- 특허의 미사용

1) 특허기반 창업

특허의 독점적 이득을 실현하는 첫 번째 방법은 발명자가 직접 창업자가 되는 것이다. 즉 발명가가 특허를 기반으로 직접 자금을 조달하여 제품개발, 생산, 판매활동을 수행하는 것이다. 발명의 역사를 돌이켜 보면, 19세기에는 대부분의 발명가들은 직접 경영자가 되어 특허의 경제적 이득을 실현시켰으며, 대기업에 의해서 발명이 수행되는 오늘날에 와서도 이는 가장 일반적인 방법이다. 특히 전자기기, 컴퓨터 소프트웨어 등과 같이 새로운 제품에 대한 잠재성이 매우 크고, 개발 및 진입비용이 상대적으로 낮은 분야에서 많이 이루어진다. 기존산업에서도 새로운 기술적 아이디어를 가진 벤처기업이 중요한 역할을 수행하고 있다.

이 경우에 발명가는 어떤 경제적 이득을 향유할 수 있겠는가? 정태적 관점과 동태적 관점에서 분석할 수 있다. 먼저 정태적 관점에서 살펴보자. 만약 발명가가 성공적으로 특허를 제품으로 개발하고 이에 대한 시장이 존재한다면, 〈그림 7-3〉의 단기모형을 통해서 설명이 가능하다. 그림에서 D는 제품에 대한 수요곡선이고, MR은 한계수입곡선

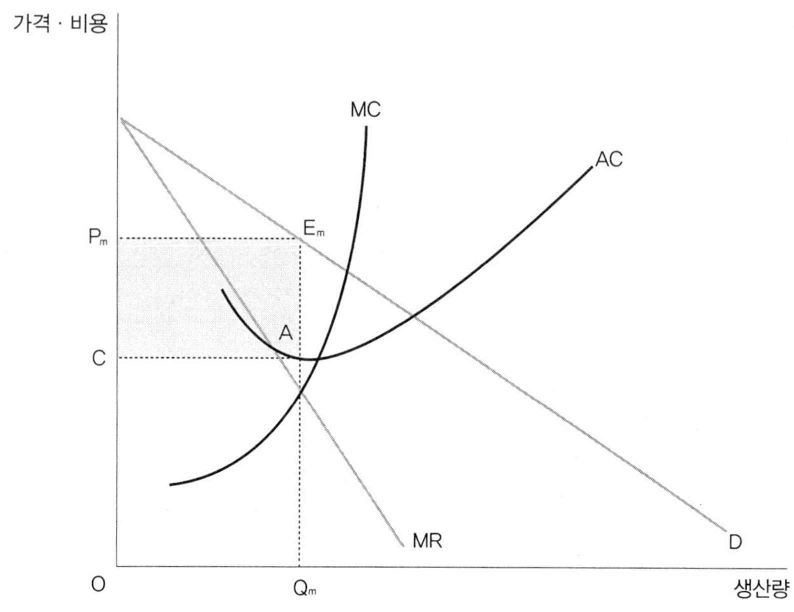

〈그림 7-3〉 특허기반 기업의 단기이윤 극대화

이다. AC와 MC는 각각 평균비용곡선과 한계비용곡선이다. 발명가에 의해서 창업된 이 기업은 단기적으로 이윤을 극대화하기 위해서 한계수입(MR)과 한계비용(MC)이 일치하는 Q_m점에서 생산량을 결정할 것이다. 이때 가격은 P_m이고, 색으로 표시된 사각형의 크기가 바로 발명가가 누리는 독점이윤이 된다. 이러한 분석은 기존기업이 특허품을 신규시장에 내어 놓을 경우에도 그대로 적용된다.

이제는 동태적 관점에서 살펴보자. 물론 창업 초기에는 단기적인 독점이윤이 존재한다. 그러나 전략적인 측면에서 볼 때, 기업이 이러한 독점이윤이 장기에서도 지속될 것이라고 판단한다면, 이는 결정적인 실수가 될 것이다. 왜냐하면 특허의 독점이윤이 존재하게 되면, '특허 주변의 기술'(technology around patent)을 발명하는 경쟁자에 의해서 시장을 뺏길 수 있기 때문이다. 따라서 잠재적 기업의 공격을 잠재우는 최적전략은 새로운 특허를 계속적으로 출원하는 길밖에 없다. 예를 들어, 미국의 필름회사인 폴라로이드사는 즉석사진기술을 약 50여 년 동안 독점해 왔으나, 최근에 이러한 독점의 가치가 전혀 새로운 사업 분야인 속성현상기술 및 디지털기술에 의해서 잠식되었다.

뿐만 아니라 소비자들도 하나의 독점기업—아무리 기술적으로 우월한 기업이라도—과 거래하기를 꺼려 한다. 이는 하나의 기업에 의존하기를 원하지 않기 때문이다. 타이어 제조업체인 BF 굿리치사는 튜브 없는 타이어의 특허권을 가지고 있었으나, 이 회사가 이 특허를 다른 경쟁회사에게 사용하게 만든 후에야 비로소 이 제품에 대한 수요가 발생하였다. 이 사례는 동태적인 측면에서의 경쟁이 제로섬 게임(zero-sum game)이 아니라 포지티브섬 게임(positive-sum game)임을 보여주는 사례이다. 즉 튜브 없는 타이어 시장에서의 기업 간 경쟁이 고정된 시장을 단순히 분할하는 것이 아니라, 오히려 새로운 수요를 창출함으로써 각 기업은 더 많은 수요를 확보할 수 있었다.

2) 특허의 판매

발명가가 특허를 자신이 직접 사업화할 수 없을 경우에는 특정한 가격을 받고 특허를 판매하기도 한다. 발명가가 위험기피자이거나 사업화를 위한 자금을 조달할 수 없는 경우에 이 방법이 사용된다. 특히 독립적인 발명가가 제품개발을 위한 인력 및 설비를 갖추고 있는 대기업에 기술을 파는 경우가 일반적이다. 그러나 대기업도 자신의 기업전략이나 사업에 적합하지 않은 기술은 판매하기도 한다.

특허기술의 판매자나 구매자가 엄청난 경제적 이득을 얻었던 많은 사례가 있다. 필름소재에 대한 기술이 대표적 사례이다. 1899년 배이클랜드(Leo Baekeland)라는 사람이 코닥(Eastman Kodak)사에 필름소재에 대한 기술을 당시 돈으로 75만 달러에 팔았다. 어떤 경우에는 판매한 기술로 특허의 구매자가 큰돈을 벌게 되자, 더 많은 대가를 요구하기도 하였다. 최근의 예를 들면, 미국 시어스로벅(Sears Roebuck)의 종업원이었던 사람이 소켓렌치를 발명하여 특허를 얻고, 이것이 상업적으로 성공하자 추가적인 대가를 더 요구하는 소송을 벌인 적이 있었다.

그러나 과연 발명특허에 대한 효율적인 시장이 존재할 것인가라는 의문이 제기될 수 있다. 즉 기술시장은 정보의 비대칭성으로 말미암아 효율적이지 못하게 된다. 특허기술의 구매자는 발명의 특징조차도 모르고 의사결정을 하게 되는데, 만약 특허기술의 판매자가 그 기술에 대해서 구매자에게 모두 설명해준다면, 그 특허는 사실 더 이상의 가치가 없게 될 것이다. 서양 속담에 "고양이가 자루 속에서 이미 빠져나온 격"이 된다. 이러한 이유로 대기업에 특허를 판매하려고 하는 독립적인 발명가들이 종종 대기업이 자신과의 협상과정에서 사실상 기술을 '훔쳐갔다'는 소송을 내기도 한다.

뿐만 아니라 정보가 비대칭적인 상황에서는 시장의 효율성은 가격이 결정되는 방법에 의해서도 저해된다. 시장에서 형성되는 가격은 구매자와 판매자의 주관적인 가치를 일부 반영할 뿐만 아니라 그들 각각의 협상력을 반영하기 때문이다. 물론 특허의 가격이 일반에게 공개되면, 미래의 거래에 영향을 미치는 신호등이 될 수는 있을 것이다.

또 하나의 문제는 대기업에 속한 발명자의 고용관행과 관련된 것이다. 일반적으로 대기업에 취업한 엔지니어나 기술자가 발명을 하면, 특허권은 그를 고용하여 봉급을 지급하는 회사에 양도해야 한다. 그런데 만약 회사의 기술이나 사업과는 관계없는 발명을 했을 경우에는 어떻게 되는가? 결국 기업 '안과 밖'의 구분은 법정이 결정할 문제가 된다.

3) 특허의 라이선싱

특허활용의 가장 일반적인 형태가 바로 라이선싱이다. 즉 한 번만 대가를 받고 기술을 판매하는 것이 아니라, 특허를 대여해주고 상업화의 정도에 따라서 정기적으로 로열티를 받는다. 이 경우에 특허의 대여자가 받는 금액은 구매자의 경제적 및 기술적 능력에 의존하기 때문에 특허의 판매보다는 위험도가 높다.

특허의 판매자가 독립적인 발명가일 경우에 가장 우선적으로 생각해 볼 수 있는 방법이나, 실제적으로는 기업에 의해서도 많이 채택되고 있다. 즉 기업 간에 라이선싱을 통하여 서로 특허를 허용하는 경향이 있다. 이를 특허의 크로스 라이선싱(cross-licencing)이라고 부른다. 이는 특허제도의 핵심적인 특징이 보완적인 특허들의 군집이기 때문이다. 예를 들어 미국의 주요 자동차 업체들은 수십 년간 이러한 크로스 라이선싱을 체결해 오고 있다. 이는 발명된 기술의 다양한 측면들을 서로 보완시키며, 발명 과정에서의 낭비적인 중복을 피하게 한다. 반면에 이는 산업을 카르텔화시키는 강력한 수단으로도 활용된다. 예를 들어 그들은 경쟁자의 발목을 묶으며 판매쿼터, 판매지역할당, 가격설정 등 기업행동의 여러 측면에 대하여 제약을 준다. 우리나라에서는 이것이 법적으로 가능하지만, 미국에서는 법으로 금지하고 있다.

개별기업 입장에서도 라이선싱은 부정적인 효과를 갖는다. 가령 어떤 이유로 두 기업 간의 라이선스 계약이 파기되면 상대기업은 라이선스 기간에 획득한 노하우를 계속 가지게 된다. 그리고 이러한 노하우는 경쟁기업으로서의 상대기업의 경쟁력을 강화시키는 외부효과를 창출한다. 상이한 특허제도를 가지는 외국기업과의 라이선스 계약 시에 그 후유증은 더 커진다. 따라서 기업은 핵심기술을 내부화하려고 노력하게 되는데, 그것이 바로 다국적 기업의 확산이다.

더 알아보기 7.2 라이선스의 유형 및 대가

특허를 라이선스할 때 그 대가는 다음 세 가지 방법으로 지급된다. 첫째는 고정금액으로 지급하는 것이고, 둘째는 특허의 사용실적에 비례하여 지급하는 것이며, 셋째는 양자를 혼합하는 것이다.

1. 고정정액 지급방법

이는 특허구매자가 기술을 어떻게 사용하는가에 관계없이 일정한 금액을 지급하는 방법이다. 구체적인 방법으로는 일정기간에 대하여 지불하는 고정로열티(fixed royalty), 기술구매 전체에 대하여 지불하는 총액로열티(Lump-sum royalty), 기술거래 초기에 일정금액을 지불하는 선불금(initial payment) 등이 있다.

2. 사업화 실적에 따른 지급방법

이는 특허구매가 가져다주는 경제적 이득의 실현여부에 따라서 로열티를 지급하는 방법이다. 이를 경상기술료(running royalty)라고 한다. 연동되는 실적 기준들은 다음과 같다.

- 제조원가
- 공정기술의 경우 비용절감금액
- 순이익
- 매출액
- 계약제품 단위(대물 로열티)

3. 고정정액과 경상로열티의 혼합

이는 고정과 경상을 같이 사용하는 방법이다. 즉 초기에 일정고정금액을 지불하고, 나머지는 사업화 실적에 연동하여 지불하는 방법이다.

4) 특허의 미사용

획득한 발명특허를 사용하지 않는 것도 하나의 대안이 될 수 있다. 기업은 사용하지 않을 특허를 획득하여 축적시킴으로써 이를 보호장벽으로 삼아, 현재 사용하고 있는 기술을 보호하기도 한다. 이는 경쟁기업들로 하여금 당해 특허와 관련된 발명을 더 어렵게 함으로써 경쟁우위를 지킬 수 있다. 이를 방어적 목적의 특허라고도 한다.

물론 이와 같이 특허를 선반 위에 올려놓고 의도적으로 사용하지 않는 행위(patent shelving)는 법적으로 논란이 되고 있다. 즉 반경쟁적인 의도로 특허를 사용하지 않는 행위는 불법이라는 것이다. 미국의 반트러스트법에 의하면 특허의 축적은 그것이 기업 자체의 R&D 활동에 의한 것이면, 아무런 문제가 없다. 그러나 다른 기업의 특허를 구입하여 사용하지 않으면, 법에 저촉된다. 우리나라는 '독점규제 및 공정거래에 관한 법률'로 이의 규제가 어느 정도 가능하다.

더 알아보기 7.3 휴면특허(sleeping patents)[2)]

경제이론의 역사를 돌이켜 보면, 농업시대에는 토지와 관련하여 지대와 휴경지의 문제가 다루어졌고, 1930년대 세계 대공황 이후에는 휴면인력이라고 볼 수 있는 실업(unemployment)문제가 중요한 경제문제로 다루어져 왔다. 그러므로 2000년대 이후 전개되고 있는 지식기반사회에서는 '놀고 있는 지식', 즉 휴면지식 혹은 휴면특허(sleeping patents)가[3)] 자연스럽게 중요한 분석대상이 될 것으로 예측할 수 있다. 그럼에도 불구하고 지금까지 국내는 물론 해외에서도 이에 대한 명확한 정의나 발생유형, 혹은 사회경제적 효과 등에 대한 경제이론이 정립되어 있지 못한 실정이다.

흔히 휴면특허라는 용어를 사용하고는 있으나, 아직까지 이에 대한 명확한 정의는 없다. 일반적으로 휴면특허는 산업적으로 응용된 적이 없는 특허를 지칭한다. 그러나 이는 기업이 사용하기를 원하지 않는 특허를 포함하므로 명확한 개념이 아니다.

첫째, 하나의 발명은 특허보유자에 의한 제품개발을 통해서 시장에 도달할 수 있거나, 특허 라이선스 구매자 혹은 제 3자와의 합작과 같은 공동노력에 의해서 시장에 도달할 수 있다. 따라서 대여된 특허는 휴면특허가 아니다.

둘째, 시장에 도달하지 못하는 발명들이라고 해서 실제로 활용되어지지 않는 것은 아니다. 특히 특허출원 시에 기업은 전략적인 이유로 특허들의 일부를 사용하지 않고 단지 보유하기를 원할 수 있다. 그러므로 발명 특허는 그것이 사업화되지 않더라도 기업의 지식재산권 전략에서 중요한 역할을 수행하게 되는 것이다.

셋째, 특허와 발명은 일대일(1 : 1)로 대응되지 않는다. 하나의 발명은 여러 개의 특허의 의해서 완성되고, 하나의 특허는 상이한 발명들을 커버한다. 후자의 사례로 레이저와 같은 기본적 발명들을 들 수 있다. 즉 이들 발명은 여러 용도로 활용되지만, 그들 모두가 실제적으로 제품화되지는 않는다. 그러므로 우리는 특허에 의해서 커버되나 휴면응용(sleeping applications)으로 간주되는 응용사례들을 생각할 수 있다. 이러한 관점에서 보면 한 분야(혹은 산업)에서 시작되었으나 다른 분야(혹은 산업)에 응용 가능한 발명들이 관찰되므로, 많은 특허들이 휴면 응용된다고 말할 수 있다. 즉 그들은 부분적으로 휴면된다. 만약 기업들이 이러한 사실을 인식한다면, 여러 분야에 박학다식한 기술자의 도움으로 휴면응용을 보호하는 것이 가능할 것이다. 그러나 대부분의 경우에 특허보유자들은 그들의 발명이 다른 분야에서 유용하게 활용될 수 있다는 점을 인식하지 못한다. 이러한 경우에

2) 이하는 성태경(2008)에서 발취한 것임을 밝혀둔다.
3) 영어로 unused patents 혹은 dormitory patents 등으로도 표현된다.

기업 스스로 당해 특허가 휴면특허라는 점을 인식하지 못한다면, 한 기업의 포트폴리오에서 완전히 활용되지 못한 특허들을 규정할 수 없을 것임을 의미한다. 그러므로 우리는 기업이 실제적으로 100% 제대로 활용되지 못하고 있다고 인식하는 특허만을 부분적인 휴면특허라고 보아야 할 것이다.

요컨대, 엄격한 의미에서 휴면특허는 특허보유자 혹은 제3자에 의해서 의식적으로 사용되지 않는 특허들(혹은 하나의 특허 하에서의 활용들)이다. 그러나 기업이 전략적으로 활용하지 않는 특허도 휴면특허로 간주할 수 있을 것이다.

특허청에 의하면 우리나라 휴면특허율은 〈그림 7-4〉에서 보는 바와 같이 약 67% 수준이다. 보유주체별로는 대학의 휴면특허율이 93.3%로 가장 높으며, 연구기관과 공공기관도 각각 92.9%와 86.8%로 이들이 보유하는 특허의 대부분이 활용되지 않는 것으로 나타났다. 개인발명가들이 보유하는 특허는 62.4%가 사업화 혹은 판매되지 못하고, 휴면상태에 있는 것으로 나타났다. 한편 대기업과 중소기업의 휴면특허율은 각각 49.5%와 46%로 2개의 보유 특허 중 약 1개가 휴면상태에 있는 것으로 조사되었다.

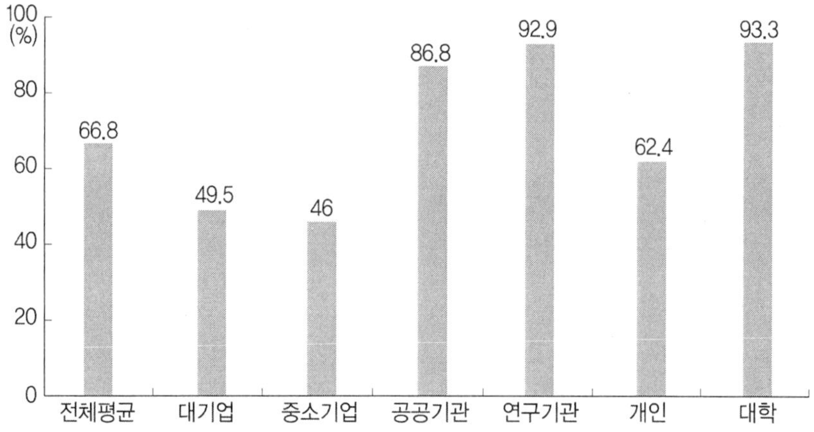

자료: 2005년도 특허청 설문조사에 의한 결과.

〈그림 7-4〉 보유주체별 휴면특허율

7.3 특허정보 조사

일반대중들에게 발명에 대한 내용을 공개하여 향후 기술개발에 기여하고 산업발전을 이루기 위한 목적으로 특허가 활용된다. 발명자는 기술을 대중에 공개하는 것에 대한 대가로 해당 발명이 특허권을 획득하는 경우 이에 대한 독점적 권리를 부여받게 된다.

특허정보는 발명에 대해 특허라는 권리가 부여되는 과정에서의 모든 정보를 일컫는 것이며, 주로 특허권을 부여받기 위해 출원인이 발명에 대한 출원서를 특허권을 부여받고자 하는 해당국의 국가기관(특허청)에 제출하는 것에서부터 발생하게 되는 모든 행정, 문서상의 정보들을 말한다.

미국의 USPTO 등 각국의 특허청은 자료의 보관과 검색에 관하여 디지털화 작업을 이루었다. 그 결과 특허정보에 대한 데이터 관리가 효과적으로 이루어지고 있다. 뿐만 아니라 각국의 특허청이나 특허관련 데이터를 공급하는 기관들은 특허정보 데이터베이스를 구축하였으며, 이렇게 구축된 특허정보 데이터베이스에서 다양한 검색 방법을 이용하면 누구나 더 쉽게 발명, 특허에 대한 정보들을 습득할 수 있다. 기술개발에 앞서 이러한 특허정보를 효과적으로 활용하면 차후 기술의 효율적인 개발이 가능하다. 다음으로 특허정보를 조사할 때 무엇이 필요한지에 대해 알아보기로 한다.

1) 특허정보 조사의 종류

(1) 서지사항 조사(Bibliographic Search)

서지사항 조사방법에는 특허공보 번호를 입력하여 조사하는 경우와 인명정보를 조사하는 경우로 구분할 수 있다. 특허공보 번호를 입력하여 조사하는 경우에는 출원번호, 등록번호, 공개번호를 이용할 수 있으며 심사청구여부나 대응특허, 법적상태를 파악하기에 용이하다. 인명정보를 이용하는 경우에는 대개 출원인이나 발명자의 인명정보를 이용하여 조사를 하며 경쟁업체의 특허권이나 기술개발 동향을 파악을 하고자 할 때 사용된다.

(2) 특허기술분야 조사(State of the Art Search)

특허기술분야 조사는 주제 조사라고도 하며 특정한 기술분야에 대해 이루어지는 간단한 조사를 뜻한다. 이는 주로 특허정보를 수집하고 분석하여 좀더 전략적이고 효과적인 연구개발을 해나가는데 도움을 주기 위해 이루어진다. 즉 특정 주제와 관련된 기술의 동향을 파악하고 그에 대한 문제점을 해결하기 위한 새로운 연구개발 주제를 찾아낸 후 이에 대한 원천특허나 핵심특허를 알아내고 최종적으로 해당 특허를 취득할 수 있는 기술을 발견하기 위해 이 조사를 실행하게 되는 것이다.

(3) 특허성 조사(Patentability Search)

특허성 조사는 특허권 취득에 대한 가능성을 사전에 파악하여 출원여부를 결정하거나 더욱 폭넓고 강력한 권리를 얻기 위하여 청구범위를 조정하는 목적을 가지고 이루어진다. 즉 특허를 출원하기 전에 본 발명이 특허권을 획득하기 위해 기술의 진보성이나 신규성을 가지고 있는지에 대한 여부를 파악하여 특허를 받을 수 있는지에 대한 판단을 하기 위해 선행 자료를 조사하는 것이다. 특허성 조사는 더 효과적이고 효율적인 권리형성을 이룰 수 있도록 도움을 준다.

(4) 권리 조사

특허권리에 대한 분석은 특허권의 사용에 있어 중요한 부분을 차지한다. 권리 조사는 연차료 미납으로 인한 권리소멸의 여부 파악, 등록특허의 진정한 권리자 파악, 권리와 양수도 관계가 소멸되어 법적으로 아무런 영향 없이 사용할 수 있는 특허의 여부를 파악할 때 실시하는 조사이다.

(5) 유효성 조사(Validity Search)

유효성 조사란 주로 등록된 특허에 대하여 특허를 무효화시킬 목적으로 선행자료를 조사하는 것을 뜻한다. 유효성 조사는 경쟁업체의 특허 등록을 저지하거나 무효화시키기 위해 한국, 미국, 일본 등 세계 주요 국가의 특허공보를 대상으로 특허정보 조사를 실시하고 이의신청 및 무효심판 청구를 통해서 해당 특허에 대한 무효가 가능한지에 대한 여부를 판단하기 위한 조사이다.

(6) 계속 조사(Continuing Search)

계속 조사는 하나의 주제에 관하여 일정기간에 규칙적으로 지속적인 특허 조사를 수행하는 것으로 다른 말로 감시조사라고도 한다. 소급 조사기간 동안에 특허기술이 검색되지 않았더라도 그 이후에 등록되거나 공개될 수 있기 때문에 연구개발이 진행되거나 제품이 판매되는 동안에도 지속적으로 계속 조사를 실시하는 것을 권장한다.

(7) 양수도 조사(Assignment Search)

양수도 조사의 목적은 특허의 법적 소유주가 누가 될 것인지를 분명하게 정하는 것이다. 특허가 회사나 다른 사람에게 양도되었을 경우 이는 법적용어가 다르더라도 매매가 된 것으로 여겨진다. 예를 들어, 특허를 소유하여 이를 팔고자 하는 쪽은 양도인이라 칭하고 특허를 사고자 하는 개인이나 회사는 양수인이라 부른다.

2) 특허정보 조사 데이터베이스

최근 특허정보 조사가 기계 검색으로 수행가능함에 따라서 과거 특허문서를 일일이 눈으로 확인하면서 수작업으로 진행한 것과 비교하여 시간과 노력을 상당부분 줄일 수 있게 되었다. 또한 최근에는 전문검색을 비롯하여 다양한 부가적인 기능이 제공되어 수작업으로 정보를 분류할 때보다 원하는 정보에 대한 검색을 매우 효과적으로 할 수 있는 기계검색을 많이 이용하고 있다. 기계 검색을 편리하고 효과적으로 활용하기 위해서는 특허 데이터베이스의 특징과 성격, 데이터 수록 범위, 부가기능 등을 파악해 놓을 필요가 있다. 데이터베이스는 조사의 목적과 범위, 과제에 대한 중요성, 시간, 비용, 기술 분야 등을 고려하여 선택해야 한다. 예를 들어, 과제가 중요하지 않다면 각 국가마다 특허청에서 제공해주는 무료 데이터베이스를 활용하고 과제가 중요하다면 상용 데이터베이스나 데이터뱅크에서 제공해주는 더 전문화된 정보검색 시스템을 사용한다. 그리고 약학이나 화학 관련 특허를 조사하려면 해당분야의 전문 데이터베이스 사용하는 것을 권장한다.

(1) KIPRIS(http://www.kipris.or.kr/)

KIPRIS는 1947년부터 산업재산권(상표, 실용, 디자인, 특허)에 관한 정보를 한국특허정보원에서 제공해주는 데이터베이스에서 무료로 검색이 가능한 국내 최대의 특허전문 검색 사이트이다. KIPRIS의 검색 데이터베이스는 국내의 산업재산권 정보를 초록, 서지사항, 전문명세서 전체를 담고 있으며 검색방법으로 키워드 검색, 각종번호(공고, 등록, 우선권번호, 출원, 공개) 검색, 출원인이나 발명자 검색, IPC 검색, 디자인 및 상표검색 등 다양한 방법을 제공하고 있어 원하는 방법으로 효과적인 검색을 할 수 있다.

(2) WIPS(http://search.wips.co.kr/)

WIPS는 KIPRIS와 다르게 유료인 국내의 민간업체가 운영하는 데이터베이스이다. 세계 각국의 특허청으로부터 특허 데이터를 제공받아 인터넷 서비스를 실시하고 있으며 한국, 미국, 일본, 중국, 유럽특허의 검색이 가능하다. 특허 검색과 동시에 군집화, 인용관계에 대한 분석기능 등 다양한 특허 분석 정보 기능을 제공하고 있으며, 특히 국내 특허 분석에 있어 방대한 특허 데이터베이스를 보유하고 있다는 평가를 받고 있다.

(3) FreePatentsOnline(http://www.freepatentsonline.com/)

FreePatentsOnline은 미국, 유럽, 일본, PCT(WIPO) 등의 특허정보에 대해 무료로 검색할 수 있는 세계적인 특허 검색사이트이다. 특히 단어의 어간을 이용한 검색, 인접 검색, 유사도 순위 및 가중치를 이용한 검색 등을 이용할 수 있어 더욱 정확한 검색이 가능하다. 또한 사용자별로 이전 검색 기록을 분석하여 관심 분야의 새로운 기술 특허가 나온 경우 맞춤형으로 이에 대한 정보를 알려주는 기능을 가지고 있어 사용자 편의성이 뛰어나다고 할 수 있다.

3) 특허정보 조사의 방법

(1) 키워드 이용

특허검색에 있어서 핵심키워드 선택은 매우 중요하다. 키워드란 문장 또는 문단에 쓰인 단어나 어구 중에서 해당 문장이나 문단의 의미를 충분히 설명할 수 있는 핵심이 되는 것을 말한다. 이는 문장이나 문단을 대표하는 핵심적인 몇 개의 키워드가 그 글의 전반적인 내용을 표현할 수 있어야 한다는 것을 말한다. 이러한 키워드들을 효과적으로 이용하기 위해서는 특허문헌을 대표할 수 있는 키워드를 제대로 뽑아낼 수 있는 기술을 습득하는 것이 중요하다. 특허문헌의 내용 전체를 담을 수 있는 핵심 키워드를 사용하여 검색을 하고 검색한 결과를 통해 특허문헌의 내용을 유추할 수 있어야 하므로 키워드와 키워드를 추출하는 것은 매우 중요하다고 할 수 있다. 그렇기 때문에 키워드를 선택하는 데 있어 해당 키워드와 의미상 유사한 단어들을 함께 조합하여 특허문헌을 검색하는 것이 권장된다. 예를 들어 '벽걸이형 텔레비전의 시청각 조절장치'라는 특허문헌이 있다고 하면 이 출원의 핵심 키워드가 텔레비전이라는 것은 당업자라면 누구나 알 수 있을 것이다. 하지만 텔레비전이라는 키워드와 유사한 티비, TV, 영상장치, 티브이, 화상표시장치, Television 등의 단어들 중 TV만이 국어사전에 나오는 단어이지만 특허문헌에서는 텔레비전의 동의어로 검색할 경우 모두 유사한 것으로 검색이 되는 키워드들이다. 이에 특허문헌을 검색하는 데 있어 효과적인 검색결과를 도출하기 위해서는 이러한 동의어, 유사어의 개념까지 생각해서 검색하는 것이 좋다.

(2) 특허분류 이용

과학, 기술의 효과적인 발전을 위해서는 과학, 기술의 모든 분야에 걸쳐 구성되고 각 기술분야의 발전된 정보까지 포함하고 있는 특허발명의 정보는 원하는 누구나 용이하게 접근할 수 있도록 해야 한다. 따라서 이러한 정보를 쉽게 분류할 수 있도록 정리한 분류체계를 이용하여 특허문헌을 조사하면 원하는 특허정보를 더욱 효율적으로 찾아낼 수 있다. 특허분류를 활용하여 찾으려는 기술을 조사하려면 해당 기술의 분류체계와 관점을 해석한 후 특허분류를 정해야 한다. 특허분류를 정하는 방법은 통계적 분석을 이용한 방법, catchword Index를 이용한 방법, 특허분류 매뉴얼을 직접 조사하는 방법 등이

〈표 7-1〉 키워드 이용방법

구분	연산자	내용설명
조사범위의 확장	"OR" 연산자	"OR" 연산자는 검색식을 입력하면 각각 조사를 하지 않아도 효율적인 특허문헌 조사를 한 번에 해낼 수 있음. 예를 들면 휴대폰의 기술을 조사할 때 휴대폰을 표현하는 다양한 키워드가 있으므로 "휴대폰 OR 모바일폰 OR 핸드폰 OR 휴대용 단말기"라는 검색식을 사용하여 검색할 수 있음.
	절단 기호	검색식을 영문으로 사용할 경우 단수형과 복수형에 주의해야 하며 이때 절단기호를 사용하는 것이 가장 좋음. 예를 들면 file, files 등을 조사할 때 file*의 형태로 검색을 하면 file이 들어가고 그 뒤의 단어에 문자열이 있는 모든 것에 대해 조사를 할 수 있으며, 출원인이 LG인 것을 조사하고자 하면 "LG*"라고 검색식을 주게 되면 LG전자, LG디스플레이 등이 검색됨. 전방절단은 *technology를 검색하면 단어의 끝이 technology로 끝나는 life-support technology, energy-saving technology, information technology 등이 조사되는 방식인데 조사속도가 상당히 느려지는 단점이 있어 상용화가 되지는 않았음. 후방절단은 제한된 상태에서 용어의 앞부분을 한정해서 조사하기 때문에 조사속도가 빨라서 이 방법은 대중화가 됨.
조사범위의 한정	"AND" "NOT"	예를 들어 무선전화기만 조사해야 될 때 "무선 AND 전화기"란 검색식을 입력하면 무선전화기외의 유선전화기와 관련된 문헌은 검색되지 않기 때문에 찾아내고자 하는 문헌을 더 좁아진 범위 안에서 찾아낼 수 있음. 모든 전화기 중에서 유선전화기를 제외하고 조사하려면 "전화기 NOT 유선"이란 검색식으로 검색할 수 있음. 그러면 전화기란 단어가 있는 특허자료에서 유선이 없는 것만 찾아내어 볼 수 있음. 한편 검색식 내에서 여러 연산자를 사용할 경우 먼저 처리되었으면 하는 연산자가 있으면 괄호( )를 사용하면 되는데 "(3D OR HD) AND 텔레비전"의 검색식을 작성한 경우 "3D OR HD"를 먼저 처리한 후 텔레비전과 함께 조합하여 검색하게 됨.
	인접, 구문 연산자	인접연산자는 복수의 키워드가 서로 얼마나 가까이에 있는지를 기준으로 검색하게 해주는 연산자임. 예를 들어 j와 h가 차례로 있고 j와 h 사이에 N개 이하의 공백값이 있는 것을 검색하고 싶으면 j ANJn h라고 검색식을 입력함. 또한 같은 문장 안에 순서와 상관없이 j와 h 사이에 n개 이하의 공백값이 있는 것을 검색하고자 하면 j NEARn h의 검색식을 입력함. 구문연산자는 구문형태로 복수의 키워드가 연속적으로 있을 경우를 검색하는 것으로 구문검색을 할 때 대부분의 데이터베이스에서는 이중인용부호(" ")를 사용하여 검색하며 절단기호를 같이 사용할 수 없음.

있다.

국제특허분류(IPC)외에 ECLA, FI, F-Term, UPC 등의 특정 국가별로 적용되는 분류코드도 선정하는 방법은 같다. 특히 유럽이나 미국, 일본은 분류코드를 특허문헌에 부여할 경우 각 국가 고유의 특허분류체계를 먼저 부여한 다음 IPC에 맞게 부여한다. 그러므로 특허문헌을 조사할 때 각 국가의 분류체계에 따라 조사하는 것이 IPC에 따라 조사하는 것보다 원하는 바를 좀더 정확하게 찾아 낼 수 있는 방법이라 할 수 있다.

(3) 키워드와 특허분류 혼용

국가에 따라서 특허분류기준이 조금씩 다르기 때문에 국가별로 기술분류 코드가 정확하게 일치하기는 어렵다.

국제특허분류 IPC는 미국식의 기능지향과 독일식의 응용지향에 영향을 받아 생겨났으며 새로운 버전이 2006년부터 나와 지속적으로 개정을 하고 있으나 약 7만 개에 달하는 국가별 고유분류체계와 비교하면 분류개수가 상당히 적다는 것을 알 수 있다. 이는 IPC로 검색할 경우 너무 광범위한 특허문헌이 검색되거나 특허분류에 딱 맞지 않으면 정확한 검색을 할 수 없는 상황이 나타날 수도 있다는 것이다. 그래서 현재는 IPC를 활용하는데 있어서 다중 검색을 하거나 서브클래스를 활용하는 부분까지만 한정한다. 향후 국제특허분류가 좀더 세분화되고 안정화되면 이를 좀더 다양한 방법으로 활용할 것이라고 기대된다. 앞에서도 말했듯이 키워드 검색은 언어의 특성 때문에 유사어와 동의어가 많아 적당한 키워드를 추출해내는 것이 쉽지 않으며, 부여받은 키워드에 따라 시소게임을 하거나 누락, 또는 노이즈가 발생하는 경우가 생길 수 있다. 이는 결국 특허검색을 할 때 키워드만 사용하면 정확도가 떨어질 수 있고 비효율적일 수 있기 때문에 키워드는 특허분류와 함께 적절하게 조합하여 사용하는 것이 권장된다. 이때 특허분류에 의해 생겨난 모집단과 키워드에 의해 생겨난 모집단을 적절하게 조합하여 두 개의 모집단 사이의 노이즈가 어느 정도 존재하는지를 파악하여 상호보완할 수 있도록 하면 좀더 효과적인 결과를 도출해 낼 수 있을 것이다.

사례 7.2 특허정보를 활용한 선행기술조사

선행기술조사서

■ 조사 대상 기술

산업분야	문제(주제)
전기 · 전자	MOCVD 장비 중 기판 로딩기술 관련 선행기술을 조사

■ 국가별 검색 DB 및 검색식

국가	검색DB	검색식	검색건수
한국	WIPS	((B25J-015/00 OR C23C-016/458 OR H01L-021/00).IPC.) AND ((로딩* 언로딩* 적재* loading* unloading*).KEY) AND ((기판* 챔버* 장치* 서셉터* 반송장치* 공정* 설비*).KEY) AND ((웨이퍼* 반도체* 물체* 기판물질* 실리콘* LED* LCD* 플레이드*).KEY)	190건

■ 조사 대상에 대한 배경기술

기판 처리 설비에 관한 것으로, 좀더 구체적으로는 복수 매의 기판들을 연속적으로 공정 챔버로 로딩/언로딩하여 기판 반송 시간을 절약하여 생산성을 향상 시킬 수 있는 기판 반송 장치 및 그것을 사용한 기판처리 설비에 관한 것이다. 최근 액정 디스플레이 장치, 플라즈마 디스플레이 장치, 반도체 장치들의 제조를 위한 기판 처리 설비들은 복수 매의 기판을 일괄해서 처리할 수 있는 클러스터 시스템이 일반적으로 채용되고 있다. 클러스터 시스템은 반송실(transfer chamber)과 반송실 내에 회동이 자유롭게 마련된 이송 로봇을 구비한다. 반송실의 각 변에는 기판의 처리 공정을 수행하기 위한 공정 챔버가 장착된다. 이와 같은 클러스터 시스템은 복수개의 기판을 동시에 처리하거나 또는 여러 공정을 연속해서 진행할 수 있도록 함으로 기판 처리량을 높이고 있다. 기판 처리량을 높이기 위한 또 다른 노력으로는 하나의 공정 챔버에서 복수 매의 기판을 동시에 처리하도록 하여 시간당 기판 처리량을 높이도록 하고 있다.

MOCVD 장비 중 기판 로딩기술 관련 선행기술

출원국가	한국				
출원번호	10-2006-0029804	공개번호	10-2007-0098308	등록번호	10-0781083-00-00
출원일	2006년 3월 31일	공개일	2007년 10월 05일	등록일	2007년 11월 26일
출원인	주식회사 뉴파워 프라즈마		IPC	B25J	
특허명칭	기판 반송 장치 및 그것을 사용한 기판 처리 설비				
요약	본 발명은 복수 매의 기판들을 연속적으로 공정 챔버로 로딩/언로딩하여 기판 반송 시간을 절약하여 생산성을 향상시킬 수 있는 기판 처리 설비에 관한 것이다. 본 발명에 따른 기판 처리 시스템은 트랜스퍼 챔버, 트랜스퍼 챔버와 연결되며 기판이 놓여지는 두 개 이상의 서셉터를 갖는 반응 챔버 및 트랜스퍼 챔버에 설치되어 반응 챔버의 기판 반송을 수행하는 기판 반송 장치를 포함한다. 여기서 기판 반송 장치는 회전력을 제공하는 구동부, 구동부에 연결되는 적어도 하나의 스핀들, 스핀들에 서로 다른 높이로 장착되어 스핀들과 연동하는 서로 다른 회전 반경을 갖는 복수개의 회전 플레이트 암을 구비하여, 두 개 이상의 서셉터로부터 기판들을 로딩 및 언로딩한다.				
대표도면	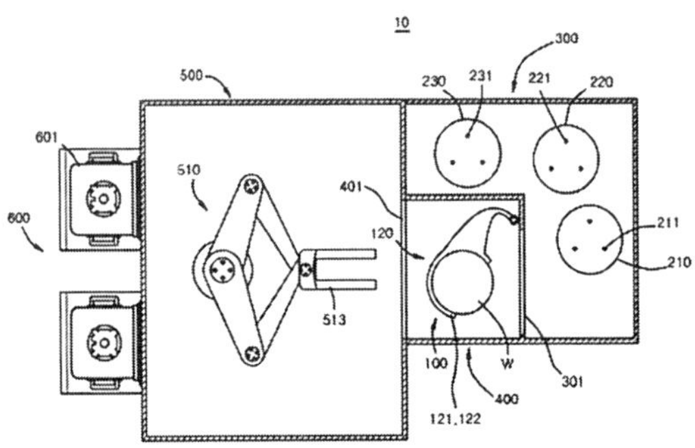				
청구항 1항 (대표 청구항)	청구항 1 로드락 챔버와 복수개의 기판을 처리하기 위한 공정챔버 사이에서 기판을 반송하는 기판 반송 장치에 있어서: 회전력을 제공하는 구동부; 상기 구동부에 연결되는 적어도 하나의 스핀들; 상기 스핀들에 서로 다른 높이로 장착되어 상기 스핀들과 연동하는 서로 다른 회전 반경을 갖는 복수개의 회전플레이트 암을 구비하는 것을 특징으로 하는 기판 반송 장치.				

<table>
<tr><td>검토의견</td><td>1. 본 발명은 복수 매의 기판을 동시에 또는 연속적으로 처리하는 기판 처리 설비에서 처리 전/후의 기판 교환을 신속히 수행할 수 있어서 설비의 처리율을 높여서 전체적인 기판의 생산성을 높일 수 있을 것으로 보인다.
2. 기판의 로딩과 언로딩을 동시에 수행하는 기판 반송 장치가 제공됨으로서 복수 매의 기판 처리를 위한 공정 챔버의 구현이 매우 용이할 것으로 보이며 또한, 본 발명은 기판의 반송 시간을 감소시켜 생산성을 향상시킬 수 있을 것이다.
3. 설비의 면적 및 설비 폭을 축소함으로써 장치비 및 설치비를 줄일 수 있을 것이다.</td></tr>
</table>

<table>
<tr><td>출원국가</td><td colspan="5">한국</td></tr>
<tr><td>출원번호</td><td>10-2003-0035384</td><td>공개번호</td><td>10-2004-0103714</td><td>등록번호</td><td>10-0944379-00-00</td></tr>
<tr><td>출원일</td><td>2003년 6월 2일</td><td>공개일</td><td>2004년 12월 9일</td><td>등록일</td><td>2010년 2월 19일</td></tr>
<tr><td>출원인</td><td colspan="2">JUSUNG ENGINEERING Co., Ltd.</td><td colspan="2">IPC</td><td>H01L</td></tr>
<tr><td>특허명칭</td><td colspan="5">기판의 로딩 장치 및 이를 이용한 기판의 로딩 방법</td></tr>
<tr><td>요약</td><td colspan="5">본 발명은 서셉터 상단에 복수 개의 기판을 동시에 로딩시키기 위해, 측벽에 기판의 출입구를 가지는 공정 챔버와, 복수 개의 히터 블록을 가지며 상기 공정 챔버 내부에 위치하는 서셉터와, 상기 복수 개의 히터 블록 중에서 상기 기판 출입구에 인접한 히터 블록 사이에 위치하는 리프트 핀을 포함하는 리프트 핀 어셈블리와, 상기 히터 블록과 동일한 개수의 관통 홀이 형성되며 상기 서셉터 상단에 위치하는 기판 홀더와, 상기 기판 홀더를 승, 하강 및 회전시키기 위해 상기 서셉터를 관통하여 상기 기판 홀더와 결합되는 구동축을 포함하는 기판의 로딩 장치를 제공하며, 또한 상기 로딩 장치를 이용한 기판의 로딩 방법을 제공한다.</td></tr>
<tr><td>대표도면</td><td colspan="5">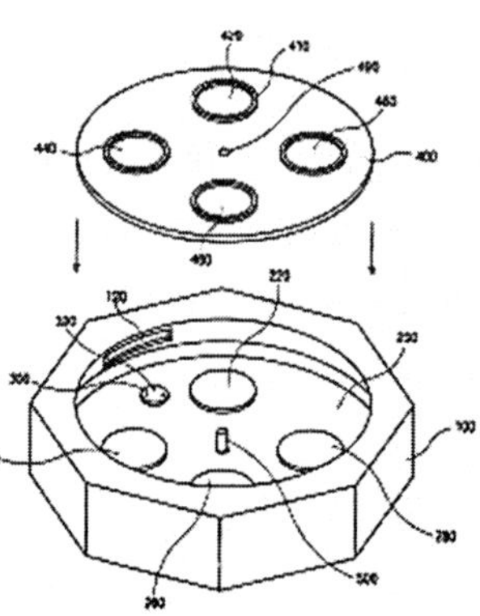</td></tr>
</table>

청구항 1항 (대표 청구항)	청구항 1 측벽에 기판의 출입구를 가지는 공정 챔버와, 복수 개의 히터 블록을 가지며 상기 공정 챔버 내부에 위치하는 서셉터와 상기 복수 개의 히터 블록 중에서 상기 기판 출입구에 인접한 히터 블록 사이에 위치하는 리프트 핀을 포함하는 리프트 핀 어셈블리와, 상기 히터 블록과 동일한 개수의 관통 홀이 형성되며 상기 서셉터 상단에 위치하는 기판 홀더와, 상기 기판 홀더를 승, 하강 및 회전시키기 위해 상기 서셉터를 관통하여 상기 기판 홀더와 결합되는 구동축을 포함하는 기판의 로딩 장치.
검토의견	모든 기판을 동시에 서셉터의 각 히터 블록에 안치시킬 수 있도록 하여 각 기판들이 균등하게 예열될 수 있도록 함으로써 각 기판에의 열 전달량 불균등을 최소화하고, 이로 인한 기판에 형성되는 박막의 균일성을 확보하여 기판의 생산성을 제고할 수 있게 해준다.

더 알아보기 7.4 우리나라 경우 연구개발과정에의 특허정보활용 실태

특허청은 매년 지식재산활동 조사를 실시하고 있다. 이 중 연구개발과정에서 특허정보활용 실태를 파악하고 있는데 2008년 조사결과는 다음과 같다.[4] 2008년 현재 연구개발 활동에 앞서 특허정보를 조사 · 활용하는 기업의 비율은 64.6%(모집단 추정 시 61.1%)로 나타났다(〈그림 7-5〉). 특히 일반 중소기업(55.8%), 3억 미만의 연구개발비 지출 기업(56.0%)의 경우에 연구개발 활동에 앞서 특허정보를 조사 · 활용하는 비율이 낮았다.

또한 연구개발 활동 완료 이후 특허 등의 출원을 위해 해당 연구 성과물과 동일하거나 유사한 특허가 존재하는지 조사하는 것을 포함하는 경우에는 86.7%(모집단 추정 시 84.6%)로 나타났다.

연구개발 활동에 앞서 선행특허 조사를 수행하고 있다고 응답한 기업을 대상으로 하는 경우에 모든 연구개발 활동에 앞서 선행특허 조사를 수행하는 기업의 비율은 52.2%이었고, 기업 차원에서 중요하거나 많은 R&D 투자비가 사용되는 연구개발 과제 등을 대상으로 선행 특허 조사를 수행하는 기업의 비율은 47.8%로 나타났다.

또한 연구개발 활동에 앞서 특허(기술) 정보를 조사 · 활용하는 목적은 개발하려고 하는 기술을 명확히 함으로써 R&D 투자의 성공가능성을 제고하기 위함이 55.5%(모집단 추

4) 이하 내용은 특허청 '지식재산백서 2010' 내용을 발췌한 것임.

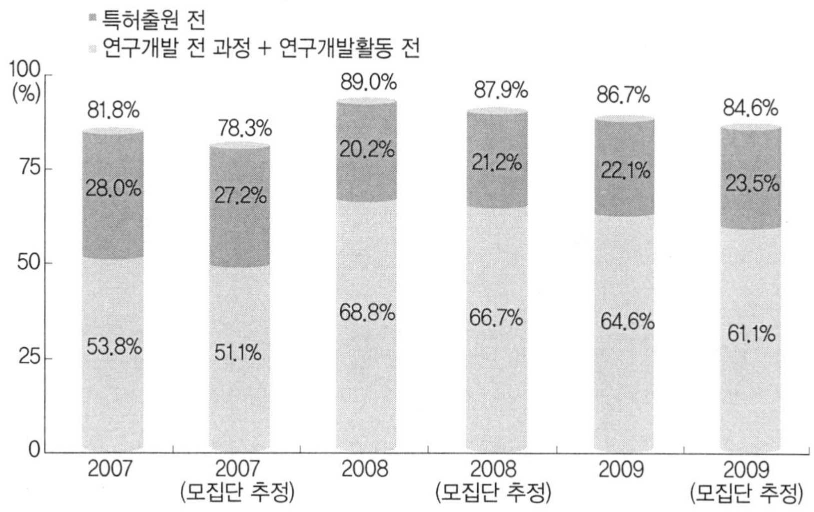

〈그림 7-5〉 연구개발 과정에서 특허정보 조사 · 활용 비율

정 시 55.4%)로 가장 많았으며, 기술개발 동향이나 신기술 정보수집 50.9%(모집단 추정 시 48.7%) 순이었다. 연구개발 투자 중복방지를 목적하는 경우도 41.2%(모집단 추정 시 37.1%)로 조사되었다. 반면에 연구개발 테마 선정을 목적으로 하는 경우는 12.9%(모집단 추정 시 11.5%)로 상대적으로 낮았다.

선행특허 조사를 포함하여 특허(기술)정보 조사를 하고 있는 경우 변리사 또는 변리사 사무소를 통해 조사하는 비율이 59.7%(모집단 추정 시 57.6%)로 가장 높은 것으로 나타났으며, 내부 인력과 자원을 활용하여 기업 자체적으로 조사하는 비율도 54.0%(모집단 추정 시 49.9%)로 높게 나타났다. 특히 대기업, 다출원기업, 연구개발비 규모가 큰 기업일수록 내부 인력과 자원을 활용하여 자체적으로 조사하는 비율이 높게 나타났다. 특허청 등이 구축, 공개하고 있는 특허 맵(Patent Map), 특허정보 조사자료 등을 활용하는 비율도 31.9%(모집단 추정 시 32.0%)로 높게 나타났지만 대학, 공공연구기관에 비해서는 그 활용도가 낮은 것으로 나타났다.

내부 인력과 자원을 활용하여 자체적으로 특허(기술)정보 조사를 하는 기업들은 조사를 위한 데이터베이스(DB)로 한국특허정보원의 KIPRIS(81.7%, 모집단 추정 시 78.5%)를 가장 많이 활용하고 있는 것으로 조사되었으며, WIPS(26.1%), PCT Patents(14.6%), WWP(World Wide Patents)(5.9%) 순으로 활용도가 높은 것으로 나타났다.

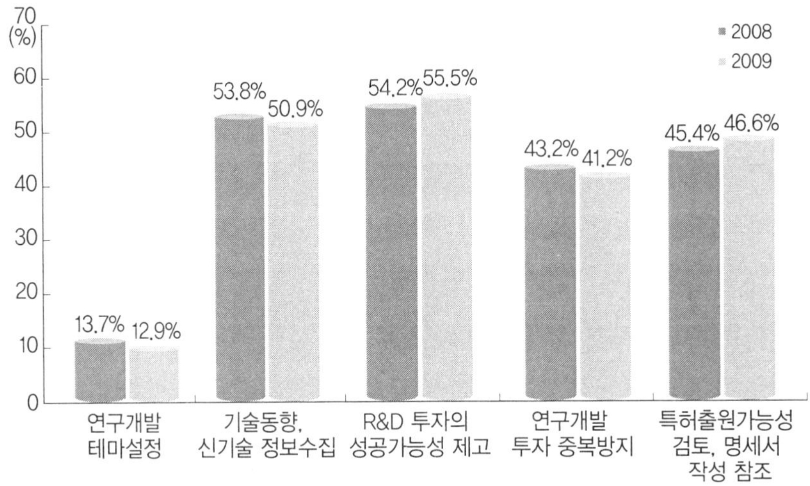

주: [(항목별 응답 기업 수)/(총 응답기업 수)] × 100(%)으로 집계한 값임(복수응답)

〈그림 7-6〉 연구개발 활동에 앞서 특허(기술) 정보를 조사 · 활용하는 목적

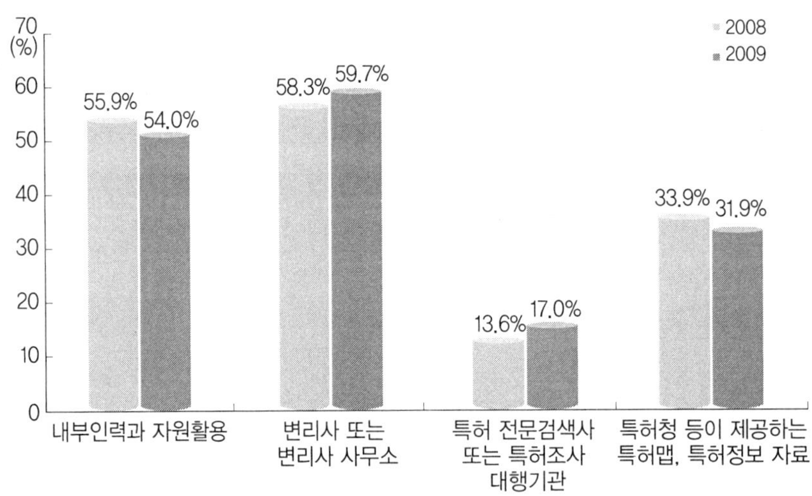

주: [(항목별 응답 기업 수)/(총 응답기업 수)] × 100(%)으로 집계한 값임(복수응답)

〈그림 7-7〉 특허(기술)정보 조사의 방법

7.4 특허정보 분석

오래 전부터 많은 분석자들에게 특허정보는 기술정보로, 그리고 경제적 지표로 활용되어 왔다. 최근에는 특허정보를 활용한 기술활동 성과를 평가하는 분석방법이 새로이 대두되고 있다. 1980년대 이후 특허자료 보관 및 검색 등에 있어 특허정보를 전자화된 형태로 사용할 수 있게 되면서 특허정보를 이용한 분석들은 더욱더 활발해지기 시작했다. 하지만 상당한 특허정보 분석결과들이 발표되는데도 그 분석에 적용된 방법론을 명확히 밝히지 않거나, 해당 분석방법론에 대해 세밀한 검토과정을 거치지 않은 분석결과들이 많은 것이 현실이다. 이러한 잘못된 분석결과들이 일반인들에게 전달되어 특허정보 분석에 대한 부정적인 인식을 불러일으킬 수 있는 원인이 되기도 한다.

특허정보 분석의 기초적인 방법론과 함께 언급될 수 있는 것은 특허분석을 위한 데이터베이스이다. 오늘날 여러 특허 정보업체와 각국의 특허청은 다양한 형태의 특허정보를 온라인 및 오프라인 어디에서나 접근할 수 있도록 제공하고 있다. 분석자들은 이러한 정보들을 알맞게 직접 가공을 하거나 분석목적에 맞게 데이터베이스를 선택하여 사용하면 된다.

우선 데이터베이스에서 특허정보 분석을 하기 위한 문제를 다루고자 한다. 여기서는 데이터 정비의 문제점과 분석대상인 데이터베이스 구성의 중요성에 대해 설명함으로써 특허 분석자가 앞으로 고려해야 하는 데이터 분야별 특성을 알아보고, 데이터의 구성 과정과 분석 데이터의 선택의 중요성을 강조한다. 이를 토대로 특허정보 분석을 위한 기초적인 방법론을 다루려고 한다. 즉 특허정보 분석의 시간적 기준과 주체적 기준 및 분석대상 집단의 구성에 대해 관련된 연구성과들과 해당 기준들의 특성 및 활용방법 등에 대해 살펴보기로 한다.

1) 특허정보 분석 개요

특허정보 분석은 기업의 경영전략과 국가의 기술개발정책을 수립할 때 축적된 특허정보데이터를 종합적으로 그리고 체계적으로 정밀 분석한 것을 기초자료로 활용하여, 앞으로의 기술경쟁력을 확보하기 위해 중점을 둘 연구분야를 찾고 R&D의 중복투자를 막으며, 점차 심해지고 있는 특허분쟁에 대비하는 능력을 키우는 것이 목적이다.

(1) 특허정보분석의 형태

① 특허정보의 원천

각 국가는 특허청에서 발행하는 특허공보를 특허정보의 기초자료로서 사용한다. 특허청에서 발간하는 특허공보 서지에 있는 출원일자, 발명자 정보와 발명에 대한 기술적 사상을 담은 기술적 사항에 대한 내용을 주로 이용한다. 이러한 특허공보는 특허정보의 기본적인 원천이다. 각 국가의 특허청은 그들의 특성에 맞는 특허시스템을 이용하여 특허권의 보유에 따른 심사 이력과 취득 그리고 이를 활용한 전반적인 정보를 포함하여 다양한 특허문헌을 관리하고 있다.

특허정보의 효율적인 분석을 위해서는 이러한 특허문서들의 내용, 양식, 구성 등을 정확하게 파악할 필요가 있으며 〈표 7-2〉는 다양한 특허정보의 원천을 정리한 것이다.

〈표 7-2〉 특허정보의 원천

특허정보의 원천	Patent Document	특허청에서 권리를 공식 인정받은 특허들에 대한 문서
	Auxiliary Document	다양한 목적과 내용을 가진 부수적 문서
	Proprietary Information	특허적용과 관련된 독점적 정보
	Licensing Information	특허권 라이선스하는 것과 관련된 정보
	Maintenance Information	특허권 유지와 관련된 정보

② 특허정보의 추출

특허정보의 추출은 크게 기술적 데이터 추출과 서지적 데이터 추출로 나뉠 수 있다. 특허정보 자료에 서술되어 있는 기술사상을 나타내는 데이터를 분석, 가공하는 것을 기술적 데이터 추출이라 하고, 특허정보 자료에 실린 일자, 번호, 인적, 분류 등 서지사항의 데이터를 분류, 정리하는 것을 서지적 데이터 추출이라고 한다.

〈표 7-3〉 특허정보 분석 데이터의 유형

	구분	서지적 데이터 추출	기술적 데이터 추출
특허정보 추출	분석항목	서지사항	기술사항
	항목특성	정형화된 항목	정리, 가공된 용어
	항목종류	일자, 번호, 인적, 분류, 지역 등	재료, 용도, 동력, 구조, 시간 등
	분석방법	분류, 정리	분석, 가공

③ 특허정보의 분석기법

■ 정량적 분석(Quantitative Analysis)

특허정보의 기술적 · 서지적인 데이터를 바탕으로 출원인, 출원건수, 기술분류, 발명자 등의 다양한 요소들이 조합을 이루어낸 통계적 분석을 의미한다. 수치적으로 데이터를 파악하여 양적 관계를 나타내는 분석방법이다.

■ 정성적 분석(Qualitative Analysis)

해당 특허 문헌에 나타나는 기술 사상 및 특허청구범위, 발명자 정보, 출원인 정보 등을 통합하여 수행되는 분석 방법이다. 즉 특허정보자료 내용의 바탕이 되는 기술적 사상의 실체적인 분석을 말한다.

■ 상관관계 분석

데이터 항목 간의 계수나 지수 등을 활용하여 분석을 한다.

④ 특허정보 분석의 목적별 유형

기업활동을 목적으로 하는 특허정보 분석 유형은 크게 기술정보적 활용을 위한 분석, 권리정보적 활용을 위한 분석, 경영정보적 활용을 위한 분석으로 분류할 수 있다. 특허정보분석은 그 분석 목적에 따라 다양한 유형으로 실행 될 수 있다.

기술정보적 활용을 위한 분석은 신상품을 개발하거나 기획하는 단계에서 주로 활용된다. 기술정보를 조사하여 기술의 공백과 기술이 미치는 효과를 파악하게 될 뿐만 아니라 중복 연구를 막고자 주로 사용되며 기술의 실질적인 연구를 맡는 기술자나 연구자의 업무를 지원할 때 매우 유용하게 활용된다.

권리 정보적 활용을 위한 분석은 기술 주제를 기술 관리의 강화를 위해 분석하는 것이며 주로 기술권리범위 확인, 특허취득 가능성 파악, 특허위상 평가, 특허망 구축에 활용된다. 특히 특허저촉에 관한 업무가 대기업에는 매우 중요한 영역이 되어, 이는 기술관리를 수행하는데 유용하게 활용될 수 있다.

경영 정보적 활용을 위한 분석은 특허정보를 연구개발이나 경영에 대한 전략을 짜기 위한 것이다. 즉 이는 경쟁 기업과 기술변화의 동향, 연구개발의 경쟁력을 파악하고 신시장을 개척하는 전략을 수립하기 위해 관련된 기업의 특허동향을 조사하는 것이다. 이 분석은 연구소나 기업을 경영하는 이들에게 상당히 유용하다.

(2) 특허맵(Patent Map: PM)

특허맵은 각종 서지사항으로 되어 있는 특허정보를 분석항목으로 정리한 후 특허정보에서 기술적인 부분들을 분석항목으로 가공하여 특허정보만 가지는 권리정보의 특징을 효율적으로 나눈 결과를 표로 나타낸 것이다. 간단히 말해, 특허정보분석을 통하여 나온 결과물이라고 할 수 있다.

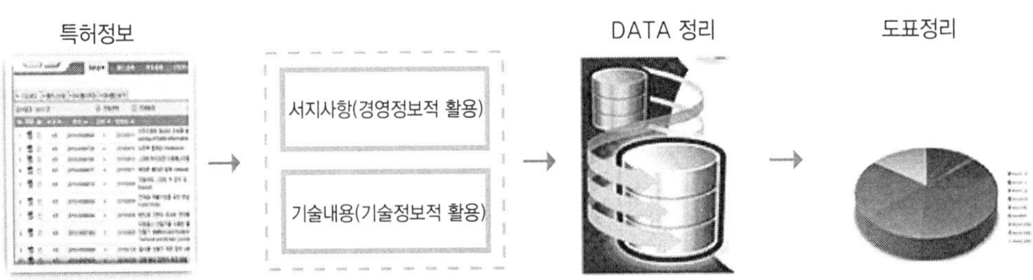

〈그림 7-8〉 특허맵 개념도

2) 기술분류표 작성

특허정보분석 목적은 매우 다양하기 때문에 목적에 적합한 분석방법과 범위를 정하는 것이 중요하다. 분석의 대상이 되는 기술의 범위는 특허정보분석 목적에 따라서 여러 영역을 포함하는 광범위한 범위부터 세부적이고 구체적인 영역까지 다양할 수 있다. 그리고 데이터를 추출할 때 중점적으로 살펴보아야 할 것은 분석 목적에 알맞은 기술적 사상을 어떤 특허가 가지고 있느냐의 여부이다. 이를 더 확실하게 알기 위해서는 우선 분석대상 기술에 대해 분석자가 정확하게 이해하고 있어야 한다. 즉 어떤 기술 사상에 대해 어느 범위까지의 기술을 분석해야 하는지 확실하게 설정해야만 하는 것이다. 그러므로 분석대상기술을 정하게 되면 분석자는 그 대상 기술의 전체적인 기술적 사상을 확실하게 이해한 후 필요한 기술들을 파악하여, 기술의 분석 범위를 어디까지 할 것인지 결정하면 된다. 이 과정을 좀더 효과적으로 이행하기 위해서는 분석대상의 기술을 크게 대표적인 기술로 나눈 후, 각 기술들의 세부기술들을 나열하여 살펴보면 된다. 분석자는 이처럼 분석 대상의 기술을 세부적으로 구체화하여 자신이 분석하려는 대상의 기술에 대해 좀 더 명확한 기술의 범위 내에서 분석할 수 있고, 이렇게 특허정보가 분류된 것을 활용하여 분석을 이행하면 각 세부 기술과 기술별 분석 및 비교를 좀더 쉽게 할 수 있다.

분석대상기술에 대해 확실한 이해가 되어있어야만 기술분류를 더 명확하고 효과적으로 나눌 수 있기 때문에 해당 기술 분야에 전문적인 지식을 가지고 있는 전문가와 특허정보분석의 전문가에게 상담을 받은 후 기술분류를 하는 것이 권장된다.

분석할 대상 기술의 범위가 확정되면 분석자는 먼저 이를 바탕으로 기술분류표를 작성하게 된다. 분석대상 기술을 분류하는 방법은 먼저 분석대상 기술의 근간을 이루는 주요 요소 기술을 파악하고 이들을 기준으로 하여 각 요소 기술별로 다시 세부 기술 분야로 분류하는 것이 일반적이다.

기술분류표는 분석해야 할 기술의 범위를 정해진 것을 토대로 분석자에 의해 작성된다. 분석대상의 기술을 분류하는 일반적인 방법은 우선 분석대상 기술에 바탕이 되는 주된 요소 기술을 알아본 후 이를 기준으로 하여 각 요소 기술별을 세부 기술 분야로 쪼개서 분류하는 것이다.

가장 일반적으로 분석대상 기술을 요소기술로 분류하는 방법은 특정 물품에 관한 기술이 분석대상일 경우에는 물품을 구성하고 있는 요소별로 구분하는 방법과 제조방법이 일련의 프로세스로 구성된 기술 분야는 대표적 공정 단계별로 나누어 관련 특허를 분류하는 방법이 있다.

그 외에도 특허정보분석은 특정 물품의 구성과 용도나 제조방법의 특징이나 물품을 이루고 있는 구성성분이나 재료에 따라 특징이 달라지는 기술에 대해 필요할 수 있으며, 기술분류는 경우에 따라 다르긴 하지만 분석목적에 가장 알맞은 결과가 나오게 하기 위해서는 분석대상기술의 명확한 이해가 바탕이 된 체계적인 구성이 바람직하다.

〈표 7-4〉 산업기술분류표 (대분류: 기계.소재)

중분류	소분류	중분류	소분류
정밀생산기계	절삭 가공기계	산업/일반기계	농업기계
	연삭/연마 가공기계		인쇄/섬유기계
	광 에너지 응용 가공기계		식품포장기계
	전기/화학 에너지 응용 가공기계		건설/광산기계
	수치제어장치		일반가공기계
	프레스 기계		방재소방기계
	사출 기계		운송하역기계
	CAD/CAM 관련 S/W		정보산업장비
	기타 정밀생산기계 관련기술		산업/일반기계관련 S/W
자동차/철도차량	엔진 및 동력전달장치		기타 산업/일반기계 관련기술
	전기 및 전자장치	조선/해양시스템	선박소재/구조기술
	차체 및 경량화 기술		선형 개발/성능해석기술
	공조기술		주기/보기 및 추진계통부품
자동차/철도차량	차량운동성능 및 진동/소음저감 기술		갑판설비 및 항해통신장치
	안전도 향상기술		선박생산시스템/건조공법
	차량 지능화 기술		해양구조물/설비기술
	철도차량 추진/제어기술		해양레저 및 탐사장비
	시스템 통합기술		해양 환경/안전설비
	저공해 및 대체에너지 차량기술		조선/해양시스템관련 S/W
	기타 자동차/철도차량 관련기술		기타 조선/해양 시스템 관련기술

대분류	중분류	대분류	중분류
에너지/환경 기계시스템	공기조화/냉동기계	항공/우주 시스템	고정익/회전익 항공기 기체
	보일러/로설비		고정익/회전익 항공기 동력장치
	유체기계		고정익/회전익 항공기 기계시스템
	수처리 설비		고정익/회전익 항공기 전기전자시스템
	폐기물 처리설비		인공위성체/탑재체 시스템
	대기오염 방지 설비		액체 추진제 발사체 시스템
	건조/농축 설비		고체 추진제 발사체 시스템
	에너지/환경 제어설비		항공우주 지상설비 시스템
	IBS/HA 시스템 기술		항공/우주 시스템 관련 S/W
	에너지/환경 기계 시스템 관련 S/W		기타 항공/우주 시스템 관련기술
	기타 에너지/환경 기계 시스템 관련기술	나노 · 마이크로 기계시스템	나노마이크로 센서
요소부품	체결용 요소부품		초소형 구동장치
	전동용 요소부품		초소형 디바이스
	완충/제동용 요소부품		초소형 가공 · 조립 · 측정기술
	회전축용 요소부품		시스템 특성분석 · 신뢰성 평가기술
	배관용 요소부품		시스템 집적화 기술
	유공압 부품		시스템 통합화 기술
	액츄에이터		나노 마이크로기계시스템 관련 S/W
	절삭/연삭공구		기타 나노 마이크로기계시스템 관련기술
	치공구	금속재료	구조재료
	금형		기능재료
	요소부품 관련 S/W		복합재료
	기타 요소부품		재료공정기술

로봇/자동화 기계	로봇 설계기술	금속재료	기계/전자부품소재기술
	로봇 제어 및 지능화기술		에너지소재기술
	로봇 비젼 및 생산자동화 기술		생체재료기술
	기계 자동화 기술		금속정제/회수기술
	조립/정밀 이송기술		재료분석/평가기술
	자동화 관련 계측/센서 기술		기타 금속재료 관련기술
	로봇/자동화기계 관련 S/W		
	기타 로봇/자동화기계 관련기술		

3) 데이터 추출 및 처리방법

(1) 검색식 작성 및 데이터 추출

① 검색필드

특허정보분석의 목적은 기존의 기술에 대한 이해도와 특허정보검색 시스템의 이해를 통하여 특허전략 수립과 특허맵 작성을 원할히 하기 위함이라고 할 수 있다. 이를 위하여 검색자는 특허정보의 구성원리와 원칙을 잘 이해하고 있어야 목적에 부합하는 특허정보를 추출할 수가 있다. 특허정보를 추출하는 검색단계에서는 검색필드라는 개념에 대하여 정확히 알고 있어야 한다. 검색필드란 각각 특정한 특허 정보를 가지고 있는 필드를 나타내는 것으로 검색필드가 어떤 종류이고 각각이 어떤 정보를 포함하고 있는지 충분히 알고 있으면 분석목적에 알맞게 검색필드들을 여러 가지 조합을 통해 검색하여 원하는 특허정보만을 더 쉽게 추출할 수 있다. 일반적으로 사용되는 검색필드는 국가별로 FI · F-Term · IPC · UPC과 같은 고유분류체계도가 있는 기술범위 한정필드와 발명의 명칭 · 청구항 · 요약 · 발명의 상세한 설명이 있는 기술내용 한정필드 그리고 출원번호 · 출원일 · 출원인 · 출원인 국적 · 발명자 · 우선권 주장국 · 우선권주장일 · 공개번호 · 공개일 · 등록일 등이 있는 특허권리 한정필드가 있다.

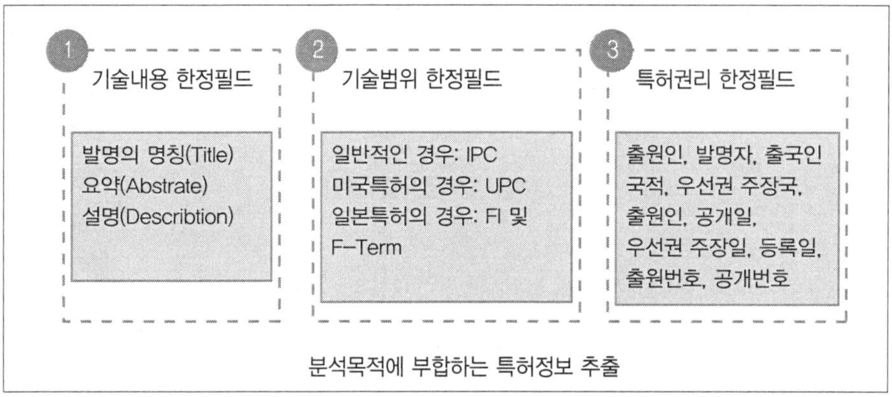

〈그림 7-9〉 검색필드

② **검색식 작성과 Raw-Data 추출**

효과적인 특허정보 분석을 하기 위해서는 그 기술에 대한 기술사상을 알고 정보분석 목적에 대한 확실한 이해가 선행되어야 한다. 분석목적에 따라서 위에서 설명한 여러 가지 필드를 적절히 조합한 검색식을 사용하면 목적에 맞는 자료들만 검색할 수 있다. 따라서 검색필드를 조합한 검색식 작성이 매우 중요하다.

그리고 다양한 검색필드를 사용하여 검색식을 작성할 때 연산자에 대해 제대로 이해하는 것 또한 중요하다. 연산자는 각각의 검색조건 사이의 관계를 결정해주는 것을 이행하는 기호이며 연산자가 어떻게 조합되느냐에 따라 검색 결과가 달라진다. 〈표 7-5〉는 특허정보 분석을 수행할 구성요소로 '특허분석시스템 및 방법'을 지정한 후 한글과 영어로 된 검색어를 지정한 것이다.

〈표 7-5〉 특허검색을 위한 검색어

구성요소	검색어 확장 (한글)	검색어 확장 (영어)
특허분석 시스템 및 방법	특허데이터, 특허정보, 특허분석, 데이터 마이닝, 텍스트 마이닝, 특허지도	Patent data, Patent information, Patent analysis, data mining, Text mining, Patent map, PM

구성요소에 관한 특허를 검색하기 위하여 〈표 7-5〉의 검색어를 이용한 키워드 검색식은 다음 〈표 7-6〉과 같다.

〈표 7-6〉 특허 및 논문 검색을 위한 검색식

검색 DB	검색식
KIPRIS	(AB=[특허*(정보+데이터+자료)])*(분석+마이닝+맵)
KIPRIS 해외 특허	AB=[patent*(analysis+mining+map)]

〈표 7-6〉의 검색식을 이용하여 검색한 최종 결과는 다음 〈표 7-7〉과 같이 정리된다. 검색된 특허는 일반적으로 엑셀 워크시트로 다운로드 받을 수 있으며 검색자의 기호에 따라 시트를 삭제, 수정 그리고 추가할 수 있다. 정리된 엑셀 워크시트는 정량분석과 정성분석의 데이터로 활용된다.

〈표 7-7〉 검색결과

검색 DB	검색결과	검색된 총 건수
KIPRIS	국내특허: 특허+실용, 출원/등록상태	149
KIPRIS 해외특허	해외특허: 미국공개(UO)+미국등록(UP)	135

(2) 데이터 처리

데이터의 형식이 특허정보데이터베이스와 검색서비스 사이트에 따라 다를 수 있기 때문에 제공되는 데이터 형식을 확인 한 후에 특허정보 분석에 적합한 형태로 정리하는 작업이 필요하다. 이때, 특허정보 데이터베이스는 Raw-Data 형식으로 정보를 제공한다. Raw-Data는 다양한 형식의 파일로 다운받을 수 있지만 일반적인 방법으로 엑셀 워크시트의 형식으로 다운받은 데이터를 취합하는 것이 가장 효과적이다. 왜냐하면 각 특허정보에 들어있는 기술적 사상과 각종 서지적 사항 등에 기초한 통계적 분석을 병행하는 것이 대부분인 특허정보 분석을 수행하기 위해서이기 때문이다. 엑셀 워크시트의 형태로 다양한 검색필드에 해당하는 내용들을 검색자의 선택에 따라 KIPRIS나 WIPS 같은 사이트에서 검색된 결과를 정리하여 다운로드받을 수 있다.

분석대상기술에 대해 충분히 이해를 한 후 분석목적에 알맞게 검색필드를 조합한 검색식을 작성하여 추출된 데이터여도 분석하려는 기술과 전혀 관계없고 의미없는 데이터가 존재할 수밖에 없다. 이런 데이터가 존재할 수밖에 없는 까닭은 검색식의 범위가 약간 넓게 설정되어 있기 때문이다. 검색식의 범위를 넓게 설정하는 이유는 특허정보 분석을 하기 위해 필요한 특허정보가 누락되는 것을 최소화하기 위함이기 때문이고 이 과정에서 불필요한 데이터인 노이즈가 추출되는 것은 당연한 결과라고 할 수 있다. 따라서 Raw-Data를 다운받은 분석자는 이를 검토한 다음 가치의 유무에 따라 데이터를 가려내고 가치가 없는 것은 가차 없이 제거하여 분석에 사용될 분석대상 데이터를 확정하여야 한다. 분석대상 데이터를 확정하는 여러 방법 중 신뢰도를 가장 높게 할 수 있는 방법은 해당기술 분야의 전문가가 일일이 추출된 데이터의 기술내용 검색필드에 수록된 내용을 직접 검토하여 분석 대상의 타당한 데이터를 선별하는 것이다. 이 방법은 노이즈가 포함되는 것을 최대한 줄일 수 있어서 확정된 분석대상 데이터를 이용한 분석의 신뢰도가 아주 높아지긴 하지만 엄청난 노력과 시간이 들어가는 단점을 가지고 있다. 분석데이터가 확정이 되면 분석자는 최종적으로 확정된 분석대상 데이터를 분석 초기 단계에서 설정한 기술분류와 관련된 필드에 추가한 후 확정된 데이터를 각 국가별, 출원일별, 기술분류별 등으로 다시 편집하여 정리한 후 저장한다. 〈그림 7-8〉은 'Patents in Biotechnology' 분야에서 '공개 AND 등록'의 검색문을 사용하여 얻은 특허데이터를 엑셀 워크시트에 국가별 그리고 기술 분류별로 정리한 파일의 한 예이다.

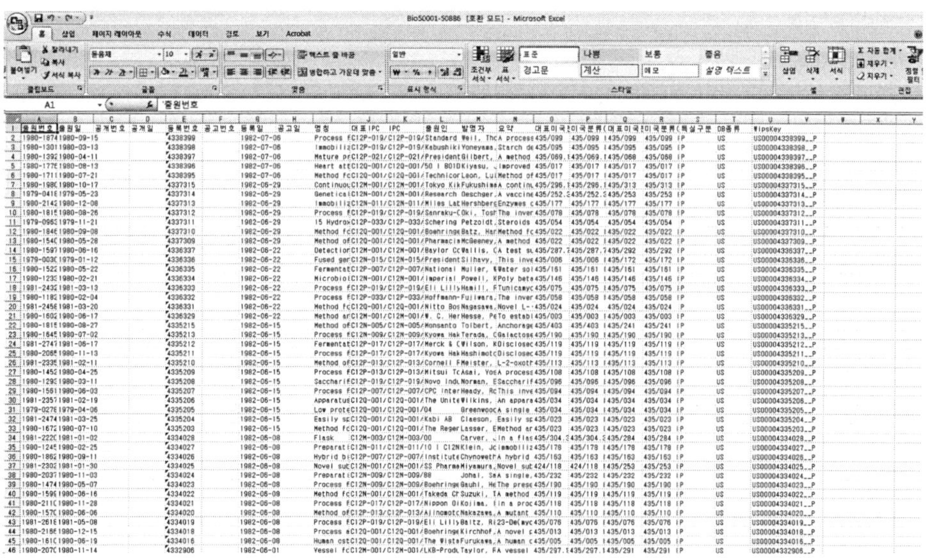

〈그림 7-10〉 'Patents in Biotechnology' 분야의 특허데이터

먼저 분석대상 데이터가 확정되면 국가별, 기술 분류별로 정리한 후, 데이터에 일정한 코드를 부여한다. 코드를 부여하는 것은 데이터의 가독성을 높이고 데이터 분리를 편하게 하며 데이터 파일의 화면 구성을 정리하기 위한 목적을 가진다. 이렇게 데이터를 확정하면 워크시트 형태로 보관할 수 있고 이를 여러 통계적 분석에 효과적으로 활용할 수 있다. 하지만 각각의 특허의 내용을 뒷받침하는 기술적 사상과 각 특허의 기술적 특징을 좀더 상세하게 분석하려고 할 때는 워크시트 파일로 정리된 경우 기술내용 검색 필드의 내용을 한번에 파악하는 것이 쉽지 않으며, 모니터 화면을 통해 그 내용을 검토하기에는 워크시트의 특성 때문에 상당히 불편하다는 단점을 가지고 있다. 그러므로 주요 특허에 관해서는 발명의 기술적 특징을 알아볼 수 있는 기본적 서지정보와 대표청구항 그리고 대표도면과 같은 몇 가지 중요한 사항들의 기술정보를 더 쉽게 파악할 수 있도록 정리하는 것을 권한다. 따라서 데이터를 정리하거나 편집하기 위해 널리 사용되는 특허정보 분석 프로그램을 이용하면 좀더 편리하게 해결할 수 있을 것이다. 방법적인 측면에서는 각 특허에 대한 독립적인 표를 하나씩 작성하는 방법 등 분석자가 선호하는 방법이 많이 존재할 수 있을 것이다.

4) 정량적 분석

정량적 분석은 서지적 데이터인 특허분류, 특허정보의 출원인수, 출원건수 등을 수량적으로 분석하는 것으로 통계분석이라 불리기도 한다. 이는 일반적으로 연도, 출원인, 기술의 상관관계에 따라 매트릭스맵(Matrix Map)으로 작성한다. 작성결과 분석에 있어서 단순히 숫자로 인식을 하게 될 수도 있을 것이다. 하지만 정량적 분석은 기술개발에 대한 내용을 명확한 숫자로 나타내줄 수 있고 그 결과 이면에는 여러 흐름과 상황을 내포하고 있다. 따라서 우리는 정량적 분석 결과에 주목을 할 필요가 있다. 정량적 분석 중에 출원 동향의 파악이 가능한 특허출원건수에 대한 분석이 대표적이며 여기서는 특허출원건수가 요소이며 국가별 출원건수, 특정 국가에 출원된 다른 국가의 출원건수, 기술에 대한 전체적인 출원건수, 출원인별 출원건수, 출원인의 기술별 출원건수, 발명자별 출원건수, 특정국가에서의 출원인별 출원건수 등이 있다.

그래프로 표현하는 것이 정량적 분석을 사용하는 사용자의 이해를 돕기 위해 가장 일

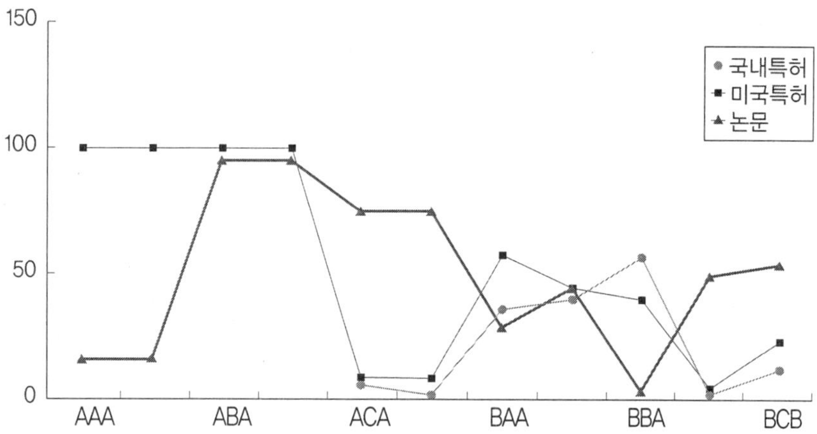

〈그림 7-11〉 특허와 논문의 분류코드별 비율비교(%)

반적으로 쓰이는 방식이며 그래프를 선택할 때 표현하려고 하는 방법과 분석하려고 하는 내용에 맞춰 그래프의 종류를 결정하는 것이 가장 중요하다. 그래프에는 선그래프, 막대그래프, 원그래프, 면적그래프, 체적그래프 등이 있다. 각각의 그래프와 종류에는 장단점이 있고 특징이 있다. 분석자는 상황에 맞추어 알맞은 그래프를 선택하여 분석내용을 표시하면 된다. 또 2차원보다는 3차원 그래프를 사용하는 것이 시각적으로 분석을 용이하게 하며 하나의 그래프보다는 여러 개의 그래프나 표를 첨부하여 혼용된 형태의 그래프를 작성하는 것이 한눈에 특징을 파악할 수 있게 한다.

〈그림 7-11〉을 보면 특허와 논문의 분류코드별 비율을 비교한 것을 한눈에 알 수 있다. 위 그림을 보면 국내특허와 미국특허의 기술분류에 따른 패턴은 유사하나, 논문은 다른 패턴을 그리고 있으며 특허 데이터에 관하여 고도의 분석을 가능하게 하는 ACB, BCA, BCB의 기술에 대한 연구가 많다는 것을 알 수 있다.

〈표 7-8〉은 국내특허에 대한 매트릭스 분석결과이다. 매트릭스 분석에서 열은 데이터 처리기술(A)에 관한 것이고, 행은 데이터 분석기술(B)에 관한 것이다. 각 셀(cell)은 교차되는 기술을 모두 포함하는 특허의 건수를 표시하고 있다. 특히 고도의 통계분석을 이용한 예측모형의 구축에 관한 기술은 아직 나타나고 있지 않음을 알 수 있다. 아울러 이를 위하여 사전에 준비해야 하는 분석 데이터 셋의 구축기술도 마찬가지로 개발되지 않고 있음을 알 수 있다.

〈표 7-8〉 국내특허 매트릭스 분석

	BAA	BAB	BBA	BCA	BCB
AAA	6	7	10	0	2
AAB	6	7	10	0	2
ABA	6	7	10	0	2
ABB	6	7	10	0	2
ACA	0	0	0	0	0
ACB	0	0	0	0	0

5) 정성적 분석

정성적 분석은 데이터의 내용을 파악하고 분석하는 것이다. 분석내용과 효과는 특허전략과 목적에 적합하게 작성해야 한다. 이것이 중요한 이유는 분석 대상의 기술 분야의 중요 특허와 연구프로젝트를 통하여 발생한 특허와의 사이에서 발생할 수 있는 분쟁특허를 찾아내어 사전에 문제를 해결할 수 있는 방법을 모색해야 하기 때문이다. 또특허의 권리기간과 기술적 내용들과 함께 전반적인 분석을 하면 적은 기간과 비용으로 프로젝트의 수행 방향을 정할 수 있기 때문이다.

(1) 핵심특허 선별

핵심특허 선별은 해당 기술분야의 전문가가 내용을 분석한 후 선정되게 된다. 전문가의 내용 분석에 앞서 보통 특허의 피인용수, 특허건수, 특허 청구항 수 등을 고려해 선정된다([더 알아보기 4.4] 참조).

(2) 기술흐름분석

위의 핵심 특허 선별 과정에서 나온 특허를 연도별로 전개하면 기술이 시간에 따라 어떻게 발전했는지를 시계열 관점에서 한눈에 볼 수 있다. 이것은 시계열에 따라 선정된 핵심특허가 어떠한 기술별로 전개되었는지를 나타낼 수 있고, 이 데이터를 통하여 기업의 기술개발의 변천사와 내력을 파악할 수 있다. 선정된 핵심특허의 시계열별, 기술별로 전개하여 도시화 한 것을 기술발전도라고 한다. 기술발전도에는 선정된 핵심 특허의 서지사항인 등록번호나 출원번호, 출원인 등의 내용을 간단하게 기록하여 정보 전달을 용이하게 하는 것이 좋다. 기술발전도의 종류에는 시계열적 발전도, 관련 특허 발전도, 주요 출원인별 발전도, 기술분야별 발전도, 인용관계를 이용한 발전도 등이 있다.

(3) 요지리스트

요지리스트는 사용자가 기술분야별로 선정된 핵심특허를 쉽게 파악할 수 있도록 하기 위하여 핵심사항만을 리스트 형식으로 작성한 것이다. 요지리스트에는 서지적 사항인 기술분류, 문헌 종류, 문헌 발행국, 출원번호, 출원일자, 우선권 주장번호, 발명명칭, 발명내용, 청구항, 도면 등 발명 내용을 기재한다. 또는 특허 기술별로 특허 리스트를 작성하기도 하고, 국가별로 특허 리스트를 작성하여 추가하기도 한다.

더 알아보기 7.5 특허선별 시 활용지수들

1. 특허 당 피인용수(CPP)

특허 당 피인용수는 분석 대상의 특허가 이후의 기술혁신 활동에 어느 정도 영향을 미쳤는지를 보여주는 지표이다.

$$CPP_t = \frac{\sum_{i=1}^{n_t} C_i}{n_t}$$

n_t : t연도에 등록된 특허 건수

C_i : i 특허의 피인용 수

2. 특허영향 지수(PII)

특허영향 지수는 특정 국가 또는 기업의 기술혁신 성과의 질적 수준을 평가하기 위해 사용될 수 있는 지표이다.

$$PII_a = \frac{CPP_a}{CPP_b} = \frac{\frac{C_a}{N_a}}{\frac{C_t}{N_t}}$$

C_a : a의 특허 피인용 수

N_a : a의 특허 수

C_a : 전체 특허 피인용 수

N_t : 전체 특허 수

3. 현재영향 지수(CII)

현재영향 지수는 특정 국가 또는 기업의 현재 시점에서의 기술적 영향력을 파악하기 위한 지표이다.

$$CII = \frac{\sum_{t=1}^{5}\left[\frac{\frac{c_t}{n_t}}{\frac{C_t}{N_t}} \times n_t\right]}{\sum_{t=1}^{5} n_t}$$

t : 현재 연도를 기준으로 과거 5개 연도

c_t :국가 또는 기업의 t연도 특허가 현재 연도에 인용된 전체 회수

n_t : 국가 또는 기업의 t연도 특허건 수

C_t : t연도의 전체 특허가 현재 연도에 인용된 전체 회수

N_t : t연도의 전체 특허 건수

4. 기술력 지수(TS)

기술력 지수는 특정 국가, 기관의 기술적 역량을 알아보기 위해 사용되는 지표이다.

$$TS_i = CII_i \times N_i$$

CII_i : 해당 연도 i의 CII 값

N_i : 해당연도 i의 특허 건수

5. 과학연계 지수(SL)

과학연계 지수는 특허가 가지고 있는 기술이 과학의 연구성과들과 얼마나 관련을 맺고 있는가를 보여주는 지표이다.

$$SL_t = \frac{\sum_{i=1}^{n_t} S_i}{n_t}$$

n_t : t연도에 등록된 특허 건수

S_i : i 특허가 인용한 과학기술 논문 수

6. 특허 당 청구항 수(AvgClaims)

특허 당 청구항 수는 해당 특허의 혁신성과 측정을 하는 지표로 사용된다.

$$AvgClaims_t = \frac{\sum_{i=1}^{n_t} C_i}{n_t}$$

부록. 특허명세서의 예

다음은 '광학 문자 인식 시스템 및 방법'이란 발명의 명칭으로 본 책의 공저자인 장동식 외 박상성, 신영근, 정원교, 장진우, 이경호가 발명자로서 2008년 5월 28일 출원한 출원번호 2008-0049655호인 명세서의 일부이다.

/요약서/

【요약】

광학 문자 인식 시스템 및 방법이 개시된다. 광학 문자 인식 시스템은 문서 형식 설정부, 이미지 등록부, 문자 인식부 및 데이터 저장부를 포함한다. 문서 형식 설정부는 문자 인식을 하고자 하는 문서의 형식 및 문서에서 문자 인식을 수행하고자 하는 인식 영역을 설정하며, 이미지 등록부는 문자 인식을 수행할 문서 이미지를 입력한다.

– 중략 –

【대표도】

도 1

【색인어】

OCR, 광학 문자 인식, 인식 영역

/명세서/

【발명의 명칭】

광학 문자 인식 시스템 및 방법(System and method for recognizing optical characters)

【발명의 상세한 설명】

【기술분야】

본 발명은 광학 문자 인식 시스템 및 방법에 관한 것으로, 더욱 상세하게는 문자 인식을 하고자하는 영역을 미리 설정하여, 입력된 문서에서 설정된 영역만을 문자 인식하기 위한 광학 문자 인식 시스템 및 방법에 관한 것이다.

【배경기술】

최근 들어 문서나 서류 등의 보관에 대한 중요성이 커지고 있다. 그리하여 종이의 형태로 관리하던 문서나 서류들을 편리하게 관리하기 위해 전자화시키고 있는데, 이러한 종이로 되어 있는 서류들을 전자화시키기 위해서는 사람들이 해당 서류를 보고 직접 수작업으로 일일이 입력해야 한다는 번거로움이 있었다.

– 중략 –

/발명의 내용/

【해결하고자 하는 과제】

본 발명은 이와 같은 종래의 문제점을 해결하기 위해 안출된 것으로서, 입력된 임의의 문서가 인식 영역이 설정된 문서 형식에 해당될 경우, 필요한 부분만을 빠르게 인식할 수 있어 문자 인식의 효율성을 높이고, 대량으로 문자 인식을 가능하게 하기 위한 광학 문자 인식 시스템 및 방법을 제공하는 것을 목적으로 한다.

【과제 해결 수단】

상기 목적을 달성하기 위해 본 발명에 따른 광학 문자 인식 시스템은 문서 형식 설정부, 이미지 등록부, 문자 인식부 및 데이터 저장부를 포함한다.

문서 형식 설정부는 문자 인식을 하고자 하는 문서의 형식 및 문서에서 문자 인식을 수행하고자 하는 인식 영역을 설정하며, 이미지 등록부는 문자 인식을 수행할 문서 이미지를 입력한다.

– 중략 –

【효과】

본 발명은 정형화된 문서 양식에 사용자가 기재한 문자의 인식을 수행함에 있어서, 정형화된 양식 중 사용자가 기재하는 영역을 문자 인식 대상 영역으로 사전에 설정하고, 문자 인식을 수행할 때 문서 양식 전체에 문서 인식을 수행하는 대신에 문자 인식 대상 영역에 대해서만 문자 인식을 수행함으로써 문자 인식 속도를 향상시키고 더 정확한 문자 인식이 가능하게 되어, 전체적으로 문자 인식의 효율을 향상시킬 수 있다.

【발명의 실시를 위한 구체적인 내용】

이하, 첨부된 도면을 참조하여 본 발명의 바람직한 실시 예를 설명한다. 발명의 이해를 더욱 명확하게 하기 위해 동일한 구성요소에 대해서는 상이한 도면에서도 동일한 부호를 사용하도록 한다.

도 1은 본 발명에 따른 광학 문자 인식 시스템의 일 실시 예의 개략적인 블록도이다.

문자 인식을 하고자하는 영역이 미리 설정된 문서 형식을 이용하여, 입력된 문서 이미지에서 설정된 영역만을 문자 인식하기 위한 광학 문자 인식 시스템은 문자 학습부(100), 문서 형식 설정부(200), 이미지 등록부(300), 문자 인식부(400) 및 데이터 저장부(500)를 포함한다.

– 중략 –

【수학식 1】

$$MSE = \frac{1}{MN}\sum_{i=0}^{M}\sum_{j=0}^{N}[|T(x_i, y_j) - I(x_i, y_j)|]$$

MSE값을 구하는 수학식은 위와 같고, T는 타깃(Target)으로, 20×30으로 정규화된 학습한 문자의 기준 값을 의미하고, I는 입력(Input)으로, 20×30으로 정규화된 입력 문서

이미지의 그룹화된 픽셀을 의미한다.

상기 수학식 1을 상세히 서술해보면, *MSE*값은 각 픽셀별로 타깃에서 입력의 픽셀 값을 뺀 값의 절대 값을 모두 합한 다음, 20×30으로 정규화된 하나의 이미지를 구성하고 있는 픽셀의 총 개수로 나누었을 때의 평균값을 의미한다.

즉, *MSE*값이 클수록 타깃과 입력의 픽셀 오차가 크다는 것으로 간주할 수 있고, *MSE*값을 백분율로 나타내어 그 값이 사전에 정의된 오차 범위(예컨대, 25%)를 초과할 경우에는 기준 값에 해당하는 문자가 아닌 것으로 간주할 수 있다.

예컨대, 도 8을 참조하여 *MSE*값을 구해보면, $M \times N = 20 \times 30 = 600$이므로, 20×30의 이미지는 600개의 픽셀로 구성되어 있음을 알 수 있다.

각 픽셀별로 타깃에서 입력의 픽셀 값을 뺀 값의 절대값을 계산해보면,

$$
\begin{aligned}
&|T(x_6y_{11}) - I(x_6y_{11})| = 1, \quad |T(x_7\,y_{12}) - I(x_7\,y_{12})| = 1, \quad |T(x_8\,y_8) - I(x_8\,y_8)| = 1,\\
&|T(x_8\,y_9) - I(x_8\,y_9)| = 1, \quad |T(x_{11}y_8) - I(x_{11}y_8)| = 1, \quad |T(x_{11}y_9) - I(x_{11}y_9)| = 1,\\
&|T(x_{14}y_{17}) - I(x_{14}y_{17})| = 1, \quad |T(x_{15}y_{16}) - I(x_{15}y_{16})| = 1, \quad |T(x_{15}y_{20}) - I(x_{15}y_{20})| = 1,\\
&|T(x_{16}y_{19}) - I(x_{16}y_{19})| = 1, \quad |T(x_{16}y_{23}) - I(x_{16}y_{23})| = 1, \quad |T(x_{17}y_{22}) - I(x_{17}y_{22})| = 1
\end{aligned}
$$

이미지에서 굵게 표시된 픽셀들의 계산 값을 의미함)을 제외한 나머지 픽셀의 계산 값은 0이므로, 절대값의 합은 12이다.

즉, 12/600을 백분율로 고치면 2%가 나와 25%를 초과하지 않으므로 도 8에 도시한 문서 이미지는 타깃 이미지에 해당하는 문자로 간주되어 문자 인식될 수 있다.

상술한 단계를 거쳐 문자 인식이 완료된 입력 문서는 데이터 저장부(500)에 저장된다(S900).

또한 본 발명은 컴퓨터로 읽을 수 있는 기록매체에 컴퓨터가 읽을 수 있는 코드로서 구현하는 것이 가능하다. 컴퓨터가 읽을 수 있는 기록매체는 컴퓨터 시스템에 의하여 읽혀질 수 있는 데이터가 저장되는 모든 종류의 기록 장치를 포함한다. 컴퓨터가 읽을 수 있는 기록매체의 예로는 ROM, RAM, CD-ROM, 자기테이프, 플로피디스크, 광데이터 저장장치 등이 있으며, 또한 캐리어 웨이브(예를 들어 인터넷을 통한 전송)의 형태로 구현되는 것도 포함한다. 또한, 컴퓨터가 읽을 수 있는 기록매체는 네트워크로 연결된 컴퓨터 시스템에

분산되어, 분산방식으로 컴퓨터가 읽을 수 있는 코드가 저장되고 실행될 수 있다.

이제까지 본 발명에 대하여 그 바람직한 실시 예들을 중심으로 살펴보았다. 본 발명이 속하는 기술분야에서 통상의 지식을 가진 자는 본 발명이 본 발명의 본질적인 특성에서 벗어나지 않는 범위에서 변형된 형태로 구현될 수 있음을 이해할 수 있을 것이다. 그러므로 개시된 실시 예들은 한정적인 관점이 아니라 설명적인 관점에서 고려되어야 한다. 본 발명의 범위는 전술한 설명이 아니라 특허청구범위에 나타나 있으며, 그와 동등한 범위 내에 있는 모든 차이점은 본 발명에 포함된 것으로 해석되어야 할 것이다.

/특허청구범위/

【청구항 1】

문자 인식을 하고자 하는 문서의 형식 및 상기 문서에서 문자 인식을 수행하고자 하는 인식 영역을 설정하는 문서 형식 설정부;

문자 인식을 수행할 문서 이미지를 입력하는 이미지 등록부;

상기 문서 이미지가 상기 문서 형식 설정부에서 설정된 문서의 형식에 해당할 경우, 상기 인식 영역 내의 문자를 문자 학습에 의해 생성된 기준 값과 비교하여 인식하는 문자 인식부; 및

상기 문서 형식 설정부, 상기 이미지 등록부 및 상기 문자 인식부에서 발생한 데이터를 저장하는 데이터 저장부; 를 포함하는 것을 특징으로 하는 광학 문자 인식 시스템.

【청구항 2】

제1항에 있어서,

상기 문자 인식부는,

상기 문서 이미지의 전체 크기를 조절하고 이미지의 픽셀 값을 이진화하여 문자를 인식하는 것을 특징으로 하는 광학 문자 인식 시스템.

【청구항 3】

제2항에 있어서,

상기 문자 인식부는,

상기 이진화된 문서 이미지에서 문자를 지칭하는 픽셀 값을 갖는 픽셀들 중 서로 인접하는 픽셀들을 그룹화하여 문자를 인식하는 것을 특징으로 하는 광학 문자 인식 시스템.

【청구항 4】

제2항에 있어서,

상기 문자 인식부는,

상기 이진화된 문서 이미지에서 문자를 지칭하는 픽셀 값을 갖는 픽셀들 중 서로 인접하는 픽셀들을 그룹화하여 문자를 인식하는 것을 특징으로 하는 광학 문자 인식 시스템.

【청구항 5】

제1항에 있어서,

상기 문자의 기준 값을 생성하기 위해 다수의 문자 이미지를 학습하여 상기 데이터 저장부에 저장하는 문자 학습부; 를 더 포함하는 것을 특징으로 하는 광학 문자 인식 시스템.

【청구항 6】

제5항에 있어서,

상기 문자 학습부는,

상기 학습할 이미지의 전체 크기를 조절하고 이미지의 픽셀 값을 이진화하여 문자를 학습하는 것을 특징으로 하는 광학 문자 인식 시스템.

【청구항 7】

제6항에 있어서,

상기 문자 학습부는,

상기 이진화된 학습 이미지에서 문자를 지칭하는 픽셀 값을 갖는 픽셀들 중 서로 인접하는 픽셀들을 그룹화 하여 문자를 학습하는 것을 특징으로 하는 광학 문자 인식 시스템.

【청구항 8】

제7항에 있어서,

상기 문자 학습부는,

상기 그룹화된 픽셀을 미리 설정된 크기로 정규화하고, 상기 정규화된 그룹을 미리 지정되어 있는 학습 데이터에 대응하여 문자를 학습하는 것을 특징으로 하는 광학 문자 인식 시스템.

【청구항 9】

문자 인식을 하고자 하는 문서의 형식 및 상기 문서에서 문자 인식을 수행하고자 하는 인식 영역을 설정하여 저장하는 문서 형식 설정 단계;

문자 인식을 하고자 수행할 문서 이미지를 입력하는 이미지 등록 단계; 및

상기 문서 이미지가 상기 문서 형식 설정 단계에서 설정된 문서의 형식에 해당할 경우, 인식 영역 내의 문자를 문자 학습에 의해서 생성된 기준 값과 비교하여 인식하고 저장하는 문자 인식 단계; 를 포함하는 것을 특징으로 하는 광학 문자 인식 방법.

【청구항 10】

제9항에 있어서,

상기 문자 인식 단계는,

상기 인식 영역 내의 문자를 상기 기준 값과 비교하기 전에, 상기 문서 이미지의 전체 크기를 미리 설정된 규격에 맞게 축소하고, 축소된 이미지의 픽셀 값을 이진화하는 문서 이미지 변환 단계; 를 더 포함하는 것을 특징으로 하는 광학 문자 인식 방법.

【청구항 11】

제10항에 있어서,

상기 문자 인식 단계는,

문서 이미지 변환 단계 이후에, 상기 이진화된 문서 이미지가 상기 설정된 문서의 형식에 해당할 경우, 상기 이진화된 이미지에서 문자를 지칭하는 픽셀 값을 가진 픽셀 중, 최하단 픽셀들을 연결하여 라인을 식별하는 문서 이미지 라인 식별 단계; 를 더 포함하는 것을 특징으로 하는 광학 문자 인식 방법.

【청구항 12】

제10항에 있어서,

상기 문자 인식 단계는,

상기 이진화된 문서 이미지에서 문자를 지칭하는 픽셀 값을 갖는 픽셀들 중 서로 인접하는 픽셀들을 그룹화 하는 문서 문자 그룹 생성 단계; 를 더 포함하는 것을 특징으로 하는 광학 문자 인식 방법.

【청구항 13】

제9항에 있어서,

상기 문서 형식 설정 단계 이전에, 상기 문자의 기준 값을 생성하기 위해 다수의 문자 이미지를 학습하여 저장하는 문자 학습 단계; 를 더 포함하는 것을 특징으로 하는 광학 문자 인식 방법.

【청구항 14】

제13항에 있어서,

상기 문자 학습 단계는,

다수의 문자 이미지를 학습하기 전에, 미리 설정된 규격에 맞게 학습할 이미지의 전체 크기를 축소하고, 축소된 이미지의 픽셀 값을 이진화하는 학습 이미지 변환 단계; 를 포함하는 것을 특징으로 하는 광학 문자 인식 방법.

【청구항 15】

제14항에 있어서,

상기 문자 학습 단계는,

상기 이진화된 학습 이미지에서 문자를 지칭하는 픽셀 값을 갖는 픽셀들 중 서로 인접하는 픽셀들을 그룹화하는 학습 문자 그룹 생성 단계; 를 더 포함하는 것을 특징으로 하는 광학 문자 인식 방법.

【청구항 16】

제15항에 있어서,

상기 문자 학습 단계는,

상기 학습 문자 그룹 생성 단계 이후에, 상기 그룹화된 픽셀을 미리 설정된 크기로 정규화하여 미리 지정되어 있는 학습 데이터에 대응하는 문자 지정 단계; 를 더 포함하는 것을 특징으로 하는 광학 문자 인식 방법.

【청구항 17】

제12항 또는 제15항에 있어서,

둘 이상의 그룹화된 픽셀들의 이격 거리가 미리 설정된 이격 거리 범위 내에 위치할 경우, 하나의 그룹으로 그룹화하는 것을 특징으로 하는 광학 문자 인식 방법.

【청구항 18】

제9항 내지 제16항 중 어느 한 항의 광학 문자 인식 방법을 컴퓨터에서 판독할 수 있고, 실행 가능한 프로그램 코드로 기록한 기록 매체.

/도면의 간단한 설명/

도 1은 본 발명에 따른 광학 문자 인식 시스템의 일 실시 예의 개략적인 블록도.

도 2는 기준 값이 되는 문자 이미지의 실시 예를 도시한 도면.

도 3은 본 발명에 따른 광학 문자 인식 방법 중에서 문자 인식 단계의 전처리 단계인 문자 학습 단계 및 문서 형식 설정 단계를 나타낸 일 실시 예의 개략적인 흐름도.

– 중략 –

/도면/

【도 1】

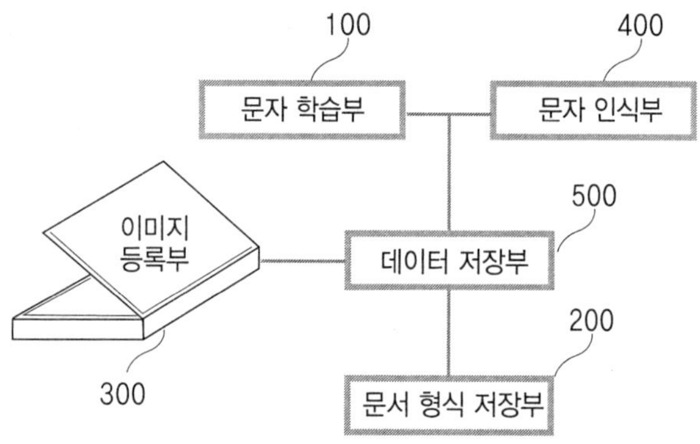

【도 2】

ABCDEFGHIJKLMNOPQRSTUVWXYZ

abcdefghijklmnopqrstuvwxyz

0123456789

【도 3】

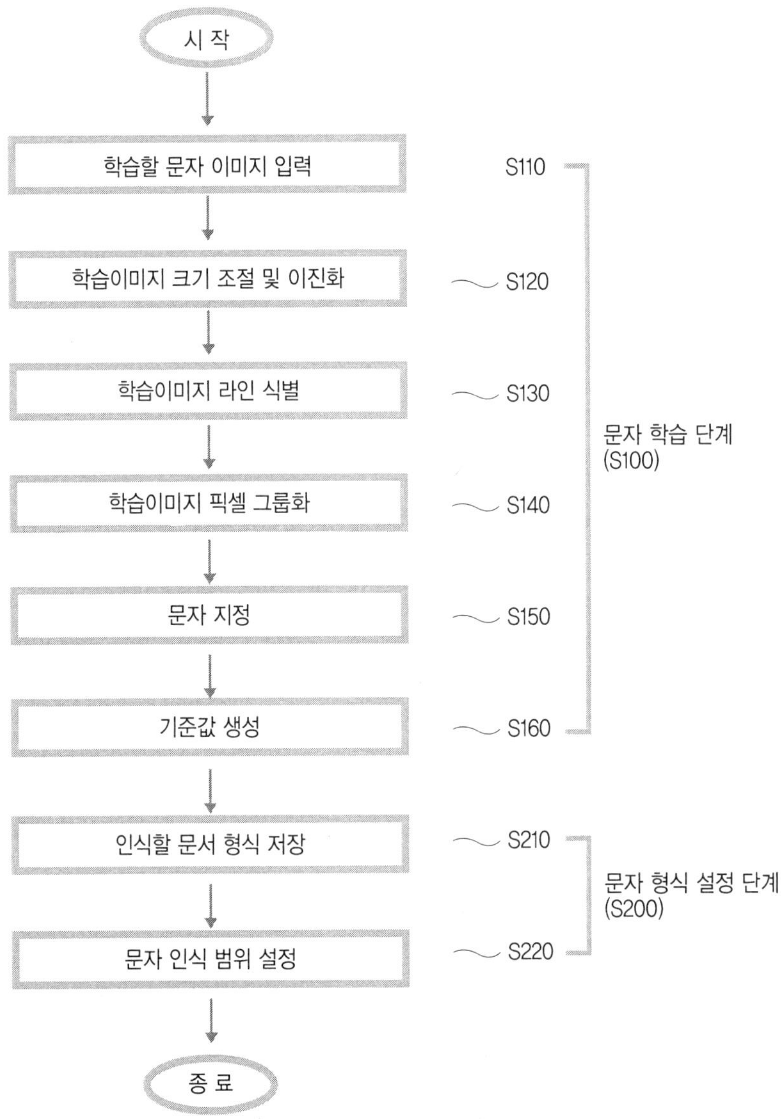
시 작
학습할 문자 이미지 입력
S110
학습이미지 크기 조절 및 이진화
S120
학습이미지 라인 식별
S130
학습이미지 픽셀 그룹화
S140
문자 지정
S150
기준값 생성
S160
문자 학습 단계 (S100)
인식할 문서 형식 저장
S210
문자 인식 범위 설정
S220
문자 형식 설정 단계 (S200)
종 료

CHAPTER 8

기술사업화와 금융

산업계에서는 통상적으로 "만약 연구활동에 1원이 투입된다면, 개발비로는 10원, 그리고 제품생산 및 판매활동에는 100원이 투입되는" 것으로 보고 있다. 이는 정확한 계산은 아니지만 기업은 기술사업화 과정에서 자금 제약을 받을 수밖에 없음을 말해준다. 본 장에서는 기술사업화와 관련된 금융현상을 다룬다.

8.1 기술사업화 단계별 자금조달수단

제5장에서 살펴본 바와 같이 기술사업화 단계에서는 많은 투자자금이 소요된다. 어떤 한 기업가(혹은 기업)가 신기술을 획득할 때도 기술대가의 지불을 위해 자금이 필요하지만, 기술을 제품시장으로 가져가는 과정에서도 막대한 소요자금을 조달하여야 하기 때문이다.

일반적으로 기업가가 창업한 기업 혹은 벤처기업의 개발단계는 다음과 같이 7단계로 구분할 수 있다.

- 기술획득단계
- '씨뿌리기'(seed) 단계
- '착수'(start-up) 단계
- 1라운드 단계
- 2라운드 단계
- 3라운드 단계
- 후기단계

제1단계인 기술획득단계란 말 그대로 기술을 외부로부터 구입하거나 자체개발하는 단계이다.

제2단계인 '씨뿌리기'단계는 기술이 투자할 만한 가치가 있는 것인지 판단하는 단계로 생산이나 판매활동은 포함하지 않는다. 따라서 판단 및 조사와 관련된 소액의 자금이 필요하다.

제3단계인 착수단계는 제품개발, 프로토타입 테스트, 테스트마케팅, 시장조사, 인력채용 등 일련의 활동이 이루어지는 단계로, 상당수준의 자금이 소요된다.

제4단계인 1라운드는 이윤은 실현되지 않지만 제품이 생산되고 시판되는 단계이다. 이 단계에서는 제품마케팅에 대한 자금이 조달되어야 한다.

제5단계 2라운드는 기업성장을 위해서 고정자산이나 운영지금이 조달되는 단계이다.

이 단계에서는 대부분의 경우 이윤이 실현된다.

제6단계인 3라운드는 기업은 이미 일정수준의 이윤은 확보하고 있지만, 추가적인 성장을 위한 자금을 확보해야하는 단계이다.

제7단계인 후기단계는 기업이 잘 운영되고 있으나 추가적인 자금확보나 이탈 등을 포함하는 구조조정활동에 투입되는 자금이 필요한 단계이다.

〈표 8-1〉 기술사업화 단계별 금융수단

기술획득(구매)

정보활용

<table>
<tr><th>씨뿌리기</th><th>착수</th><th>1라운드</th><th>2라운드</th><th>3라운드</th><th>후기단계</th></tr>
<tr><td colspan="2">개인(내부)자금</td><td></td><td></td><td></td><td></td></tr>
<tr><td colspan="2">친구 및 가족</td><td></td><td></td><td></td><td></td></tr>
<tr><td></td><td>클라우드 펀딩</td><td></td><td></td><td></td><td></td></tr>
<tr><td colspan="3">엔젤투자가</td><td></td><td></td><td></td></tr>
<tr><td colspan="6">벤처캐피탈</td></tr>
<tr><td></td><td colspan="4">전략적 파트너십</td><td></td></tr>
<tr><td></td><td colspan="5">주식공모</td></tr>
<tr><td></td><td></td><td></td><td colspan="3">복합형펀드/후기단계펀드</td></tr>
<tr><td></td><td colspan="4">공급자 신용</td><td></td></tr>
<tr><td></td><td colspan="4">은행대출</td><td></td></tr>
<tr><td></td><td colspan="5">담보대출</td></tr>
<tr><td></td><td></td><td></td><td colspan="3">공채</td></tr>
<tr><td></td><td></td><td></td><td colspan="3">상업어음</td></tr>
</table>

자료: Seifert et al.(2008)

〈표 8.1〉에는 각 단계별 적절한 역할을 수행하는 자금조달수단들이 예시되어 있다. 이하에서는 사업화의 초기단계에서 적절한 역할을 수행하는 엔젤펀드, 크라우딩 펀드, 벤처캐피탈, 모태펀드 등에 대해서 차례로 살펴본다. 이에 앞서 기술구입비용의 조달에 대해서 알아본다.

8.2 기술구입자금의 조달

기술시장에서 기술(특허)을 구입할 때 소유권 자체를 구입하거나 라이선스할 수 있다. 특허의 소유권을 구입하는 경우에는 그에 상응하는 대가를 가격으로 지불하게 된다. 예를 들어 코닥사가 필름소재에 대한 기술을 발명자인 Leo Baekeland로부터 당시 돈으로 75만 달러에 구입한 것이 이에 속한다. 이 경우 기술구매기업은 기술구입자금을 일시에 조달하여야 한다. 코닥사와 같은 대기업은 사내유보이윤의 축적을 통해서 이 필름소재기술을 일시불로 쉽게 구입할 수 있었으나, 대부분의 기업들은 외부차입 혹은 정책자금을 통하여 조달한다. 특히 중소기업 혹은 벤처기업들은 정책자금에 의존하여 기술구매자금을 조달할 수밖에 없을 것이다.

한편 기술을 라이선스하는 경우, 그 대가는 다음 세 가지 방법으로 지급된다. 첫째는 고정금액으로 지급하는 것이고, 둘째는 특허의 사용실적에 비례하여 지급하는 것이며, 셋째는 양자를 혼합하는 것이다. 고정정액 지급방법은 특허구매자가 기술을 어떻게 사용하는가에 관계없이 일정한 금액을 지급하는 방법이다. 구체적인 방법으로는 일정기간에 대하여 지불하는 고정로열티(fixed royalty), 기술구매 전체에 대하여 지불하는 총액로열티(Lump-sum royalty), 기술거래 초기에 일정금액을 지불하는 선불금(initial payment) 등이 있다. 이 때 기술구매기업은 기술대가인 일정금액을 일시에 조달하여야 한다. 기술구입의 위험도도 매우 높다.

둘째는 사업화 실적에 따른 지급방법으로, 특허구매가 가져다주는 경제적 이득의 실현여부(예: 제조원가, 순이익, 매출액)에 따라서 로열티를 지급하는 방법이다. 이를 경상기술료(running royalty)라고 한다. 이 경우는 사업성과에 따라서 로열티를 지급하므로 자금조달의 부담이 작아진다. 기술구입의 위험성도 낮다.

셋째는 고정정액과 경상로열티의 혼합하는 방법이다. 즉 초기에 일정고정금액을 지불하고, 나머지는 사업화 실적에 연동하여 지불하는 방법이다. 이 경우 자금조달의 부담과 위험도는 고정금액방법보다는 낮지만 경상기술료방법보다는 높다.

우리나라는 그간 고도성장과정에서 해외기술의 구입자로서의 역할을 수행하여 왔다. 정부는 해외기술구입 시에 구입대가에 대해서 조세감면 혜택을 줌으로써 기술도입을 장려하였다. 뿐만 아니라 기술이전이 포함된 외국인 투자유치에 대해서도 금융 및 세제면에서 정책적 지원을 아끼지 않았다. 최근에도 기술취득금액에 대해서 세액공제제도를 시행하고 있다.

8.3 엔젤펀드

1) 엔젤펀드란?

엔젤투자자(Angel investor)는 사업을 착수(start-up)하는 벤처기업에 대해서 자금을 제공하고 대신에 전환사채나 지분을 가지는 개인을 말한다. 엔젤투자자는 자기 자신의 펀드(fund)를 개별적으로 투자한다는 점에서 다른 사람(또는 기관)들의 펀드를 전문적으로 관리하는 잘 조직화된 벤처캐피탈과 다르다.

〈표 8.1〉에서보는 바와 같이 엔젤펀드는 사업화에 종자돈을 대어주는 친구 · 친지와 벤처캐피탈 사이에서 투자 갭을 메워주는 기능을 수행한다. 가령 친구나 친지로부터 1억원 이상을 조달하기도 어렵지만, 그렇다고 하여 벤처캐피탈회사로부터 10억원 이하를 투자받기도 적절하지 않을 것이다. 이 경우 엔젤 투자는 이제 막 성장하는 기업들에게 적합한 투자자금조달 수단이 될 수 있다.

엔젤투자자들은 막대한 부를 가진 개인으로서, 주로 전직 기업가나 혹은 경영자들이 많다. 이들은 단지 수익만 얻으려고 투자한다기보다는 특정한 사업분야의 발전을 원하거나, 차세대 기업가를 돕는 다거나, 또는 자신의 경험이나 네트워크를 활용하기 위한 이유로 투자한다. 그래서 엔젤투자가들은 투자 이외에도 경영자문의 역할도 수행한다.

2) 유형

엔젤투자가들은 투자자금을 풀(pool)하고, 정보를 공유하기 위하여 엔젤그룹 혹은 엔젤 네트워크를 구축한다. 이들의 유형은 세 가지로 나누어진다. 첫째는 회원중심(member-led)의 엔젤그룹이다. 이러한 조직에서는 회원들이 자금원 확보부터, 협상, 투자기업 감시, 회원관리, 회원교육 등 일련의 활동을 맡아서 처리한다. 둘째는 경영자중심(manager-led)의 엔젤그룹이다. 이 조직에서는 하나 혹은 여러 명의 전문투자가들이 일련의 모든 활동을 담당한다. 셋째는 회원중심(member-led)과 경영자중심(manager-led)의 중간에 위치하는 형태이다.

3) 엔젤투자 현황

엔젤투자는 미국에서 활발하다. CVR(Center for Venture Research)에 따르면 미국의 경우 2011년 318,480명의 엔젤투자가가 활동하고 있는 것으로 보고하고 있다. 엔젤그룹은 1996년 10개에 불과하였으나, 2011년에는 300개 이상으로 증가하였고, 66,230개 기업들이 엔젤투자자로부터 총 225억 달러(평균 약 34만 달러)의 투자를 받은 것으로 알려져 있다. 이는 미국 내 총 벤처투자 중 43.6%에 이르는 수준이다.

반면에 우리나라는 2011년 현재 619명의 엔젤투자가가 활동하고 있는 정도이다. 이에 따라 2011년 경우 우리나라에서 39개 기업이 총 296억 원(평균 7억 6천만원)의 투자를 받아, 총 벤처투자 중 1.9% 수준에 그치고 있다. 그러나 최근 들어 정부가 엔젤펀드의 중요성을 인식하여 2011년 11월 엔젤투자지원센터를 설립하고 700억 원의 매칭 펀드를 지원함에 따라서 엔젤투자가 활성화되고 있다. 〈표 8–2〉에는 2012년 전후로 결성된 엔젤투자매칭펀드 현황이 나타나 있다.

〈표 8-2〉 엔젤투자 매칭펀드 결성 현황(2012년 전후) (단위: 억 원)

조합명	결성일	모태펀드 출자	결성 규모	비고
한국 엔젤투자매칭펀드1호	11-12-05	90	100	전국단위
한국 엔젤투자매칭펀드2호	12-08-16	318.3	330	전국단위
대학 엔젤투자매칭펀드	12-08-16	200	210	대학
경남 엔젤투자매칭펀드	12-06-05	39.5	50	지역
부산 엔젤투자매칭펀드	12-06-21	39.5	50	지역
광주 엔젤투자매칭펀드	12-08-03	39.5	50	지역
강원 엔젤투자매칭펀드	12-10-19	23.7	30	지역
대구 엔젤투자매칭펀드	12-11-19	39.5	50	지역
계		790	870	

자료: 중소기업청, 보도자료(2012년 12월)

8.4 크라우드 펀드

1) 크라우드 펀딩이란?

크라우드 펀딩(Crowd Funding)은 인터넷 등을 통해서 일반 대중으로부터 자금을 모으는 자금조달방식이다. 좀 더 엄격하게 정의하자면, 크라우드 펀딩은 "일반적으로 온라인 커뮤니티를 활용하여 다수의 개인들로부터 소규모의 후원이나 투자자금을 모으는 것"이라고 할 수 있다. 특히 트위터, 페이스 북, 카카오톡 같은 SNS(Socail Networking Service)을 통해서 투자홍보가 이루어지기 때문에 '소셜 펀딩(Social Funding)'이라고도 불린다.

2) 사례

크라우드 펀딩의 대표적인 사례로 아이팟 나노용 시계줄의 사업화를 들 수 있다. 2010년 미국 시카고에 사는 스캇 윌슨이라는 무명 디자이너가 애플의 MP3 아이팟 나노를 시계처럼 활용할 수 있는 시계와 시계줄을 고안하였다. 그는 이 아이디어를 사업화하기 위해 자금이 필요하였는데, 친지나 엔젤투자자를 찾지 않고 크라우드 펀딩 중개업체인 킥스타터(Kickstarter)를 통해서 일반 사람들에게 투자를 요청하였다. 투자금액별로 차등 보상을 제시하였는데, 1달러 이상 투자자에게는 상품 출시에 대한 보람을, 25~70달러 이상의 투자자에게는 일반제품을, 그리고 150~500달러 이상의 투자자에는 특별 제작된 제품 세트를 약속하였다. 투자요청 결과 순식간에 13,000명 이상이 투자에 참여하여 목표액 15,000달러의 60배에 달하는 940,000달러가 사업화 자금으로 조달되었다.

3) 크라우드 펀딩의 특징

엔젤투자 역시 전문투자자들의 영역으로서 소자본 창업자들은 접근하기 어렵다. 하지만 크라우드 펀딩은 소액으로라도 일반 사람들이 투자할 수 있으므로 소자본 창업자들이 쉽게 사업화를 가능하게 하는 자금조달방법이다.

또한 크라우드 펀딩 과정에서 투자자들의 반응을 통해서 자사 제품에 대한 수요예측도 가능하다. 아이팟 나노용 시계줄의 사례에서 순식간에 목표액의 60배에 달하는 투자자금을 모집한 것은 아이디어에 대한 일종의 마켓테스트가 성공한 것으로 볼 수도 있다.

더 나아가서 크라우드 펀딩이 성공하면, 이를 발판으로 전문투자자로부터 본격적으로 투자를 유치할 수 있다.

4) 크라우드 펀딩의 현황

크라우드 펀딩은 미국에서 시작되었다. 2009년 미국에서 크라우드 펀딩 중개업체인 킥스타트가 설립되면서 크라우드 펀드가 새로운 자금조달방식으로 등장하는 상황에서, 2002년 4월 미국의 상하원은 창업기업이 크라우드 펀딩을 통해서 자금을 조달할 수 있도록 하는 "JOBS(Jump Start Our Business Startup Act)"를 통과시켰다. 2012년 현재 킥스타트는 24,000건의 크라우드 펀딩을 성공시키며, 2억 5,000만 달러를 조달한 것으로 알려지고 있다.

우리나라에서도 펀듀, 텀블럭, 굿펀딩 등 일부 관련기관들이 활동하고 있으며, 2012년 5월 정부는 크라우드 펀딩을 활성화하겠다고 발표한 바 있다.

더 알아보기 8.1 창조경제와 창조금융

최근 박근혜 정부가 '창조경제' 실현을 가장 중요한 정책과제로 삼으면서 이를 실현하기 위한 수단으로서 '창조금융'이라는 용어가 등장하고 있다. 그렇다면 창조경제와 창조금융이란 무엇을 말하는가? 정부에 의하면 창조경제는 "과학기술과 산업이 융합하고, 문화와 산업이 융합하고, 산업간 벽을 허문 경계선에 창조의 꽃을 피움으로써 새로운 시장과 새로운 일자리를 만드는 것"이라고 설명하고 있다. 약간은 추상적인 개념으로 들리지만, 요약하면 '혁신(innovation)'을 통해서 성장이 지속적으로 이루어지는 경제를 말하는 것 같다. 다만 융합을 강조한 것이 특징이다.

하지만 창조경제는 죠셉 슘페터(J. Schumpeter)가 상정하는 경제라고 할 수 있다. 즉 혁신이 경제성장의 원동력인 경제, '창조적인 파괴(creative destruction)'가 이루어지는 경제, 혁신의 주체인 기업가정신(entrepreneurship)이 충일한 경제를 지칭하는 것이 아닌가 한다. M. Porter도 그의 저서 *The Competitive Advantage of Nations*에서 국가의 발전단계를 생산요소주도단계(factor-led stage), 투자주도단계(investment-led stage), 혁신주도단계(innovation-led stage), 자산주도단계(asset-led)구분하고 있는데, 창조경제란 다름 아닌 혁신주도단계의 경제를 말하는 것으로 보인다.

창조금융은 사실 따로 정의할 필요가 없는 개념으로 생각된다. 왜냐하면 혁신(혹은 창조)을 위해서는 '돈'이 필요한데, 자금공급 및 조달을 위한 활동은 일반적인 현상기 때문이다. 굳이 정의한다면, 창조금융은 새로운 아이디어 혹은 특허가 사업화되어 새로운 시장과 새로운 일자리가 창출되도록 지원하는 일체의 금융활동이라고 할 수 있다. 즉 '기술혁신이 여정'이 잘 진행되도록 뒷받침하는 금융활동이다.

한편 창조금융은 기존의 금융방식이 아닌 '새로운' 금융방식을 지칭할 수도 있다. 앞에서 설명한 엔젤펀드, 크라우드 펀딩 등도 창조금융의 일종이며, 뒤에서 설명하게 되는 지식재산금융(Intellectual Property-based Financing)도 창조금융의 대표적인 사례가 아닌가 한다.

8.5 벤처캐피탈

1) 벤처캐피탈이란?

벤처캐피탈(Venture Capital; VC)에 대해서는 다양한 정의가 존재하지만, 시장조사 전문기관인 미국의 톰슨 파이낸셜에 따르면 다음과 같이 정의 된다.

> **"Money provided by professionals who invest alongside management in young, rapidly growing companies that have the potential to develop into significant economic contributors."**

이 정의에 따르면 벤처캐피탈은 첫째 투자대상이 새로 창업되어, 급격한 성장을 하는 기업(young, rapidly growing companies)이다. 즉 창업 후 3년 이내의 초기단계 (early stage) 또는 4~7년 확장단계(expansion stage) 벤처기업에 투자한다. 따라서 'venture'라는 말의 의미처럼, 모험자본이라고 볼 수 있다. 물론 이러한 위험감수에 대한 수익을 기대하고 투자한다.

둘째, 투자전문가에 의해 제공되는 자본(money provided by professions who invest)이다. 벤처투자전문가를 '벤처 캐피탈리스트' 라 하며, 우리나라의 경우 상경 · 공학계열 출신이 80%이상으로 5~10년 이상의 투자 경력을 가진 것으로 조사되었다.

셋째, 투자만 하는 것이 아니라 경영도 함께(alongside management)한다. 벤처캐피탈은 투자자의 역할 이외에도 인사, 재무, 마케팅 등의 경영지원을 통해 기업의 가치를 높이고자 투자대상기업과 상생의 관계를 지향한다. 구체적인 예로 미국의 SBVC(Softbank

Veture Capital)는 Hotbank라는 창업보육회사를 운영하여, 신생기업(벤처기업)의 탄생부터 입지, 채용, 금융, 법률, 자문 등의 서비스는 물론 네트워킹을 제공하여 기업성장을 지원한다. Hotbank는 벤처기업의 지분을 보유하여, 기업가정신(entrepreneurship)을 가지고 자기 회사처럼 경영에 도움을 준다.[1)]

더 알아보기 8.2 벤처기업과 벤처캐피탈의 관계

벤처캐피탈의 개념을 이해하는데 콜럼버스와 에스파냐 여왕 이사벨 관계처럼 좋은 예가 없다. '지구가 둥글다'는 신념으로 가득 찬 모험가 콜럼버스는 인도까지 가는 방법으로 아프리카 동쪽 항로가 아닌 서쪽항로를 선택한다. 문제는 이 엄청난 도전을 믿고 지원해줄 후원자가 없었다는 점. 운이 좋아서 일까? 당시 영국과 에스파냐는 경쟁 체제로 적극적인 해외진출을 모색하던 에스파냐의 이사벨 여왕은 콜럼버스의 제안을 받아 들여 항해에 필요한 선박, 유능한 선장과 선원, 운영비 등을 대 주었다. 탐험에 성공한 콜럼버스는 이에 상응하는 식민지와 각종 획득물을 이사벨 여왕에게 바쳤다.

벤처캐피탈은 이사벨 여왕과 같은 투자자로서 콜럼버스와 같이 모험가, 즉 벤처기업에게 투자자금을 비롯해 운영에 필요한 재무, 마케팅 서비스를 제공하는 모험자본 또는 사람(조직)을 말한다.

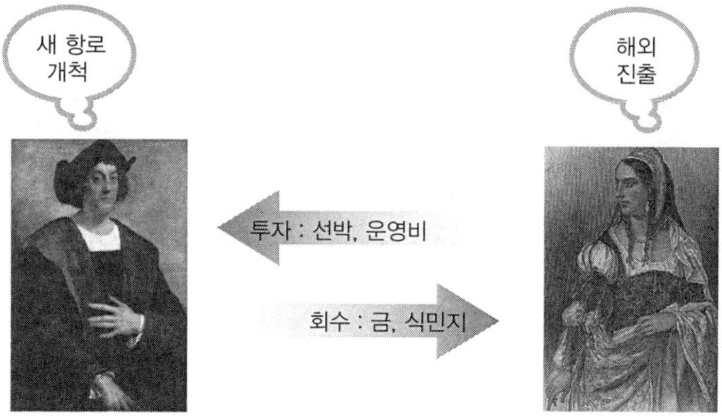

〈그림 8-1〉 벤처기업과 벤처캐피탈의 관계

1) 이를 Networked Incubator라고 한다. 자세한 내용은 Hansen et al.(2000) 참조.

2) 벤처캐피탈의 특징

벤처캐피탈은 첫째 융자(loan)가 아닌 투자(investment)이다. 창업한지 3년이 되지 않은 벤처기업을 생각해 보자. 벤처사업가는 사업초기에 본인 돈, 친척 등 지인들에게서 돈을 빌려 사업을 시작한다. 이후 이 사업가는 기술개발자금이 모자라 은행에 문을 두드리지만 담보가 없어 융자에 실패할 수밖에 없다. 사업초기라 영업이익은 창업 이후 줄곧 적자이다. 이런 상황에서 투자 중심의 벤처캐피탈은 이러한 대다수 벤처기업들에 적합한 금융시스템이라 할 수 있다.

둘째, 고위험–고수익 (High risk-High return) 구조를 가진다. 벤처캐피탈은 통상 5년~10년에 이르는 기간에 투자와 회수를 하기 때문에 투자자 입장에서 시간에 따른 위험이 늘 존재하고 있다. 융자가 아닌 투자 형식이라 보증도 없다. 투자에 따른 위험은 모두 투자자의 몫이다. 반면 위험이 높은 만큼 고수익을 바랄 수 있는 구조다. 미국의 1980~2002년 동안 해산한 벤처투자펀드의 경우 상위 25%의 벤처캐피탈 연평균 수익률은 16.1%로 높은 수익률을 나타낸 것으로 알려져 있다.

셋째, 파트너십(Partnership) 관계이다. 앞에서도 언급한 바와 같이 벤처캐피탈은 투자 이후 기업경영에 필요한 재무, 마케팅 등의 서비스를 제공한다. 이는 벤처캐피탈의 지분투자와 무관치 않은데, 벤처캐피탈은 단기적 이익배당보다 기업가치를 증대시켜 주식매각을 통해 투자수익을 얻고자 한다. 따라서 벤처캐피탈은 기업의 성장단계 기간 동안 재무, 기술개발, 경영지원에 이르는 기업활동 전반에 대해 지원함으로써 투자기업과 파트너십을 유지한다.

3) 벤처캐피탈의 역할 및 성과

(1) 역할

벤처캐피탈은 자기자본을 통해 투자도 하지만 통상 투자조합을 결성해 조성된 자금을 바탕으로 창업 단계(seed/start-up)와 창업 이후 초기 성장 단계(early stage) 또는 확장단계(expansion stage)에 있는 고성장 · 높은 기술력을 가진 기업의 주식 등의 인수를 통해 성장에 필요한 자본을 공급하는 역할을 한다.

벤처캐피탈은 투자자금 등 경영지원을 통해 투자기업의 기업가치를 높인 후 IPO (Initial Public Offering), M&A등을 통해 회수하는데, 투자수익은 투자비율에 따라 투자자에게 배분한다.

벤처캐피탈은 경영기반이 취약한 중소 · 벤처기업에 자금을 공급하고 마케팅 등 경영지원을 통해 신생 벤처기업을 육성하는 기능을 한다. 기업입장에서는 자금조달을 통해 자기자본을 확충함으로써 차입에 따른 사업초기의 기업경영 위험을 줄일 수 있다.

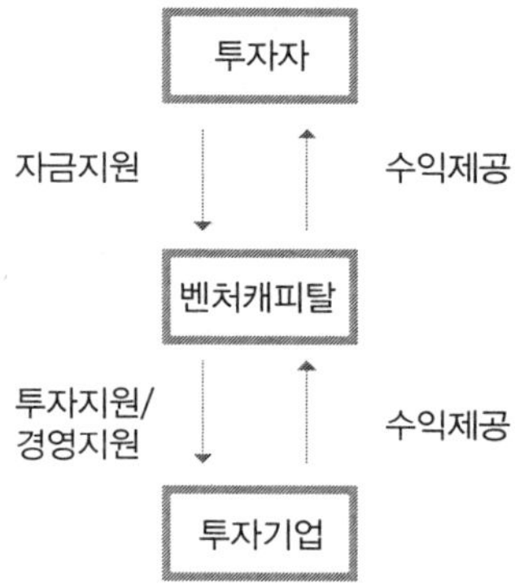

〈그림 8-2〉 투자자–벤처캐피탈–투자기업 관계

(2) 성과

벤처캐피탈 투자는 융자에 비해 산업정책적으로 효과가 높은 것으로 알려져 있다. 즉, 벤처투자를 통해 새로운 산업의 육성과 기존 기업의 혁신을 통해 위험을 기회로 바꾸어 놓음으로써 새로운 경제활동을 창출하고 기업의 원활한 성장 지원과 경쟁을 촉진한다. 벤처캐피탈 투자 등을 통한 직접금융은 〈표 8-3〉에서 보는 것처럼 융자 · 보증 등의 간접금융 대비 사회 · 경제적 효과가 월등함을 알 수 있다. 특히, 성장성(매출증가율) 및 고용 창출 측면에서 간접금융에 비해 탁월한 것을 알 수 있다.

〈표 8-3〉 직접금융(투자)와 간접금융(융자 · 보증) 비교

구 분	지원조건	기업체부담	재무구조	고용증가율	매출증가율	실질부가가치성장률
융자 · 보증	담보 · 신용	원금, 이자	부채증가	10.0%	15.8%	1.22%
투자	지분	배당금	자본금증가	57.5%	132.9%	2.96%

출처: 증권연구원(2004), 실질부가가치성장율 : '91~'01년 OECD 20개국

더 알아보기 8.3 벤처캐피탈과 일반 금융기관과의 비교

벤처캐피탈은 기존 금융기관과는 달리 투자기업과 함께 높은 위험을 부담하는 대신 투자기업의 경영성과를 공유하는 수익구조를 가지고 있다. 즉, 벤처캐피탈은 벤처기업이 성장잠재력을 높일 수 있는 R&D자금을 공급하고 기술혁신을 촉진시키며, 적극적인 경영참여를 통해 사업의 불확실성을 완화시키는 역할을 수행하고 있다.

벤처캐피탈은 자금지원 기준 측면에서도 기존 금융기관이 요구하는 담보, 현재 재무상황 보다는 미래가치, 수익가치를 반영한 기술력, 경영능력, 성장가능성 측면을 중요시 한다. 즉, 기존 금융기관은 대출금을 정상적으로 회수할 수 있는지 여부, 특히 안정적 현금흐름 및 담보 여부를 주요 판단기준으로 삼고 있어 현금창출능력 및 담보능력이 부족한 벤처기업 입장에서는 은행 문턱이 높을 수 밖에 없다. 이에 반해 벤처캐피탈은 회사가 속해 있는 시장과 성장 전망 위주로 판단을 하므로 벤처기업의 자금 유치가 기존 금융기관 보다는 상대적으로 용이하다. 또한 투자형태도 기존 금융기관의 융자가 아닌 주로 지분참여(주식) 형태이고, 회수방법도 원리금상환 보다는 IPO(기업공개), M&A를 통한 회수를 추구하고 있다.

4) 벤처캐피탈의 투자재원

벤처캐피탈은 투자에 들어가는 자금을 조달하기 위해 펀드형태로 출자자를 모집하여 투자한다. 벤처캐피탈이 투자하는 자산은 대부분 상장되지 않은 초기기업으로 투자 후 투자금 회수를 위해 상당한 기간이 소요되기 때문에 벤처캐피탈이 운용하는 펀드는 장기간 동안 유동성에 제약을 받게 되는 특징이 있기 때문에 장기투자가 가능한 투자자가 펀드에 출자자로 참여한다. 주요 투자자는 다음과 같다.

- 개인투자가
- 금융기관
- 연기금
- 타 벤처캐피탈
- 기업체

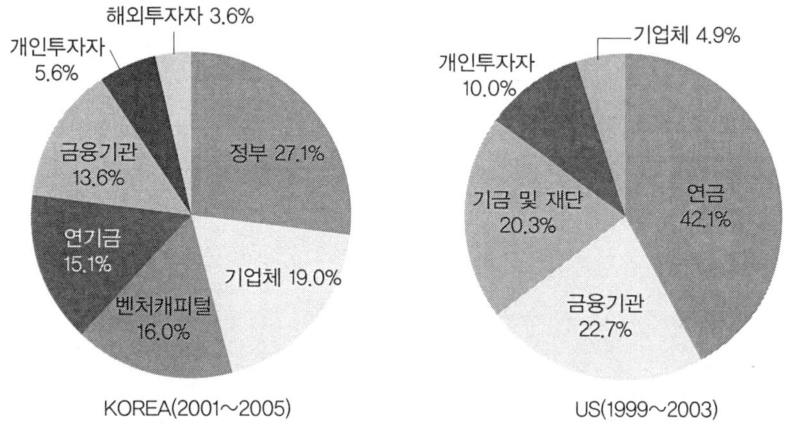

주: 금융기관이라고 표시된 출자자는 은행, 보험회사, 증권회사 등이 포함되며, 벤 처캐피탈에는 창업투자회사 등으로 이루어진 벤처캐피탈의 자기자본금으로 펀드에 출자한 경우가 해당됨.

자료: 한국벤처캐피탈협회 자료 및 NVCA 2004년 연감

〈그림 8-3〉 한국과 미국 벤처캐피탈 펀드의 출자자 구성비(%)

- 정부
- 해외투자자

그렇다면 누가 벤처캐피탈의 가장 중요한 투자자인가? 〈그림 8-3〉에는 한국과 벤처캐피탈의 종주국인 미국에서 벤처캐피탈 펀드에 투자자로 참여하는 재원의 특징을 거의 비슷한 기간에 비교해 놓았다.

그림에서 가장 눈에 띄는 특징은 미국은 장기적인 자금운용이 가능한 연금, 기금, 재단, 금융기관 등의 비율이 매우 높은데 비하여 우리나라의 경우는 이들의 비중이 현저히 낮게 나타나고 있다. 반면에 기업체, 벤처캐피탈, 그리고 정부의 비중이 상대적으로 높게 나타나고 있다. 미국의 경우 정부와 벤처캐피탈의 비중은 없다. 이는 우리나라의 경우, 벤처캐피탈 산업이 발달한 선진국에 비해 재원확보가 상대적으로 어렵다는 사실을 단적으로 말해준다.

5) 투자조합 결성

벤처캐피탈의 운영 시 투자재원 조성을 위한 신규투자조합 결성이 가장 우선적인 업무이다. 벤처캐피탈의 일반적인 업무진행순서는 다음과 같다.

- 신규 투자조합 결성(투자재원 조성)
- 투자 실행: 투자대상 발굴, 투자심사, 투자금 집행
- 투자업체 Value-up(사후관리)
- 투자금 회수: 회수전략 수립, 회수집행)
- 투자조합 해(투자금 배분)

따라서 특정한 국가나 지역에 대한 벤처캐피탈의 활동성이나 신규투자 예측은 먼저 투자재원의 조성에 대한 검토에서부터 시작된다.

6) 우리나라 벤처캐피탈 현황

(1) 벤처캐피탈 회사 현황

국내 벤처캐피탈은 중소기업창업투자회사(이하 "창투사")와 신기술금융회사가 주로 업을 영위하고 있으며, 대부분 창투사가 일반적인 벤처캐피탈 역할을 수행한다. 〈그림 8-4〉에서 보는 바와 같이 2013년 11월말 현재 중소기업청에 등록된 창투사는 101개로 회사당 평균납입자본금은 138억원이다. 이는 벤처 붐이 일었던 2000년도 말 147개에 비해서는 감소한 것이다.

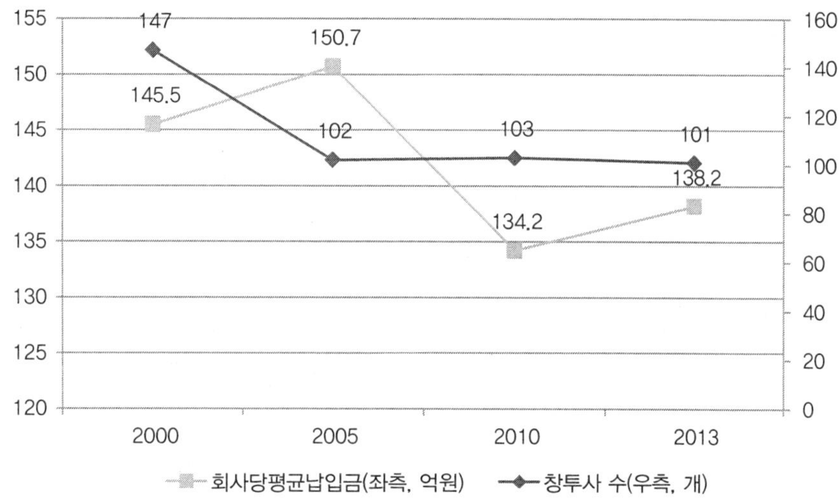

주:2013년은 11월말 자료임.
자료: 한국벤처캐피탈협회

〈그림 8-4〉 창업투자회사 현황

(2) 벤처캐피탈 투자조합 현황

국내 벤처캐피탈 투자조합(펀드)은 창투사가 모태펀드와 같은 정부기관, 연금/공제회, 금융기관 등으로부터 자금을 모집하여 조합을 결성하고 그 유치된 투자자금을 벤처기업에 투자하는 형태를 가진 일종의 사모투자조합이다. 2013년 한 해 동안 43개의 벤처캐피탈 투자조합이 1조 1,367억원 규모로 결성되어 운영하고 있다. 벤처캐피탈 투자조합 결성현황은 아래의 〈그림 8-5〉에서 보는 것처럼 2000년 벤처버블 이후 급감하였다가 금융위기 극복을 위한 대책, 신성장동력 육성 등 정부의 정책에 힘입어 2000년 후반에는 크게 활성화되었다.

한편 조합 출자자 구성을 보면 〈그림 8-6〉에서 보는 바와 같이 2013년 신규결성조합기준으로 모태펀드 25.6%, 금융기관 18%, 정책금융공사 17.9%, 벤처캐피탈(운용사) 16.8% 순으로 나타난다. 주로 공공자금(모태펀드 포함)에 의존하고 있음을 알 수 있다.

전반적인 흐름을 보면 모태펀드, 금융기관, 일반법인 등의 출자비중이 매우 크게 증가한 반면, 정부기관, 연금공제회, 개인의 출자비중은 감소하였다. 모태펀드의 출자비중이 크게 증가하고 연금공제회의 출자비중이 하락하는 것은 2005년 이후, 정부가 정책적 목

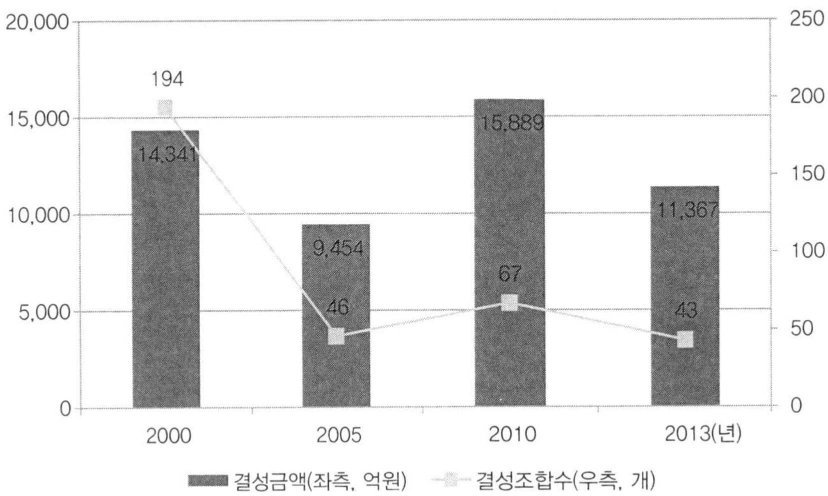

자료: 한국벤처캐피탈협회

〈그림 8-5〉 벤처캐피탈 투자조합 결성 추이

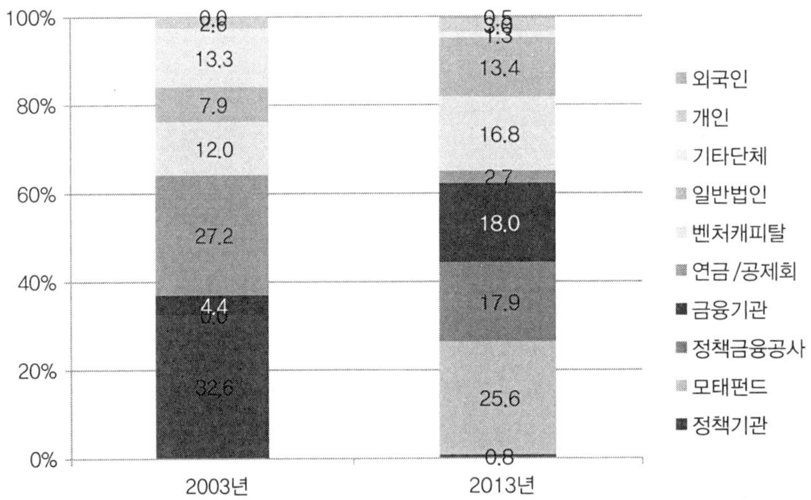

자료: 한국벤처캐피탈협회

〈그림 8-6〉 연도별 신규결성 벤처캐피탈 펀드 출자자 구성비

적에 따라 벤처캐피탈 산업에 출자재원을 지원하되, 모태펀드를 활용하는 방식으로 정책을 전환하였기 때문이다.

(3) 벤처캐피탈 신규투자 현황

우리나라는 2000년도 코스닥 거품의 붕괴와 이에 따른 벤처투자의 수익성 악화로 벤처펀드의 신규 결성이 2001년부터 2004년까지 매우 부진을 면치 못하였으나, 정부의 주도에 의한 모태펀드 결성 등 적극적인 시장부양 정책의 결과로 완만한 회복을 이루어 2009년도에는 활황시장이었던 2000년도의 신규펀드 결성수준을 거의 회복하였다. 이는 2008년도에 전 세계적인 금융위기 국면에서도 우리나라의 벤처캐피탈의 투자재원은 별다른 영향 없이 지속적으로 커지고 있는 것으로 세계적으로 이례적인 상황이다. 그 결과 2012년 투자금액이 1조 2,333억원을 기록하였고, 투자기업수는 총 688개로 증가하였다.

〈그림 8-8〉에서는 2003년과 2013년의 업종별 투자비중을 비교하였다. 2003년에는 정보통신이 거의 절반을 차지하고 있었으나, 2013년에는 일반제조과 생명공학의 비중이 증가하여 벤처캐피탈의 투자영역이 다양하고 있음을 알 수 있다.

업력별로 보면(〈그림 8-9〉), 2013년에는 2003년에 비해 상대적으로 수익성이 높은 반면 위험이 높은 초기단계(창업이후 3년 이내 기업)와 중기단계(창업이후 3년 초과 7년 이내 기업) 투자의 비율이 감소하였다. 반대로 후기단계 투자비율이 동기간 9%에서 50.1%로 크게 증가하였다. 이는 과거에 초기기업 투자로 많은 시행착오와 실패 경험을

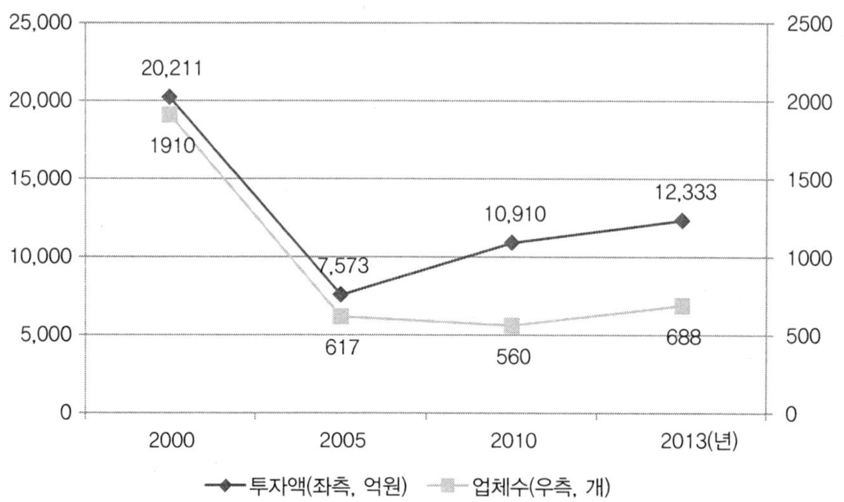

자료: 한국벤처캐피탈협회

〈그림 8-7〉 벤처캐피탈 신규 투자 추이

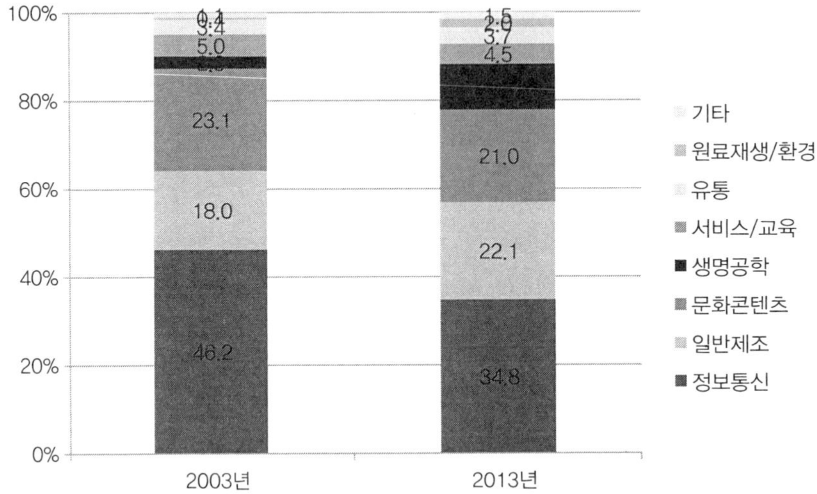

출처: 한국벤처캐피탈협회

〈그림 8-8〉 투자업종별 신규투자 비중

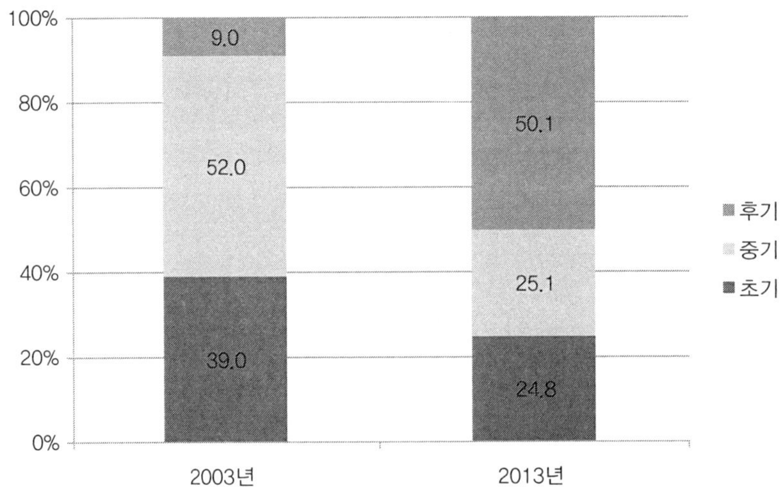

자료: 한국벤처캐피탈협회

〈그림 8-9〉 업력별 신규투자 비중

축적한 벤처캐피탈이 비교적 안정적 수익이 기대되는 후기단계(창업이후 7년 초과 기업)를 선호하기 때문이다.

8.6 모태펀드

1) 모태펀드란?

앞에서 살펴본 바와 같이 모태펀드(fund of funds)는 현재 우리나라 벤처캐피탈의 신규 재원 조성에 큰 역할을 수행하고 있다. 모태펀드는 〈그림 8-10〉에서 보는 바와 같이 벤처기업에 직접 투자하기보다는 개별펀드(벤처캐피탈 펀드)에 출자하여 직접적인 투자 위험을 감소시키면서 수익을 목적으로 운영하는 펀드로서 전체 출자자금을 하나의 펀드(母펀드)로 결성하고, 母펀드를 통해 펀드운용사가 결성하는 투자펀드(子펀드)에 출자하는 펀드를 의미한다.

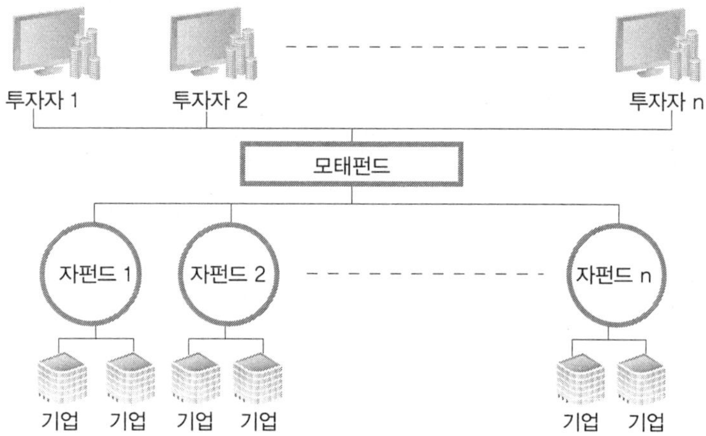

〈그림 8-10〉 모태펀드의 개념

투자자의 관점에서는 다수의 벤처캐피탈 펀드에 출자하는 방법보다 모태펀드에 출자하는 방법으로 투자를 하는 것은 여러 가지 장점이 있다.

첫째, 과거 투자성과(track record)가 검증된 우수한 운용사가 결성하는 벤처펀드에 투자할 수 있는 기회를 모태펀드를 통해 가질 수 있다.

둘째, 사모투자하는 대형 기관투자가나 소규모 자금을 가진 투자자 모두가 포트폴리오 구성을 위한 별도의 노력 없이 모태펀드를 통하여 다양한 자산 군과 다양한 투자전략(산업별, 지역별, 국가별, 시기별, 투자스타일)을 가진 다수의 벤처펀드에 투자가 가능하여, 분산투자 효과를 극대화할 수 있다.

셋째, 기관투자가나 소규모 투자자들은 투자에 관해 GP(General Partner, 업무집행조합원)와 협상해야 하는 부담과 펀드에 대한 모니터링 부담을 줄일 수 있다.

투자규모가 큰 출자자의 입장에서 모태펀드에 출자한다면 대규모 기관투자가는 PE(Private Equity)에 대한 자산배정 규모가 크므로 규모가 작은 개별 펀드에 투자총액을 나누어 투자할 수 있게 된다. 또한 대규모 기관투자가들이 개별 벤처펀드에 대한 정보가 부족할 경우 모태펀드 펀드매니저의 펀드관리능력을 활용할 수 있다. 이 경우 투자된 개별 벤처펀드의 입장에서도 자신들의 권리와 의무에 대해 잘 아는 모태펀드 매니저와 업무를 원활하게 수행할 수 있다.

투자규모가 작은 출자자의 입장에서 모태펀드에 출자한다면 다수의 대형 벤처펀드 출자를 위해 각각의 최소투자 규모를 충족시킬 수 없는 소규모 기관투자가도 대형펀드에 투자할 수 있으며 분산투자의 효과도 기대할 수 있다.

〈표 8-4〉 모태펀드의 특성

특성	설명
통합된 자본	개별 투자자의 자본을 전문적인 투자풀을 통해 운영 가능
전문적인 운영	펀드매니저에 의한 투자심사 및 실사서비스 제공
중앙집권적 의사결정	집중된 투자 의사 결정 가능
다각화	다양한 종류의 펀드에 대한 투자를 통해 포트폴리오 위험분산 가능

2) 우리나라 모태펀드

우리나라에서는 2005년도에 정부가 중소기업과 벤처기업에 대한 투자확대를 위해 한국모태펀드(Korea Fund of Funds, 이하 "모태펀드"라 한다)를 만들었다. 정부는 모태펀드을 조성하고, 민간의 벤처펀드에 출자하여 중소기업 및 벤처기업에 대한 투자를 촉진하려는 정책목적을 가지고 있다. 자금조달이 어려운 중소 및 벤처기업에 대한 투자 활성화를 목표로 모태펀드를 통해 R&D, 설비투자 자금을 공급하고자 하는 것이다.

당초 2005년부터 4년 동안 1조원 규모의 모태펀드를 조성하여 그 출자된 재원을 바탕으로 30년간 재투자(Revolving)방식으로 모태펀드를 운영하여 우리나라 벤처캐피탈과 중소-벤처기업에 안정적인 벤처 · 창업투자 재원을 공급하려는 취지이다. 중기청의 산하 한국벤처투자(주)는 모태펀드의 관리기관으로서 정부의 운영방침에 따라 자펀드 출자 · 관리 등 모태펀드 자산의 관리 · 운용하고 있다.

2005년 모태펀드 설립 이전에 기존의 정부 벤처투자자금 지원체계는 정부의 여러 부처(중소기업청, 산업자원부, 정보통신부, 과학기술부, 문화관광부, 농림수산부 등)에서 개별적으로 실시하였다. 정부내 각 부처에서 각각의 사업목적에 맞는 출자사업을 공고하고, 각 벤처캐피탈이 각 사업목적을 비교하고 특정 출자사업에 신청하면 심사절차를 각 부처에 밟았다. 그 후 선정된 벤처펀드가 결성되면 해당 펀드 결성재원의 30~40%를 정부 부처에서 출자해 주고 펀드는 중소기업과 벤처기업에 투자하는 구조를 취하였다.

모태펀드의 자산운용은 장기적 안전성을 바탕으로 수익성과 공공성을 견지하여 수행하고 있다. 다만, 모태펀드의 수익성에 중대한 영향을 미치지 않는 범위 내에서 공공성을 고려하여 출자사업을 진행하고 있다. 한국벤처투자는 모태펀드의 자산은 중소 · 벤처기업의 투자수요와 자펀드의 출자수요를 고려하여 운용하고 있다

2013년 9월말 기준 모태펀드의 운용 현황을 설명한 〈표 8-5〉에서 보면 모태펀드는 조성된 재원을 바탕으로 279개 벤처펀드에 총 2조 541억원을 출자약정 하였으며, 결성된 벤처펀드의 총결성 규모는 7조 8,562억원에 이른다.

2006년 이후 전체 펀드 중에서 모태펀드가 차지하는 비중이 꾸준히 증가하는 추세이

〈표 8-5〉 모태펀드의 운용 현황

(2013년 9월말 기준, 단위 : 개, 백만원)

구분		합계
자펀드 결성	펀드 수	279
	결성액	7,856,216
	출자약정액	2,054,154
자펀드 투자실적	업체 수	4,424
	금액	5,700,259

며, 2012년에 결성된 41개 펀드 중 모태펀드 출자펀드는 27개이다. 모태펀드 출자펀드의 결성금액은 8,021억 원으로 전체 결성금액의 84.4%를 차지하였다.

3) 특허기술사업화 펀드

모태펀드가 결성하는 자펀드 중에는 다양한 목적을 갖은 정책성 펀드들이 있다. 그 중에는 특허청의 재원으로 결성되는 특허기술사업화펀드가 있다.

특허기술사업화펀드는 특허기술의 이전 및 특허기술의 사업화 촉진을 위해 특허기술사업화를 추진 중인 우수 중소 · 벤처기업에 대한 집중 투자하는 펀드이다. 특허기술사업화펀드의 중점 투자분야로 ① 대학 · 공공연구소의 기술이전 기업, ② 특허관리회사, ③ 국내특허 해외사업화 기업 등이 있다.

특허기술사업화펀드는 초기기술에 대한 투자시스템이 부족한 사업화 초기단계에 시의적절한 투자를 함으로써 우수한 기술이 사장되는 것을 방지하고 핵심 원천기술의 확보를 위한 산업재산권 창출에 기여하게 된다.

8.7 지식재산금융[2)]

1) 지식재산금융이란?

기술금융은 기업의 기술적 잠재력과 전반적인 기술사업화 역량을 활용하여 자금을 조달하는 것으로 기술평가를 통하여 이루어지는 기업금융수단 중 하나이다.

지식재산금융(Intellectual Property-based Financing, 이하 IP금융)은 이러한 기술금융뿐만 아니라 대체투자(alternative investment)의 성격을 동시에 가지고 있다. 즉 IP금융은 특허 등 지식재산의 창출, 사업화, 활용과정에 따라 지식재산을 기반으로 투자, 융자, 보증

2) 이하 내용은 이성상(2013)과 서경 · 권영관(2013)을 참고하였음.

등의 자금을 공급하는 기업금융활동이며, 더 나아가서 투자집합기구(예: 투자회사, 투자신탁, 투자조합 등)을 활용하여 지식재산 자체에 투자함으로써 투자자에게 배당 혹은 수익을 분배하는 활동까지도 포함한다.

2) IP금융시장

〈그림 8-11〉에서 보는 바와 같이 IP금융시장은 IP자산시장 혹은 기술거래시장을 기반으로 형성된다. 그림에서 보는 바와 같이 IP금융시장은 IP거래 시에 매개체가 이를 기반으로 금융상품을 창출하고, 이것이 지분이나 채권화되면 발행시장(primary market)이 생성된다. 이 금융상품이 투자자에 의해서 구입될 수 있으면 유통시장(secondary market)이 생성된다.

IP거래와 금융의 연계 사례로는 미국의 IPXI(Intellectual Property Exchnage International, Inc.)를 들 수 있다. IPXI는 Ocean Tomo사에 의해서 2008년에 설립된 IP금융거래소로 일종의 IP유동화 플랫폼이다. IPXI는 IP를 하나의 상품으로 보고, 거래를 표준화함으로써

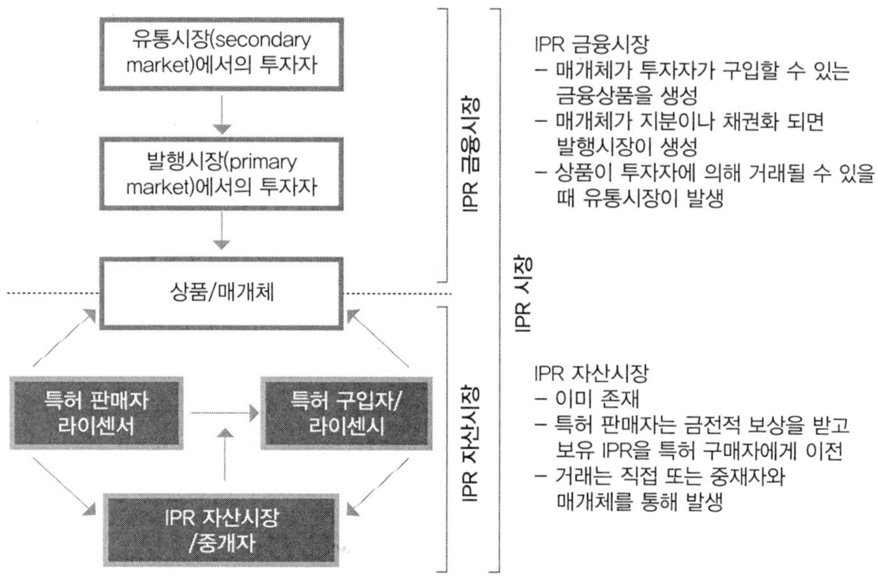

출처: Bader et al.(2012)

〈그림 8-11〉 IP 금융시장

기술거래를 원활하게 하며, IP금융시장을 형성한다. 구체적으로 IPXI는 단위실시권계약(Unit Licence Right Contract: ULRC)이라는 표준화된 거래방식을 통해 특허보유자는 특허를 쉽게 현금화할 수 있고, 기술구매자는 적정한 가격으로 특허를 구매할 수 있는 동시에, IP자산의 유통시장이 생성되게 한다.

3) 우리나라의 IP금융시장

IP금융시장은 우리나라는 물론 미국, 유럽 등 선진국에서도 아직 활성화되고 있지 못한 실정이다. 이는 기본적으로 IP자산 거래시장 자체가 활성화되지 못하고 있는데 기인한다. 하지만 미국에서는 IPXI와 같이 IP거래 효율화를 통한 IP금융의 활성화 시도가 진행되고 있으며, 이스라엘의 요즈마펀드는 성공사례로 평가되고 있다.

우리나라에서도 IP금융에 대한 관심이 높아짐에 따라서 탐색적인 시도들이 추진되고 있다. 대표적으로 정부와 민간기업 공동으로 방어펀드의 일종인 ID(Intellectual Discovery)와 그 자회사인 아이디어브릿지 자사운용이 설립되어 IP금융관련 활동을 추진하고 있다. 2012년에는 IP자산에 기반을 두고 동산담보대출제도가 마련되었고, 2013년에는 특허청과 한국산업은행이 협력하여 우수 특허를 보유한 중소기업을 대상으로 특허 담보만으로 대출을 받을 수 있는 IP금융을 추진하고 있다.

PART Ⅲ

정책적 과제

제9장
기술거래 및 사업화 촉진정책

CHAPTER 9

기술거래 및 사업화 촉진정책

우리나라는 R&D에 많은 국가적 자원을 투입하고 있음에도 불구하고 이를 경제적 성과로 연결시키지 못하는 실정이다. 이는 무엇보다도 기술거래의 중요한 수단인 기술시장이 취약하기 때문이다. 따라서 기술거래 활성화를 위한 정부의 적극적인 기술시장 구축정책이 요구된다. 본 장에서는 기술시장 구축정책의 근거, 유형, 현황, 문제점 등을 살펴보고 대략적인 정책방향을 제시하고자 한다. 더 구체적인 정책수단들에 대해서는 국책연구소의 연구보고서를 참조할 수 있을 것이다.

9.1 기술시장 구축정책의 근거

정부는 왜 기술사업화 및 기술마케팅 활동에 개입해야 하는가? 만약 일반적인 상품 혹은 서비스라면 당해 시장에서 거래가 자율적으로 이루어지므로 정부는 시장 보정적인 차원에서 정책을 펴면 된다. 그러나 기술의 거래는 일반적인 재화의 거래와는 달리 공급자와 수요자를 연결하기가 쉽지 않고, 또 그 가치를 객관적으로 평가하기 어렵다. 근본적으로는 제2장에서 살펴본 바와 같이 기술시장(market for technology)에서 거래되는 기술정보, 특히 특허는 외부성, 공공재적인 성격, 불확실성, 정보의 비대칭성 등 시장실패(market failure)의 요인을 가지기 때문이다.

이러한 어려움에도 불구하고 연구소나 기업 등에서 개발된 기술의 거래와 확보된 기술의 사업화는 거래 당사자들에게는 물론 국가적으로도 경제적 이득이 클 것으로 기대되기 때문에 각국 정부는 기술거래의 활성화 및 지원을 위한 정책적 노력을 강화하고 있다. 즉 기술시장은 창출 혹은 획득된 기술을 경제적 가치로 전환시키는 역할을 수행하기 때문에 기술시장 구축정책은 정부정책에서 빼놓을 수 없는 중요한 분야이다.

특히 우리나라의 경우에는 기술시장이 가장 취약한 부문으로 지적되고 있다. 국가 R&D의 최종적 성과를 측정함에 있어서 사업화율이 16%에 불과하고, 공공기술의 기업 이전율이 15%에 그치는 실정이다. 특허의 휴면율도 70%에 육박하고 있다. 이는 투입 및 산출되는 성과들에 비해 이들에 대한 확산 및 활용이 매우 미흡하다는 것을 의미하는 것으로 볼 수 있다. 따라서 우리가 다루게 될 기술시장의 구축정책은 개발된 기술의 경제적 성과 실현이라는 측면에서 매우 중요한 정책과제이다.

9.2 기술시장 구축정책의 유형

〈그림 9-1〉은 기술혁신과정에서 기술시장의 위치를 보여주고 있다. 그림에서 보는 바와 같이 국가혁신시스템(NIS) 구성요소 중 기술하부구조와 특허제도를 잘 활용하여,

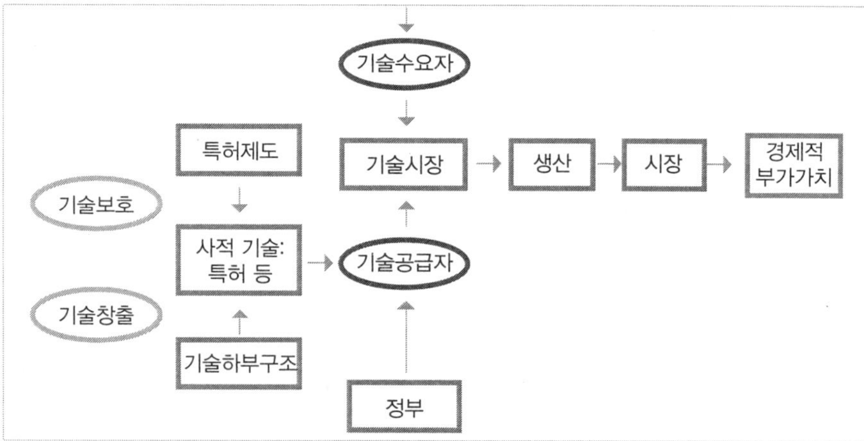

자료: 기술경영경제학회(2007)

〈그림 9-1〉 혁신과정에서 기술시장의 역할 및 정책

기술의 사적 권리, 즉 특허를 획득한 경제주체들은 기술공급자가 된다. 기술공급 주체들로는 개인발명가, 중소기업, 대기업, 기술개발 전문기업, 공공연구소, 대학 등이 있다. 물론 이들은 기술을 시장에 판매하지 않고 직접 생산에 활용하여 경제적 부가가치를 창출할 수 있다. 그러나 개인발명가, 기술개발 전문기업, 공공연구소, 대학 등은 특허를 직접 사업화하기 어려우므로 기술시장에 판매하거나 대여하는 경우가 많다. 기술수요자는 벤처기업, 대기업, 중소기업 등 주로 기업들이다.

기술시장을 잘 이해하고 적합한 정책을 수립하기 위해서는 기술시장에서의 핵심역할자를 제대로 파악하는 것이 필요하다. 기술시장에서는 기술공급자(suppliers), 기술수요자(users), 기술시장(market for technology), 정부(government), 지원기관(agents) 등이 중요한 역할을 하고 있다. 정부의 역할은 이러한 기술거래가 잘 일어날 수 있는 여건조성과 구체적인 지원정책을 마련하는 것이고, 지원기관은 이러한 정책을 시장여건에 맞추어 효과적으로 실행하는 것이다.

앞에서 언급한 바와 같이 기술시장은 시장실패의 요인을 가지므로 정부는 ① 기술시장 자체를 창출하거나, ② 기술수요자를 지원하는 정책, ③ 기술공급자를 지원하는 정책, ④ 기술수요자와 기술공급자를 연계시키는 정책 등을 펼 수 있다. 또한 기술은 국내뿐만 아니라 해외에서도 구입하거나 해외에 판매할 수 있으므로 ⑤ 해외기술시장과의

〈표 9-1〉 기술시장 구축정책의 영역 및 정책수단

	정책영역	정책수단
기술시장 구축정책 (Building Market for Technology)	기술시장 조성	상설기술시장
		간헐기술시장
	기술수요자 지원	기술인식프로그램
		기술가치평가
		벤처기업지원
	기술공급자 지원	기술정보 DB구축
		기술마케팅지원
		기술거래세제지원
		기술거래금융지원
	기술수요자와 기술 공급자 연계	기술이전기관육성
		특허사업화촉진
		기술이전활성화
	해외기술시장 연계	기술도입지원
		기술수출지원

연계도 하나의 정책영역으로 볼 수 있다. 〈표 9-1〉에는 각 정책 영역에 따른 정책수단을 열거해 놓았다.

1) 기술시장 조성정책

기술시장은 본질적으로 시장실패의 요인을 가지므로 기술시장 자체가 존재하지 않거나, 존재하더라도 그 기능이 제대로 작동하지 못할 수 있다. 따라서 기술시장 자체를 창출하는 정책이 하나의 중요한 정책수단이 된다. 예를 들어 기술거래소, 기술복덕방, 특허거래장터 등을 개설하는 정책이 이에 속한다.

기술시장 조성정책의 정책수단은 상설기술시장과 간헐기술시장으로 나눌 수 있다.

2) 기술수요자 지원정책

기업은 새로운 기술정보가 필요하다는 것을 알 수 있을지라도, 그들을 수요하지는 않는 경우가 많다. 왜냐하면 그들은 관련된 기술정보의 존재를 알지 못하거나, 전통적인 해법으로도 가능하다고 잘못 인식하기 때문이다. 이는 기본적으로 정보의 비대칭성(asymmetric information)에서 유발되는 문제이다. 따라서 기술수요자들에 대한 정부의 지원정책이 요구된다.

기술수요자에 대한 정책은 인식의 유발과 사용자 욕구의 확정이라는 두 가지 면을 포함한다. 먼저 인식 프로그램은 기술의 확산정책에 있어서 공통적인 구성요소로서 이동식 전시회의 형태를 취할 수 있는데, 사용자가 사용하기를 주저하는 새로운 기술서비스를 전시함으로써 그들을 확정적인 수요자로 변화시킨다. 사용자 욕구의 결정에서 핵심적인 과정은 사용자–생산자 네트워크 내에서 상호작용에 의한 학습이다(Lundvall 1985). 이외에도 기술가치평가, 기술수요자로서의 벤처기업지원 등도 기술정보에 대한 인식의 유발과 사용자 욕구의 확정을 도와주는 기술수요 측면의 정책이라고 할 수 있다.

뿐만 아니라 상품으로서 기술정보를 획득하는 데는 많은 탐색비용(search cost)이 든다. 기술정보 탐색비용은 기술구입을 위하여 기술공급처를 알아본다든지, 혹은 더 좋은 기술을 찾기 위하여 소요되는 비용 및 시간을 포함하는 개념이다. 예를 들어 기술의 구매자는 기술정보원을 알아보기 위하여 인터넷에 들어가기도 하고, 소정의 수수료를 내고 기술중개 전문기관으로부터 자문을 받기도 한다. 이러한 활동을 용이하게 해주는 정책들도 기술수요자 지원정책이다.

기술수요자 지원정책의 정책 수단은 기술인식프로그램, 기술가치평가, 벤처기업지원 등으로 나눌 수 있다. 벤처기업은 가장 중요한 기술수요자가 될 수 있으므로 기술시장 구축정책에서 중요한 정책수단이 된다.

3) 기술공급자 지원정책

기술정보는 일반적인 상품과 달리 생산 및 판매에 있어서 많은 제약을 받게 된다. 가령 기술정보 판매자가 구매자로 하여금 자신의 기술을 파악하게 도와준다면, 이는 기술 자체를 알려준 것이나 마찬가지로서 구매자는 더 이상 기술정보에 대한 대가를 지불할 필요가 없게 될 것이다. 이러한 이유로 기술정보 판매자는 그들의 기술정보가 수요자에 대해서 가지게 될 진정한 가치를 실현시키려는 노력을 게을리 할 수 있을 것이다.

뿐만 아니라 기술시장에서는 기술정보의 판매자가 구매자에 비하여 더 많은 정보를 가지게 되므로 역선택(adverse selection)의 문제도 발생한다. 이 경우에 기술정보의 판매자는 핵심기술 혹은 중요기술은 판매하지 않고, 이미 표준화되거나 판매자의 입장에서 가치 없는 기술만을 판매하려고 할 것이다. 따라서 기술정보시장에서는 저급기술 또는 표준화된 기술만이 거래될 가능성이 있다. 이러한 문제는 기술시장에서 나타나는 자연스러운 경제적 현상이므로 정부가 기술공급자에 대한 유인제도를 시행함으로써 어느 정도 문제를 해결 할 수 있다. 기술마케팅지원, 기술거래시의 금융 및 세제지원 등이 기술공급자 지원정책에 속한다.

기술공급자 지원정책의 정책수단은 기술정보 DB구축, 기술마케팅지원, 기술거래 세제지원, 기술거래 금융지원 등으로 나눌 수 있다.

4) 기술수요자와 기술공급자 연계정책

기술시장에서 공급측 요인과 수요측 요인은 각각 중요하지만 더욱더 중요한 것은 기술공급자와 기술수요자의 연결 측면이다. 시장경제 하에서는 기술의 공급측면과 수요측면을 연결시켜 주는 기능은 기본적으로 기술시장이 수행하나, 비시장적 메커니즘(non-market mechanism)도 중요하다. 비시장적 메커니즘 구축과 관련된 정부정책으로는 기술이전촉진기관 육성, 특허의 사업화 등을 들 수 있다.

기술수요자와 기술공급자 연계정책의 정책수단으로는 기술이전기관육성, 특화사업화촉진, 기술이전활성화 등이 있다.

5) 해외기술시장 연계정책

기술거래는 국내뿐만 아니라 해외기술시장에서도 이루어진다. 따라서 다른 나라와 기술거래를 지원하는 일련의 정책들이 추진되고 있으며, 이러한 정책을 해외기술시장 연계정책으로 볼 수 있다. 사실 우리나라의 경제발전과정에서 초기에는 해외로부터의 기술도입을 정부가 적극 지원하였으며, 고도성장은 이에 힘입은 바 크다.

해외기술시장 연계정책의 정책수단은 크게 기술도입지원과 기술수출지원으로 나눌 수 있다.

9.3 기술거래 및 사업화 촉진정책 현황

1) 기술시장 조성정책

우리나라에서 이미 간헐적인 기술시장이 존재해 왔으며, 최근에는 상설 기술시장이 구축되고 있다. 행사 위주의 비상설 기술시장으로는 산업기술정보원이 주관하는 테크노마트, 중소기업진흥공단이 개최하는 중소기업기술박람회, 한국발명진흥회가 개최하는 특허기술공개마트 등이 대표적인 예이다. 상설기술시장으로는 한국기술거래소, 특허청의 특허기술상설장터 등이 있다. 상설 기술시장을 중심으로 특허기술 사업화 현황을 살펴보고자 한다.

(1) 한국기술거래소

한국기술거래소는 기술이전촉진법[1]에 따라 2000년 정부, 금융기관, 벤처기관 등이 공동으로 출연하여 설립된 기술시장이다. 이 거래소는 국내외의 특허기술뿐만 아니라 법인이나 개인이 개발한 비특허기술까지 수집하여 거래희망자들에게 알선해주고 기업 간 기술이전 및 기술판매를 중개해주는 기관이다.

설립 이후 2005년 말까지 실적을 보면, 기술거래시장을 100여 회 정도 개최하였으며, 여기서 총 600여 건의 기술을 소개하였다. 관련 기능으로서 기술이전정보 DB구축, 기술

1) 기술이전촉진법은 2000년 제정된 후 2001년 한 차례 개정되었다. 기술이전이란 특허법 등에 의해서 등록된 기술이 양도, 실시권 허여, 기술지도 등의 방법을 통하여 권리보유자로부터 타인에게 이전되는 것을 말한다.

〈표 9-2〉 한국기술거래소의 사업실적

사업	기술거래	기술평가	투자알선	M&A/컨설팅	합계
2005년	67건	170건	1건	18건	256건
2000~2005년	264건	627건	42건	48건	1,001건

자료: 한국산업기술진흥원, 홈페이지

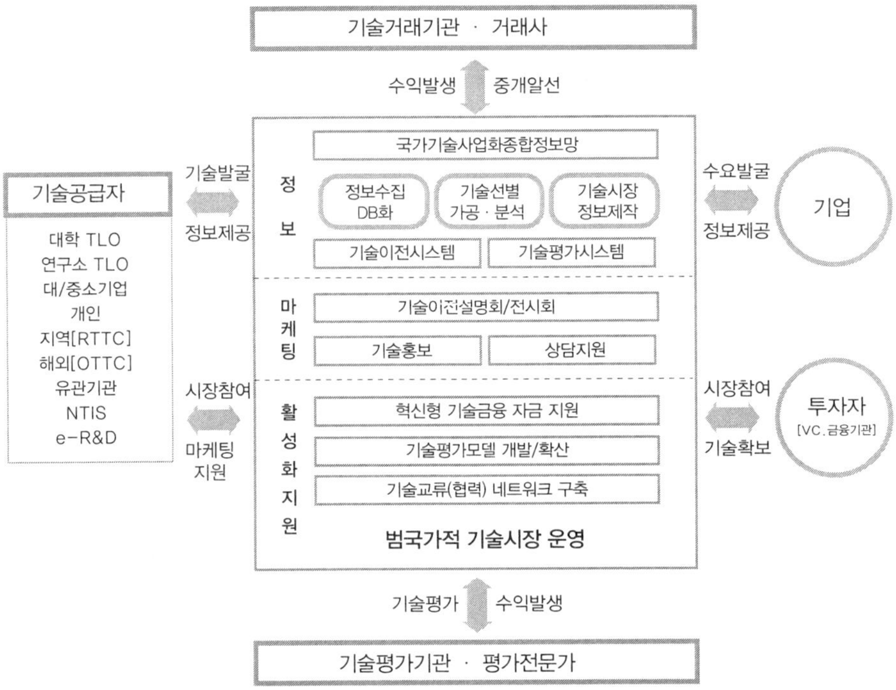

자료: 한국산업기술진흥원, 홈페이지

〈그림 9-2〉 한국산업기술진흥원의 기술거래 및 사업화 체계도

이전망 구축, 기술거래전문인력 양성, 기술사업화펀드 운영 그리고 기술가치평가 기반 조성 등의 활동을 수행하였다.

〈표 9-2〉에는 그간 한국기술거래소가 수행한 기술이전사업화 중개 실적이 나타나 있다. 표에서 보는 바와 같이 2000~2005년까지 한국기술거래소는 총 1001건의 기술사업화 업무를 직접 수행하였다. 2005년 기술거래횟수를 보면, 그 실적이 매우 저조한 것으로 나타나고 있다. 결국 한국기술거래소는 2009년 한국산업기술진흥원이 설립되면서

기술사업화단으로 조직이 흡수되어 운영되고 있다. 기술사업화단의 기술사업화 업무체계도는〈그림 9-2〉와 같다. 현재 한국산업기술진흥원에서는 별도의 홈페이지(www.ntb.kr)를 통해 54,643개의 기술을 '기술시장'에 등록하여 거래를 지원하고 있다.

(2) 특허청의 특허기술상설장터

특허청이 2000년부터 운영하는 특허기술상설장터는 휴면특허 사업화와 직결되는 정책수단이다. 특허기술상설장터는 특허기술장터의 간헐적 거래기능과 인터넷 특허기술장터(IP-MART)의 거래기능을 통합하여 특허기술의 이전 및 매매 등을 상설화한 것이다. 물론 이러한 주기능을 수행하기 위해 DB구축, 기술거래 프로그램개발, 기술동영상제작, 기술유통상담관 배치 등 여러 가지 활동을 하고 있다.

2002~2012년 동안 기술이전 실적을 보면(〈표 9-3〉, 총 3,595건의 특허(실용신안, 디자인, 상표 포함)가 특허청의 특허기술상설장터를 통해 거래되었다. 연도별로 거래실적이 증가하고 있으나, 절대적인 기준으로 보아서는 미흡한 실정이다. 즉 총 보유권리 대비 거래된 특허기술이 차지하는 비중이 1% 미만에 불과한 실정이다. 기술이전 실적을 유형별로 보면, 권리양도가 13%이고 나머지 87%는 실시허여를 통해 이루어졌다(〈그림 9-3〉 참조).

〈표 9-3〉 특허기술상설장터의 특허기술 이전실적 (단위: 건)

거래실적	'02	'03	'04	'05	'06	'07	'08	'09	'10	'11	'12	계
특허	54	48	72	88	127	259	281	388	441	561	786	3,102
실용신안	9	28	26	24	39	39	55	34	36	32	44	366
디자인	–	9	–	–	2	1	7	2	14	27	21	83
상표	1	6	–	–	–	–	–	–	8	13	13	41
노하우	–	–	–	–	–	–	–	–	–	3	–	3
계	64	91	98	110	168	299	343	424	499	636	863	3,595

자료: 특허청, 지식재산백서, 각년도

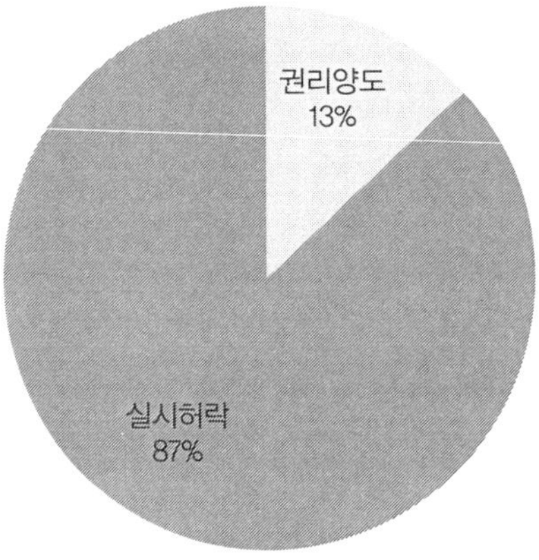

주 : 특허권, 실용신안권, 디자인, 상표 포함.
자료: 특허청(각년도)

〈그림 9-3〉 특허기술상설장터의 기술이전 유형(총 3,606건, 2002~2012년)

2) 기술수요자 지원정책

(1) 수요자 인식 프로그램의 구축

우리나라에서도 기술수요자 인식 프로그램이 구축되고 있다. 특허청은 특허유통상담관실, 지식재산전문도서관, 특허기술상설전시장 등을 운영하고 있다. 또한 특허청이 특허기술상설장터에서 선정된 우수 특허에 대해 기술의 기대효과를 동영상으로 제작하거나, 기술평가서 등을 제공하는 것도 수요자 인식프로그램이라고 볼 수 있다.

최근에는 국내 특허기술거래시장의 환경에서 지재권 창출의 당사자인 다수의 공급자를 중심으로 한 특허기술이전 마케팅 지원보다는 지재권 활용의 당사자인 소수의 기술수요자를 중심으로 한 특허기술이전 마케팅이 더 효율적이라고 판단하고 기술수요자가 찾고자 하는 기술의 내용을 먼저 파악하고, 이후 이에 적합한 맞춤형 공급기술을 찾아주는 수요기술조사를 실시하고 있다. 또한 수요자 중심의 기술거래 성사율을 향상시키기 위해 기술수요자 중 중소기업을 대상으로 특허포트폴리오 분석을 통한 기술도입 전략 수립 및 사업화 자금조달방안 등 특허기술 도입에서 사업화에 이르는 전반적인 부분을 관련 전문가로부터 자문을 받을 수 있도록 수요기업 맞춤형 컨설팅을 지원하고 있고, 기술수요자가 공급기술에 대한 객관적인 분석자료를 토대로 기술도입 여부를 결정할 수 있도록 대량의 특허를 저비용, 실시간으로 평가할 수 있는 특허자동평가시스템을 개발하여 서비스를 제공하고 있다.

(2) 기술가치 평가

기술시장이 실패하는 이유 중의 하나가 기술구매자가 기술의 가치에 대해서 모른다는 것이다. 따라서 기술가치를 평가하여 수요자들에게 제공하는 일은 매우 중요하다.[2)] 우리나라에서는 기술이전촉진법 제4조에 근거하여 기술평가제도가 시행되어 오고 있다. 그러나 기술가치 평가의 목적은 다양하다. 즉 특허의 사업화 및 기술이전을 위한 평가도 있지만, 벤처기업육성을 위한 평가와 금융지원을 위한 평가도 이루어지고 있다.[3)] 특허기술의 사업화를 위한 기술평가는 특허청이 담당하고 있으며, 기술이전을 위한 기술평가는 지식경제부에서 담당하고 있다. 먼저 특허청은 발명진흥법 21조에 의거하여 기술가치의 평가를 수행하고 있는데, 구체적으로 개인, 중소기업 및 공공연구기관을 대상으로 특허기술의 평가 수수료를 지원하고 있으며, 발명의 평가기관을 지정하고 있다. 평가기관으로는 사업성 평가분야에서 한국발명진흥회 등 12개 기관, 기술성 평가분야에서 한국생산기술원 등 29개 기관을 지정하고 있다. 기술평가기관들은 기술평가 업무와 함께 기술중개 역할도 수행하고 있다.

특히 특허청에서는 특허기술 가치평가를 위한 수수료를 일정금액 지원한다. 특허기술 평가비용 지원은 발명진흥법 제30조에 근거하여 시행되고 있으며 기술평가에 소요되는 평가비용의 70% 이내에서 신청인 1인당 연간 5천만 원 한도까지 지원하고 있다. 평가비용을 신청할 수 있는 대상자는 신청일 현재 특허법 , 실용신안법에 의해 등록된 권리자와 그 승계인 및 전용실시권자로서 개인, 중소기업기본법 제2조에 의한 중소기업과 기술의 이전 및 사업화촉진에관한법률 제2조 제6호에 의한 대학 및 국공립연구소이며 권리자로부터 동의를 얻은 경우에는 누구나 신청이 가능하다. 2012년 실적을 보면(〈표 9-4〉 참조), 총 68건에 대하여 16억 원의 평가비용이 지원되었다.

---

2) 기술가치 평가는 기술의 공급자 혹은 보유자 측면에서 매우 중요하다. 평가된 특허기술에 대해서는 사업자금 확보의 수단으로 활용되어 사업화를 촉진하는 작용을 한다.

3)기술평가제도에 대한 자세한 내용은 윤권순 · 임근영(2002) 참조.

〈표 9-4〉 특허청의 특허기술 가치평가 지원실적 (단위: 건, 백만 원)

구분	2008	2009	2010	2011	2012
예산	3,334	1,975	1,263	1,320	1,670
신청건수	108	82	53	59	68

자료: 특허청(각년도)

(3) 특허기술사업화 자금지원

각종 설문조사결과를 보면 기술사업화 저해요인으로 기술의 수요자(특허기술보유자)는 사업자금의 부족을 가장 중요한 문제로 지적하고 있다. 일반적으로 이러한 문제를 기술 갭(technological gap) 혹은 자금 갭(funding gap)이라고 하는데, 이 점을 인식하여 이미 정책당국에서는 특허의 사업화 자금지원 정책을 수립하여 시행해 오고 있다.

자금 갭과 관련된 사업으로는 정부의 출연사업으로 중소기업청의 이전기술개발지원, 지식경제부의 신기술실용화사업 및 창업보육사업 그리고 교육기술부의 연구성과 지원사업 등이 있다. 또한 거래된 기술의 사업화 촉진을 위해 한국산업기술진흥원을 통한 융자사업을 시행하고 있다.

직접 휴면특허기술과 관련된 정책으로는 특허청의 특허기술사업화협의회와 특허기술사업화 투자조합을 들 수 있다. 특허기술사업화협의회는 특허청이 지식경제부와 중소기업청과 협조하여 1999년 설립된 기관으로 특허창출 및 사업화단계, 즉 기술개발 → 디자인 개발 → 창업보육 → 시설투자 등에 대해서 자금을 융자, 보조, 출연 및 투자하고 있다.

(4) 벤처캐피탈 투자 조건부 R&D 출연사업

중소기업청은 2008년도부터 벤처캐피탈투자 조건부 R&D 출연 프로그램을 시작하여, 43개사를 선정하여 운영하고 있다. 이 사업에서는 중소기업청이 중소벤처기업에게 벤처캐피탈의 심사 및 투자를 받을 것을 전제로 상용 R&D 출연금을 제공한다. 이 사업은 세 가지 유형으로 운영된다. 첫째는 중소기업기술혁신개발사업으로 연구개발 집약도가 높은 첨단 · 고기술 분야 중에서 벤처캐피탈업계의 투자 심사를 통해 선별된 100

개 상용개발 과제에 대해 중소기업청이 R&D 자금을 출연한다. 둘째는 기업협동형 기술개발사업으로 2개 이상 중소벤처기업의 공동상용개발 프로젝트 중, 벤처캐피탈 회사들의 투자 심사를 통해 사업화가능성 및 시장성이 높다고 인정된 25개 상용기술개발 과제의 R&D 자금을 지원한다. 셋째는 구매조건부 신제품개발사업으로 대기업 · 공공기관 등 국내 수요처에서 구매의사를 밝히고 개발을 제안하여 채택된 지정 공모과제로서, 경제성과 개발비 규모가 큰 과제에 대해 R&D 자금을 지원한다.

3) 기술공급자 지원정책

(1) 기술거래 세제 지원제도

종전에 비해서 기술거래에 대한 세제지원이 줄어들기는 하였으나,[4] 조세감면 특별법에 따르면 기술거래 관련 활동에 대해서 조세혜택을 부여하고 있다. 2001부터 기술평가전문기관을 통한 기술평가비용에 대해서 조세를 감면해주고 있다. 또한 특허, 실용신안, 기술비법 등을 포함한 기술의 취득 시에 취득금액의 3%(중소기업은 10%)를 세액공제(tax deduction)해주고 있다.

(2) 연구자 유인제도

정부는 발명활동 및 특허의 사업화를 촉진하기 위해 연구자에 대한 보상규정을 만들어 시행하고 있다. 특허법에서는 발명자에게 정당한 보상금의 지급을 규정하고 있으며, 기술이전촉진법 시행령에서는 15% 이상, 교육과학기술부 특정연구개발 사업처리규정에서는 50% 이상을 보상액으로 규정하고 있다. 이러한 법적 조치에 따라 각 연구소나 대학에서는 산학협력단 등 전담기구를 운영하고 있으며, 직무발명에 대한 기준을 만들어 발명 및 특허의 사업화를 유도하고 있다. 대학의 경우 발명자(교수)에 대한 실질보상금 지분율이 50~70%에 이르고 있다.

4) 2003년 12월 31일까지는 한국기술거래소 및 기술이전촉진법상의 거래기관, 평가기관을 통한 기술거래의 경우 이전소득에 대해 법인세 또는 소득세의 50%를 감면해 주었다.

(3) 특허취득 비용지원

기술이전 활동비용 중 특허취득 및 유지비용이 많은 비중을 차지하고 있다. 따라서 이에 대한 비용이 적어지면, 기술이전 및 사업화가 촉진될 수 있다. 현재 이와 관련된 제도로서, 특허청의 해외특허료 지원사업과 교육과학기술부의 특허지원사업이 있다.[5] 특허청은 개인 또는 중소기업이 해외에 특허를 출원하였을 경우, 출원비용이 120만 원 미만에 대해서는 전액 지원하고 있다. 그러나 해외출원비용에 비해 지원액수가 적어 실효성이 낮다는 지적이 있다.

(4) 기술이전 전문 인력 양성

기술시장구축의 공급 측 정책수단 중 기술거래 전문인력 양성은 매우 중요하다. 현재 기술거래협회, 과학기술정보연구원 등에서는 실무 위주의 기술거래 교육을 실시하고 있다. 초급과정은 기술거래 실무 위주의 과정이고, 전문과정은 기술거래 경험이 있는 자에 대한 심화교육이다. 최근 지식경제부 등에서 추진하고 있는 기술경영(Management of Technology) 전문 인력 육성지원을 통해서도 기술이전 전문 인력을 양성할 수 있다.

한편, 기술이전촉진법에는 일정한 자격, 경력 및 실적을 갖춘 자를 기술거래사로 한국기술거래소에 등록하여 운영하도록 되어 있다.

(5) 기술이전 DB구축

현재 특허기술 및 기술이전정보에 대한 DB구축 및 표준화는 기술시장 구축에 있어서 중요한 정책으로 자리 잡고 있다. 특허청은 IP-Mart와 관련하여 각종 소프트웨어를 개발하고 있으며, 방대한 특허DB를 구축하였다.

---

5) 한시적으로 운용되던 특허법상의 특례조항은 2005년에 기한이 끝났다. 여기서는 대학, 중소기업, 개인 등에 대해서 수수료의 50~70%를 감면하여 주었다.

4) 기술수요자와 기술공급자 연계지원정책

(1) 공공기술이전 컨소시엄

공공기술이전 컨소시엄 프로그램은 2002년부터 2006년까지 시행되었던 기술이전지원정책이다. 공공기술이전 컨소시엄은 전국을 5개권(수도권, 대덕밸리, 중부권, 영남권, 호남제주권)으로 나누고, 권역별로 대학과 공공연구소들이 결성한 컨소시엄이다. 총 75개 대학과 34개 공공연구소가 참여하였다. 이 컨소시엄의 임무는 첫째 참여기관이 보유하는 유망 이전대상 기술을 공동으로 발굴하고, 둘째 참여기관 간 협업시스템을 구축하며, 셋째 전문교육기회 제공과 전문가 컨설팅 지원 등을 통해 참여기관의 기술이전 전담조직을 보육하는 것이었다.

이 프로그램은 기술이전 전담조직이 취약한 상황에서 나름대로 소기의 성과를 달성한 것으로 평가되고 있으나(박종복 · 류태규, 2007), 다음에 설명되는 Connect Korea 사업으로 통합 흡수되었다.

(2) Connect Korea 사업

Connect Korea사업은 기술이전율을 제고하기 위하여 지식경제부, 교육과학기술부, 지역균형발전위원회가 공동으로 2006년부터 추진하는 사업이다. 사업내용은 크게 선도 기술이전기관(Technology Licensing Office: TLO) 사업과 지역기술이전센터(Regional Technology Transfer Center; RTTC) 육성사업으로 나뉘어져 있다. 선도 TLO사업은 전국을 4대 권역(수도, 중부, 서남, 동남)으로 구분하여 지원함으로써 지역 간 균형발전을 도모하고, 권역별로 유망 TLO를 선별하여 집중 지원한다. 현재 18개 대학 TLO와 10개의 연구소 선도 TLO가 운영되고 있다.

RTTC 육성사업은 기존의 단순한 기술중개 기능을 벗어나 지역 내 대학, 연구기관 등 기술공급자와 수요기업, 그리고 금융기관을 연계하여 기술이전과 사업화를 촉진하도록 지원한다. 특히 테크노파크(TP)를 사업화 자원(기술, 금융, 인력 등)과 연계시키는 지역 내 기술사업화거점기관으로 육성시키는 사업이다. 2010년 현재 14개의 지역기술이전센터가 운영 중에 있다.

5) 해외기술시장 연계지원정책

사실 우리나라의 경제발전과정에서 초기에는 해외로부터의 기술도입을 정부가 적극 지원하였으며, 고도성장은 이에 힘입은 바 크다. 그러나 최근에는 기술수출을 통한 부가가치 창출사례도 늘어나고 있다. 여기서는 최근 정부가 추진하고 있는 유라시아 기술도입정책과 유럽 기술이전 · 사업화 네트워크(EEN) 가입 추진을 대표적인 정책사례로 소개한다.

(1) 해외기술협력거점사업

지식경제부는 중소기업의 해외기술협력 활성화를 위해 해외기술협력거점사업을 추진 중이다. 이 사업은 해외의 원천기술과 이를 활용해서 상용화 할 수 있는 국내기업을 연결해 주는 연계화 사업이다. 유라시아 등 7개 지역에 거점을 확보하여 운영 중이다. 특히 국내 기술수요자를 바로 연결하기 위해서 온라인으로 정보를 제공한다.

(2) 유럽 기술이전 · 사업화 네트워크(EEN)

정부는 우수기술을 보유한 기업의 해외 진출을 위해 기술수출 마케팅 활동을 지원하고 해외 기술수출설명회를 지원해 왔다. 그러나 선진기술시장으로의 진입 장벽으로 인해, 주로 개발도상국을 대상으로 기술 수출이 이루어져 왔다. 이에 따라 유럽 및 미국 등 선진해외기술시장 진출을 위한 정책이 요구되었고, 지식경제부가 기술의 이전 및 사업화 활성화를 위한 네트워크 확장을 위해 유럽 기술이전 · 사업화 네트워크(EEN)를 구축하는 사업을 추진하게 되었다.

EEN 협력국가는 EEN 회원(40개 국 600여 기술거래기관)과의 정보 공유로 기술 수출입 거래의 창구가 형성되고, EEN과 연계된 다른 기술선진국(미국 등 9개 국)과의 네트워크 확대로 선진기술시장에 대한 네트워크를 구축하게 된다. 또한 매년 유럽 전역에서 개최되는 기업 간 기술거래, 비즈니스 협업 행사의 공동개최 및 참가 기회도 주어진다.

더 알아보기 9.1 우리나라의 기술시장 구축정책 프로그램

정부는 2000년 이후 네 차례에 걸쳐 기술이전 및 사업화 촉진정책을 수립하여 시행해 오고 있다. 제1차는 2001~2005년, 제2차는 2006~2008년, 제3차는 2009~2011년, 제4차는 2012~2014년 기간이다. 〈표 9–5〉에는 2000년대 이후 시작되어 지속되고 있는(일부는 중단 혹은 다른 프로그램에 흡수) 우리나라 기술시장 구축정책을 앞에서 소개한 5가지 정책영역별로 소개해 놓았다. 자료는 각 부처의 자체평가자료, 국회보고자료, 홈페이지 공개자료 등에서 수집하였고, 정책프로그램은 정책예산이 책정된 사업 기준으로 파악하였다.

〈표 9–5〉 2000년 이후 우리나라 기술시장 구축 프로그램 현황

정책영역	정책수단	정책 프로그램
기술시장 조성	상설기술시장	한국기술거래소 운영(현재 한국산업기술진흥원으로 흡수)
		특허기술상설장터 설치운영
		인터넷특허기술장터(IP-Mart) 서비스기반
	간헐기술시장	특허기술대전/특허기술거래 및 국제발명전
		중소기업기술혁신대전
기술수요자 지원	기술인식 프로그램	특허기술상설전시장
		특허기술이전박람회
		중소기업맞춤형 과학기술제공서비스(KISTI)
		지역지식센터 발명품 전시지원
	기술가치평가	신기술아이디어 사업화 타당성 평가
		특허기술가치평가
		발명평가수수료 지원
		기술가치교육프로그램 운용
		발명의 평가기관지정
		기술평가제도(기술신용보증기금)
		특허기술평가제도(기술신용보증기금)
		신기술 특허기술 시설설치확인 평가사업
		기술가치평가(특허정보원)
		산업재산권 진단

<table>
<tr><td rowspan="16">기술수요자 지원</td><td rowspan="16">벤처기업지원</td><td>신기술창업보육</td></tr>
<tr><td>정보통신우수신기술 지정지원사업</td></tr>
<tr><td>신기술종합지원사업</td></tr>
<tr><td>정보통신산업경쟁력강화사업(벤처지원)</td></tr>
<tr><td>연구성과확산(벤처중소기업지원)</td></tr>
<tr><td>특허출원중 기술에 대한 벤처기업확인지원</td></tr>
<tr><td>벤처기업확인평가(기술신용보증기금)</td></tr>
<tr><td>기술창업평가보증(기술신용보증기금)</td></tr>
<tr><td>신기술보육사업(한국산업기술진흥원)</td></tr>
<tr><td>벤처기업인증 벤처기술평가사업(KISTI)</td></tr>
<tr><td>벤처기업확인평가(KAIST)</td></tr>
<tr><td>공공 R&D 벤처기업 육성사업</td></tr>
<tr><td>창업 및 벤처기업활성화</td></tr>
<tr><td>벤처생태계조성</td></tr>
<tr><td>해양중소벤처지원</td></tr>
<tr><td>환경벤처센터운영</td></tr>
<tr><td rowspan="12">기술공급자 지원</td><td rowspan="8">기술정보 DB구축</td><td>국가기술은행</td></tr>
<tr><td>특허정보시스템운영</td></tr>
<tr><td>특허정보 DB구축</td></tr>
<tr><td>기술거래정보 DB구축</td></tr>
<tr><td>지식재산권 정보화 기술표준 제정참여</td></tr>
<tr><td>특허정보서비스(특허정보원) 지원사업</td></tr>
<tr><td>보건산업지식 재산권관리운영</td></tr>
<tr><td>환경산업기술정보시스템구축</td></tr>
<tr><td rowspan="3">기술마케팅 지원</td><td>특허기술시작품제작 지원확대</td></tr>
<tr><td>특허기술사업화 협의회 지원</td></tr>
<tr><td>중소기업 우수특허기술에 대한 우선구매</td></tr>
<tr><td>기술거래세제지원</td><td>기술취득금액 세액공제</td></tr>
</table>

기술수요자와 공급자 연계 (비시장)	기술이전기관	대학기술이전센터 운영
		지역기술이전센터 설치
		산학협력실 설치지원
		공공기술이전컨소시엄 결성 지원
		대덕밸리 TLO(KAIST)
		선도 TLO 지원사업(현재 Connect Korea사업)
	기술(특허) 사업화 촉진	특허기술시스템 개편을 통한 기술거래
		우수특허기술사업화
		특허기술이전촉진 융자사업
		특허기술 성공사례발표회개최
		특허기술사업화협의회 자금지원확대
		특허기술사업화 투자조합(2호) 결성
		개발 및 특허기술사업화지원
		정보통신우수기술 지정지원사업
		대기업 휴면특허 발굴 · 이전
		대학특허기술이전 촉진
		특허기술투자조합출자
		우수특허제품 e-마켓플레이스운영
		특허기술의 전략적 사업화지원
		사업화연계기술개발
		국가기술자산활용
		국토해양기술의 사업화
		환경기술실용화 검증수수료지원
		환경기업의 사업화 지원(경영, 투자, 자금 측면)
		농림수산식품과학기술의 사업화지원
		농식품공공R&D성과실용화지원
	기술이전활성화	민군기술이전사업
		대학공공기관보유 특허기술의 민간이전
		중소기업이전기술개발
		기술이전 및 산업화활용촉진

기술수요자와 공급자 연계(비시장)		연구성과확산사업
		기술이전사업화
		기술이전사업(한국원자력연구소)
		기술이전사업(한국에너지기술연구원)
	기술이전활성화	기술이전사업(한국지질자원연구원)
		신기술이전사업(한국생산기술연구원)
		수도권 공공기술이전 컨소시엄(KIST)
		기술이전지원사업(KAIST)
		기술이전사업(표준과학연구원)
		기술이전사업(한국원자력연구소)
		보유기술 기술이전(지질자원연구소)
		신기술사업화사업(생산기술연구소)
		기업기술상품발굴사업
		IT연구성과확산사업
		연구성과사업화
		이전기술개발
		문화기술이전활성화
		기초연구성과활용지원
		보건산업기술이전
		농식품지식재산권거래기술활성화
해외기술 시장연계	기술도입지원	기술도입대가 조세면제
		고부가가치네트워크형 FDI 중점유치
		신 FDI비전 및 전략적 외자유치체계구축
		유라시아 원천기술 30건 도입
		외국인투자유치
	기술수출지원	해외기술거점사업
		전략기술수출정보센터운영
		Invest Korea Plaza 건립
		유럽 기술이전 · 사업화 네트워크(EEN) 가입 추진

사례 9.1 미국의 기술이전기관

미국 정부는 제2차 세계대전 이후로 우주항공, 국방, 에너지, 농업, 의료 등의 분야에서 임무지향형 연구개발과 기초과학기술을 지원하여 왔고, 특수한 경우를 제외하고는 그 성과를 연구소, 대학 그리고 민간기업들이 활용하는 것을 장려해 왔다. 그러나 최근에 와서 이러한 선형적인 기술분가 접근방법(technology spin-off)의 효율성이 재검토되면서 특정임무와 상업화 기술을 동시에 개발하는 접근방법으로 전환되고 있다(Branscomb, 1993).

특히 1980년대 말에는 공공연구기관에서 개발한 첨단기술을 기업, 특히 중소기업들에게 이전하는 정책프로그램들이 시행되고, 다양한 기술이전기관들이 나타나기 시작하였다.

1. 국립기술이전센터

미국 국립기술이전센터(National Technology Transfer Center; NTTC)는 연방연구소와 민간기업을 연결하는 국가적 네트워크의 중심으로서 정부 차원의 연구개발결과를 실용적이고 사업화가 가능한 기술로 전환하기 위해, 1989년에 의회에 의해 설립된 기관이다. NTTC에서는 직접 기술이전을 하지 않고 NASA 등을 통해 기술이전이 이루어지도록 지원한다.

NTTC의 역할은 정부연구소의 연구결과를 미국 산업계로 이전함으로써 미국의 첨단기술과 숙련된 생산기술을 통해 신제품을 개발하고 고용을 창출하는데 있다. 특히 NTTC의 'National Gateway'는 연방연구소 보유기술을 무료로 제공하도록 알선하고, 생물학, 물리학, 화학, 컴퓨터 분야에서 충원된 전문가들이 민간부문의 수요자들에게 개인간 연결(person-to-person contacts)을 통해 연방 R&D 결과인 지식을 제공하도록 알선한다. 특히 기술담당자는 재료과학, 컴퓨터 · 정보 시스템, 생명공학, 농업, 수송, 에너지, 환경, 전자, 국방관련 R&D 분야의 연구내용에 대한 상업적 응용과 관련 질의내용에 응답함으로써 정보를 얻고자 하는 사람들에게 가이드라인을 제시한다.

NTTC는 이외에도 정보수집 및 데이터베이스(DB) 관리, 컴퓨터정보시스템 운영, 교육훈련 및 프로그램 개발 등을 수행한다. 특히 'Business Gold'라는 온라인 서버를 운영하는데, 여기에서는 ① 라이선싱이 가능한 연방연구소의 신기술, ② 기술이전 관련사항, ③ 중소기업혁신연구 지원 요청, ④ 2,000개 이상 연방연구소의 관련 자료목록, ⑤ NTTC의 데이터베이스에 대한 정보 등을 얻을 수 있다.

2. STTR(Small Business Technology Transfer)

STTR은 중소기업 기술혁신을 지원하기 위해서 1993년에 만들어진 연방정부 차원의 프로그램이다. 이 프로그램에 의하면, 연방정부 자금에 의해 운영되는 R&D 기관 및 대학들의 공동연구에 대해 연방정부가 연구개발기금을 지원하고, 각 해당연구기관은 연방정부에서 지원한 R&D 자금의 일정비율을 따로 떼어 중소기업과 대학/연구소간 공동연구 및 기술이전 촉진에 사용해야 한다. STTR 프로그램은 국방부, 에너지부, 복지부, 항공우주국, 과학재단 등 5개 정부기관이 참여하여 추진하고 있으며, 현재에는 선정된 연방연구기관 연구비의 0.15%를 STTR에 사용하도록 의무화하고 있다. 보통 STTR 프로그램의 지원방식은 3단계를 따라 진행된다. STTR의 3단계 지원방식을 정리한 것이 〈표 9-6〉이다.

〈표 9-6〉 STTR의 3단계 지원프로그램

단계	핵심활동	지원기간	지원규모	비고
1	타당성 연구	1년간	10만 달러의 R&D 예산 지원	기술적 타당성 검토
2	본격 R&D	최장 2년간	50만 달러의 R&D 예산 지원	-
3	사업화	-	연방정부의 R&D 자금은 지원받을 수 없음	-

3. MEP센터

MEP센터의 기원은 MTC(Manufacturing Technology Center)에서 찾아볼 수 있다. MTC는 상무성 산하 NIST에 의해서 지정된 조직으로 AMRF(Advanced Manufacturing Research Facility; 메릴랜드 소재) 및 기타 연방정부연구소에 의해서 개발된 첨단기술을 중소기업에게 이전하는 것을 목표로 하여 설립되었다. MTC는 설립초년도인 1989년에는 오하이오, 뉴욕, 북캐롤라이나 등 3개소였으나, 1992년에는 미시간, 캔자스, 미네소타, 캘리포니아 등으로 확대되어 7개소로 증가하였다. 그러나 MTC가 소수였던 데다가 각 MTC는 연방정부로부터 매년 약 600만 달러 정도밖에 지원을 받지 못하여 재정이 빈약하였고, 다른 프로그램과 연계되어 있지 않다는 등 일련의 문제점들이 보고되면서, 1992년 MEP시스템으로 통합되었다.

MEP센터들은 2009년 현재 50개주에 걸쳐 총 59개소가 운영되고 있으며, 350여 개의 지역사무소가 있다. MEP시스템은 이 59개의 MEP센터들이 중소기업의 기술능력증진을 위해 다른 중소기업 관련기관들과 형성한 네트워크이다. 여기서 중소기업 관련기관이란 중소기업에게 기술능력을 제공하고 경영자문에 응할 수 있는 자원을 가진 연방 및 주의 대학, 기술센터, 연구소, 정부기관, 훈련기관, 산업협회 등을 말한다.

MEP센터들은 중소기업들이 활용할 수 있는 집단적 기술능력을 제공한다. 먼저 MEP는 고객중심의 서비스를 제공한다. MEP센터의 전신인 MTC의 설립목적은 연방정부가 개발한 첨단기술을 중소기업에게 이전시키는 것이었으나, MEP센터들은 실제 활동을 통하여 중소기업들이 비쌀 뿐만 아니라 검증이 안 된 최첨단기술보다는 제조공정에 관한 새로운 정보와 이의 실행능력을 필요로 한다는 사실을 인식하게 되었고, 기존기술과 신기술의 효율적인 사용을 위해서 마케팅, 종업원 훈련, 더 나아가서 경영전반에 대한 자문을 필요로 한다는 점도 깨닫게 되었다. 이에 따라 MEP시스템의 각종 프로그램에서는 이미 검증된 기존기술들을 사용하여 생산방법을 개선하는 능력뿐만 아니라 품질관리, 재고통제, 종업원훈련, 경영지도, 정보접근 등 소프트웨어적인 기술능력에 초점을 맞추기 시작하였고, 이러한 기술능력들을 체화하는 시스템으로 발전하였다.[6)]

MEP센터들의 실적을 지원 기능별로 보면(2006년), 〈그림 9-4〉에서 보는 바와 같이 생산시스템 개선에 40%, 경영능력지원에 21%, 엔지니어링 및 기술서비스에 11%, 품질시스템에 10%, 인력 및 조직개발에 10%, IT 분야에 8%로 나타나고 있다.

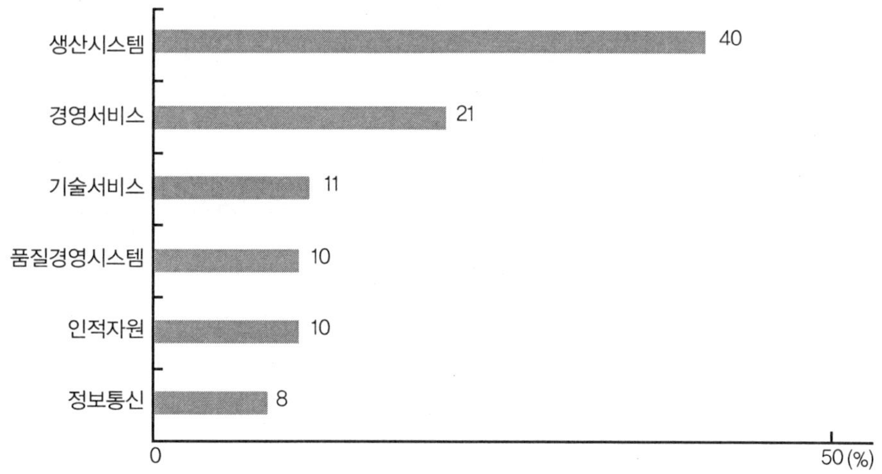

주: 2006년 24,722개 지원기업에 대한 설문조사 결과임.
자료: NIST(2007)

〈그림 9-4〉 MEP시스템의 지원기능별 비중

6) 이러한 점에서 MEP프로그램은 종전 연방정부에 의한 기술이전 프로그램과 차이를 보이고 있다. 즉 MEP시스템은 기술추동적인(technology-push) 접근방법으로 특징지어지는 과거의 기술이전 프로그램과는 달리, 고객지향적인(demand-driven) 접근방법을 채용하고 있다.

9.4 기술거래의 문제점 및 개선방안

우리나라에서 기술거래 및 기술시장의 역할은 과거에 비해서는 점차 증대하고는 있으나 아직 절대규모나 효과 측면에서 개선의 여지가 많다. 여기서는 우리나라 기술거래의 문제점과 개선방안을 기술공급자, 기술수요자, 기술시장, 기술이전기관 그리고 기술사업화 측면에서 살펴본다.

1) 기술공급자

(1) 기술공급자 측면의 현황 및 문제점

우리나라의 기술시장에서 기술의 공급자는 주로 대학과 출연(연) 그리고 기업이다. 이 중에서도 기업과 기업 간의 기술거래는 민간자율의 영역이어서 정부가 개입할 여지가 별로 없지만, 출연(연)과 대학 등에서 개발한 기술의 사업화 및 기술이전 촉진은 정부정책의 주된 목표가 되어 왔다. 정부는 출연(연)과 대학 등에서 개발된 기술의 사업화 및 기술이전을 촉진하는 제반 정책을 추진해왔고, 이러한 정책의 기본수단으로 각 연구기관별로 보유기술을 DB화하는 작업을 추진해 왔다.

기술시장에 출시되는 기술 중에는 개발자가 사업화에 실패하여 타인에게 팔기 위해 나오게 된 경우가 많아, 기술의 사업화 완성도가 높은 기술이 부족한 실정이다. 아울러 사업화에 적합한 영향력 있는 연구결과가 부족하고, 사업화에 여타의 보완자산이 필요한 경우가 많다. 또한 참여기업 및 국가정책의 산업화 인프라 부족이나 기술개발 이외 산업화 지원부서의 미비 등도 문제점으로 지적되고 있다.

(2) 정책 개선방안

우수한 기술의 공급을 늘려서 기술시장을 활성화하기 위해서는 다음과 같은 개선노력이 필요하다.

첫째, 미래첨단기술 초기단계의 R&D에 대한 종자돈(seed money) 지원을 점차적으로 늘려간다. 불확실성이 매우 크나 기대효과도 큰 미래원천기술개발을 선별 지원하는 것은 향후 사업화를 위한 좋은 투자가 된다. 미국의 STTR처럼, 민간 벤처캐피탈과 연계하여 지원하는 방안도 고려해 볼 수 있다.

둘째, 출연(연) 연구원이 기술이전이나 기술판매를 성공적으로 했을 경우, 이를 연구인력 평가에 반영하고 인센티브를 부여한다. 이러한 시스템을 도입하기 위해서는 평가제도의 개선, 인사고과 반영, 인건비 및 성과급 반영 확대 등이 필요하다.

셋째, 현재 대덕연구개발특구에서 시행되고 있는 'R&D 기업'과 같은 다양한 형태의 R&D 전문기업의 육성방안이 필요하다. 연구원 벤처창업활성화도 같은 맥락에서 보면 결국 기술공급을 확대하는 역할을 한다.

넷째, 기술시장의 공급자 측면의 문제는 결국 우리나라 과학기술역량의 문제로 귀결된다. 따라서 이러한 국내 과학기술기반의 취약점을 극복할 수 있는 방법으로서 외국 기술시장과의 연계나 R&D 활동의 국제화 등을 통해 기술원천의 확보 노력을 다변화하는 것도 필요하다.

2) 기술수요자

(1) 기술수요자 측면의 현황 및 문제점

기술수요자 측면의 가장 큰 문제는 기술수요자들이 자신의 기술수요를 객관적이고 정확하게 정의하지 못한다는 데에 있다. 그러다보니 발굴 및 정의된 기술수요가 아직 적은 편이다.

정부는 기술무상양허사업 등과 같이 기술이전을 촉진하기 위하여 기술수요자에게 많은 인센티브를 제공하는 방안도 도입하였다. 이러한 노력에도 불구하고 기술수요 발굴이나 새로운 정의, 원활한 사업화 등의 성과는 아직 미흡하다.

앞서 논의한 것처럼 기술수요자 측면의 문제는 기술수요자의 역량 미흡과 기술원천에 대한 정보 부족 등에 그 원인이 있다. 첫째, 기술수요자들이 자신에게 필요한 기술이 무엇인지 잘 알지 못하고 명확하게 기술수요를 정의하지 못하는 경우가 많다. 둘째, 전시회나 홈페이지 등을 통해 기술원천을 잠재적인 기술수요자에게 홍보하는 기회가 아직 미흡하다. 셋째, 기술수요자의 기술선택 능력, 사업화 능력, 마케팅 능력 등이 미약하여 거래를 통해 확보한 기술을 상업적 성과와 연결시키지 못하는 경우도 많다. 이는 기술수요자들의 역량과 경험 부족에서 야기되므로, 이의 보완은 주요 기술수요자인 중소기업 등의 실행학습(learning by doing)을 통해 점진적으로 이루어 질 수밖에 없다.

(2) 정책 개선방안

기술수요자 측면의 정책 개선방안으로는 첫째, 국내기업들의 기술평가 및 사업화 역량을 제고하거나 지원하는 정책적 노력이 강화되어야 한다는 것이다. 예를 들어 조세정책을 통해 대기업들의 중소벤처기업 투자 및 사업화 지원에 대해 인센티브를 제공하는 방안 등이 검토될 수 있다. 아울러 기술인증제도의 강화를 통해 수요자들의 기술평가를 도와줄 수 있어야 한다.

둘째, 관련기술을 보유하고 있는 국내 연구기관들을 적극 활용하는 진취적 접근이 필요하다. 예를 들면 중소기업인 PSD TECH사는 전기부문에서 관련기술을 축적하고 있는 한국전력과 한국전기(연) 등을 자료집을 보고 찾아가는 등 외부기술을 적극 활용하려는 의지가 있었고, 이를 통해 확보한 기술을 바탕으로, 신제품을 개발하고 기존제품 수준을 한 단계 더 높일 수 있었다.

셋째, 기술공급자나 지원기관에서 보유기술들을 잠재수요자들에게 홍보하는 기회를 더욱 늘려야 한다.

넷째, 기술도입 후 이를 실용화하기 위해 추가적인 연구개발 노력이나 마케팅 노력이 더 강화되어야 한다. 이 과정에서는 정부의 제반 산학협동연구프로그램을 적극 활용하는 것이 좋다.

마지막으로 산학협동의 패턴을 단계적으로 점차 발전시켜야 한다. 기술이전의 역할은 초기에는 ① 기술학습 도구로 시작하지만, ② 기술개발 핵심수단이나 ③ 기술개발 보완수단으로 점차 발전시켜야 한다. 이를 통해 산학협동을 주도적이고 전략적으로 활용해야 한다.

3) 기술시장

(1) 기술시장 측면의 현황 및 문제점

기술시장에서 일어나는 기술거래에는 여러 가지 유형이 있다. 우선 기술거래는 ① 동일한 시장에서 활동하는 기술수요자에게 기술을 양도하는 수평적 시장에서 일어날 수도 있고, ② 기업간 새로운 기술/지식 창출이나 대기업과 중소기업 협력 등 수직적 시장에서 이루어질 수도 있다. 아울러 기술거래시장도 ① 상설기술시장, 기술설명회 등 오프라인(off-line) 시장과 ② 웹 기반 기술정보제공 및 기술거래 등 온라인(on-line) 시장으로 나눌 수 있다.

기술거래에서는 기술가치 평가가 매우 중요하다. 그러나 동일 사안에 대해서도 국내기업, 벤처캐피탈, 외국기업들의 투자평가방식이 각기 다르고, 특히 하이테크 부문에 있어서는 국내기업들이 경험이나 축적된 연구가 없어서 정확한 평가가 어려운 경우가 많다. 이러한 상황에서는 리스크가 큰 새로운 기술에 대한 투자나 거래가 일어나기 어려워진다.

2000년 한국기술거래소 개소(현재는 한국산업기술진흥원에 편입)와 지역기술이전센터 설치 등 기술시장을 지원하는 주체들의 노력으로 기술시장이 양적으로는 많이 확대되었다. 그러나 거래대상 기술에 대한 정의나 문서화가 아직 미흡하고, 계약에 대한 충분한 이해가 부족한 경우가 많아, 기술시장 활성화의 걸림돌이 되고 있다. 특히 적정 기술가격의 산정에 대해서도 쌍방 간 협상에서 많은 어려움이 있다. 아울러 원활한 의사소통 채널 확보가 미흡하고, 기술시장에의 접근성도 아직 제한적이라고 할 수 있다.

(2) 정책 개선방안

기술시장 측면의 개선방안으로는 다음과 같은 접근이 필요하다. 첫째, 상설기술시장의 네트워크화가 필요하다. 여러 상설기술시장의 DB 공유, 해외기술시장과의 연계 등이 필요하다. 둘째, 기술시장에 대한 접근성이 강화되어야 한다. 이를 위해서는 기술시장 개설을 확대하고, 온라인(on-line) 및 오프라인(off-line) 기술시장에 대한 홍보도 강화되어야 한다. 셋째, 합리적인 기술가치평가를 지원해 주는 기술가치평가 서비스의 확대, 표준계약서나 매뉴얼의 보급 등의 노력도 필요하다. 넷째, 기술시장 형태의 다양화가 촉진되어야 한다. 지역별 시장, 기술영역별 시장, 상설시장, 국제연계시장, 연구기관별 시장, 온라인 시장 등 필요와 목적에 따라 유연하게 기술시장을 펼치는 노력이 필요하다. 다섯째, 주요대학이나 출연연구소에 소규모이면서 상호 연관된 기술라이선싱 사무국(TLO)을 점차 육성시킨다. 마지막으로 기술거래 인프라 확충이 더 필요하다. 예를 들면 연구기관 및 기술이전센터 간 DB구축 및 연계, 해외 시장과의 연계 등이 여기에 포함된다. 아울러 기술거래 활성화를 위한 중간매개자의 확충도 중요하다.

4) 기술이전지원기관

(1) 기술이전/거래 지원기관 측면의 현황 및 문제점

기술거래 과정에서는 협상이 필요한데, 이 과정에서 기술의 기밀을 유지하면서 기술거래를 활성화해야 하는 데 따른 어려움이 있다. 이러한 기술의 본질적 특성 이외에도 기술거래기관 입장에서는 비전의 정립, 우수인력 유치 및 유지, 안정성을 유지하면서 동태적 발전을 추구해야 하는 조직운영 등 여러 가지 전략적/관리적/운영적 과제들을 해결해야 한다.

(2) 정책 개선방안

우리나라에서도 미국의 기술이전 지원기관들의 모임인 AUTM을 벤치마킹하여, 한국대학기술이전협회(KAUTM)가 2002년에 결성되어 교육 및 네트워킹 등 다양한 활동을 하고 있다. 이러한 기술이전/라이선싱 지원기관 간 교류 및 역량 강화 활동이 더욱 전문화되고 활성화 되도록 정책적 지원과 참여자들의 노력이 필요하다. 이러한 노력과 정보, 자료, 역량 등이 축적되면, KAUTM이 관련 지원기관들의 허브(hub)가 되면서 더욱 전문적이고 복합적인 서비스를 제공할 수 있을 것으로 기대된다.

한편 기술이전/거래 지원기관들이 관련 기관들과 네트워킹을 통해 기술거래 후 이의 사업화 노력 지원 등 사후관리도 보강하는 것이 바람직하다.

5) 기술사업화 촉진정책

(1) 기술사업화 측면의 현황 및 문제점

그동안 정부는 기술거래 및 기술시장을 활성화하기 위해 한국기술거래소 설립, 지역기술이전센터 설치, 연구성과확산사업 등 다양한 노력을 강구해 왔다. 이제는 기관 설립(institution building)이나 제도 도입 등 전반적인 정책인프라는 많이 개선되었으므로, 각 주체들의 역량 강화나 동기부여를 위한 제도적 보완이나 정책의지, 인센티브 시스템 도입 등 소프트한 이슈들에 대한 관심이 필요하다.

전시회 등 다양한 형태의 기술시장에서 기술거래가 점차 증가하고 있으나 아직 활발한 수준에 이르지 못하고 있다. 지금까지의 정부정책이 정부의 영향력이 높은 출연(연)의 기술무상양허사업 등에 집중되어 있는데, 민간기업간 기술거래를 촉진할 수 있는 간접적 지원방식도 모색되어야 한다. 아울러 기술거래 전문기관 육성에 대한 구체적 의지가 더욱 강조되어야 한다.

(2) 정책 개선방안

기술시장 발전정책은 결국 기술의 공급과 수요 그리고 상호연계가 만나는 곳에서 이루어지므로 정부정책도 전반적인 기술사업화 촉진정책의 틀에서 기술거래 활성화를 추구하는 것이 바람직하다. 세부적인 제안은 다음과 같다.

첫째, 기술사업화 및 기술거래에 관련된 전문인력 육성을 위한 정책적 고려도 필요하다. 아울러 전문가그룹 육성방법 등에 대한 구체적 방안도 필요하다.

둘째, 연구실 창업제도의 활성화도 기술이전 촉진의 측면에서도 중요하다. 대학교수에 의한 연구실 창업을 지원하고, 선별과정을 더욱 강화한다. 예를 들면, 대학 내 기술혁신센터(Technology Innovation Center) 및 TBI도 적극 활용하여 새로운 산학협동의 틀을 마련할 필요가 있다.

셋째, 첨단기술 사업화 전문회사와 같은 연구개발 전문조직 설립 허용도 R&D 사업화를 촉진시킨다. 영국의 BTG, 미국의 ARCH 벤처, 이스라엘의 테크니온 공대 등과 같이 첨단기술 사업화의 중간 단계의 조직으로 '첨단기술 사업화 전문회사'를 설치하는 방안을 추진할 필요가 있다.

9.5 정책제언

기술시장 메커니즘에는 R&D를 통해 기술을 창출하는 기술공급자, 상업화를 위해 특정기술을 필요로 하는 기술수요자, 공급자와 수요자가 만나는 기술시장, 그리고 이를 실행하는 주체인 지원기관 등 여러 주체들이 관련되어 있다. 아울러 기술시장에서는 서로 목표가 다른 주체들이 만나 무형자산인 기술에 대해 가격을 정하고 거래를 하는 과정을 포함하므로 불균형적이고 매우 동태적인 속성을 띤다.

따라서 기술시장 메커니즘이 잘 작동되고 또 활성화되려면, 각 주체들은 다음과 같은 노력들을 강화해야 한다. 첫째, 기술공급자들은 기술공급자의 적용가능성이 큰 기술 개발 및 축적해야 한다. 아울러 기술시장에 적극 참여하여 기술수요자를 탐색해야 한다. 둘째, 기술수요자들 역시 기술시장에 능동적으로 참여하여 기술 및 기술공급자를 탐색해야 한다. 셋째, 기술거래과정에서 기술공급자와 기술수요자가 거래대상 기술의 제반 조건에 원활하게 합의할 수 있는 인프라가 구축되어야 한다. 넷째, 기술이전과 관련하여 기술공급자의 적극적인 기술이전 활동과 기술수요자의 적극적인 기술학습 활동이 활발하게 이루어져야 한다. 다섯째, 기술사업화 측면에서 마케팅 활동이 기술수요자 측면에서도 이루어져야 한다. 특히 본 책에서는 자세히 다루지 않았지만 기술수요자들은 구매하는 기술이 체화된 제품 및 서비스에 대한 상업화 및 판로개척에 자원과 노력을 투입하여야 한다.

이제 정부는 기관설립(institution building)이나 제도 도입보다는 각 주체들의 역량 강화나 동기부여를 위한 제도적 보완이나 정책의지, 인센티브 시스템 도입 등 소프트한 과제들에 대한 관심이 필요하다.

이와 같이 각 기술시장 참여자와 정부가 맡은 역할에 충실하면 기술개발(inventing and patenting) → 탐색(searching) → 거래(matching) → 이전(transferring) → 사업화(developing and innovating)로 이어지는 기술혁신의 과정이 순조롭게 진행될 것이다.

참고로 정부가 현재 시행중인 제4차 기술이전 및 사업화 촉진계획(2012~2014년)은 이상에서 지적한 문제점들을 상당히 보완한 것으로 주목된다. 〈표 9-7〉에서는 주요 정책방향과 정책프로그램들을 소개해 놓았다. 향후 개별 프로그램에 대한 평가가 필요하다.

〈표 9-7〉 제4차 기술이전 및 사업화 촉진계획(2012-2014년)

정책영역	정책방향	정책 프로그램
기술과 시장의 연계 활동 강화	R&D사전기획 강화 및 우수 비즈니스 모델 발굴지원	• 선계획 후지원 시스템(PRE-Production) 도입
		• 사전특허분석 및 표준 핵심특허 창출강화
		• 비즈니스 모델 창출"창의BM공모사업"신설
	R&D사업화 프로젝트 및 후속지원강화	• 기술평가보증과 연계한 R&D 프로젝트 지원
		• 공공연 후속연구 지원(GAP Funding)제도화
		• 공공연 기술이전시 추가기술개발 지원확대
	이전기술의 시장/수요자 지향성 제고	• 공공연 기술이전 책임성 강화
		• 공공연 기술이전 Win-Win 가이드라인 제정
기술사업화 수행주체 (중개자) 역량제고	민간역량확충을 위한 사업화 기업제도보완	• 전주기 서비스제공 "사업화전문회사"운영
		• 기술지주회사 제도정착 및 성과제고 지원
	공공연 전담조직(TLO)의 전문성 강화	• 전문인력중심의 TLO 운영 및 인센티브 강화
		• TLO 역량별 맞춤형 지원(독립형 TLO 육성)
	특허기술 사업화모델 확립 비즈니스 확대	• 창의자본 활성화를 통한 IP Incubation 본격화
		• IP특화펀드조성/IP비즈니스 플레이어 양성
		• 기술선택 운영개선을 통한 미활용특허 활용
		• 중소기업 지재권 경쟁력강화 프로그램 내실화
	초기사업화단계 기술금융활성화 지원	• 초기사업화 기술투자 지원확대
		• M&A 등 회수방법 다양화, 중간회수시장 강화
융복합 및 개방형 혁신촉진	이종기술 · 산업간 융복합 사업화	• 산학연 공동 C&D 프로젝트 발굴지원
		• 융합기술 발굴 및 사업화 지원시스템 개선
	기업가정신 제고 및 오픈 이노베이션 강화	• 대학의 창업허브로서 '기업가센터' 확대
		• 기술창업의 메카로서 '대덕특구' 육성
		• 오디션 방식 패키지형 R&BD프로그램 지원
		• 기술경영(MOT) 우수기업 선별 포상

융복합 및 개방형 혁신촉진	글로벌 기술사업화 네트워크 강화	• 선진/신흥시장별 차별화된 사업화 전략마련
		• 글로벌 기술사업화 네트워크(K-CAN) 구축
	이해상충 조정 및 대 · 중소기업 성과공유	• 범사회적 지식재산 중시 인식 문화 조성
		• 대중소기업간 지식재산 상생협력체계 마련
시장 메커니즘 작동을 위한 인프라 고도화	민간역량활용, 기술사업화 전문인력 양성	• 민간 개방형 'Edu-Biz Platform' 구축
		• 기술사업화 전문코디네이터 지정활용
		• '기술사업화 명장'의 체계적 육성
	통합적 사업화 정보인프라 구축 및 활성화	• 국가기술사업화정보망 수요자 지향성 강화
		• 기술평가 신뢰성 제고 및 평가수요확대
	특허기술 사업화모델 확립 비즈니스 확대	• '기술이전 · 사업화정책자문위원회'운영
		• 기술이전 · 사업화 분야 투자 3% 이상 확대
		• 유망인증기술 상용화 지원강화(공공구매 등)

참고문헌

강동수(2007), 「한국의 중소기업 금융정책에 대한 실증적 평가」, KDI.

고교투 외(서상혁 · 조성복역), 「기술마케팅」, 경문사.

과학기술정책연구원(2005, 2008), 「한국의 기술혁신조사: 제조업」.

과학기술정책연구원(2009), 「기술사업화 촉진을 위한 기술시장메커니즘 활성화 방안」, 정책연구 2009-08.

기술경영경제학회(2007), 「과학기술혁신시책의 조사분석 및 종합평가」, 과학기술부.

김세종(2008), 「벤처기업 관련 제도의 합리적 개선방안」, 중소기업연구원.

박종복 · 류태규(2007), "공공연구부문에서의 기술이전컨소시엄의 효과와 특성분석: 공공기술이전컨소시엄을 중심으로," 「기술혁신학회지」, 제10권, 제2호, pp. 284-309.

산업기술연구회(2008), 「출연(연) 연구성과의 초기사업화 마케팅에 관한 연구」, 산업기술연구회.

삼성경제연구소(1997), 「벤처기업육성을 위한 입지지원방안」.

서상혁 · 박현우(2005), 「기술마케팅 핸드북」, 산업자료센터.

성태경(2002), "기업가이론의 고찰을 통한 벤처경영자의 바람직한 역할 모색," 「벤처경영연구」, 제5권, 제2호, pp. 37-59.

신용보증기금(2006), 「세계의 신용보증 제도」.

임근영 · 윤권순(2002), 「특허기술이전 활성화 방안에 관한 연구」, 서한국발명진흥회 지식재산권연구센터.

이공래 · 성태경(2009), 「융합기술혁신을 위한 산학협력 활성화 방안」, 과학기술정책연구원.

이규현(2008), 「첨단기술제품 마케팅」, 경문사.

이병헌 · 장지호 · 김선영(2008), "공공연구기관의 기술사업화촉진을 위한 기술지주회사 고찰 :해외 기술지주회사의 성공 사례를 중심으로," 한국사회와 행정연구, 제19권, 제2호, pp. 51-73.

이영덕(2005), 「신기술사업화의 이해」, 두남.

장대련(2009), 「B2B Marketing: 기업고객을 향한 마케팅의 이해와 실천」, 북넷.

장영일(2004), 「한국벤처기업의 기술네트워킹 및 기술마케팅」, 집문당.

정기대 · 박상문(2005), "국내 대기업의 기술판매 활성화 방안 연구," 기술혁신학회지, 제8권, 제1호, pp. 1-28.

조헌제(2006), "의약산업의 글로벌 경쟁력 조기 확보를 위한 한국형 기술마케팅 전략," 「한국마케팅과학회 학술발표대회논문집」.

중소기업청(2005), 「창투사 설문조사」.

중소기업청(2009), 「벤처기업정밀실태조사」.

중소기업청(2010), 「중소기업에 관한 연차보고서」.

중소기업청(각년도), 「중소기업육성정책」.

중소기업청/한국벤처캐피탈협회, 「벤처캐피탈 투자유치 길라잡이」.

증권연구원(2004), 「실질부가가치성장율 : '90~'01년 OECD 20개국」.

특허청(각년도), 「지식재산백서」.

한국벤처캐피탈협회(2010), 「KVCA Yearbook & Directory」.

한국연구재단(2009), 「2008년 대학산학협력백서」.

한국채권연구원(2009), 「모태펀드 운영성과평가 보고서(2008년 사업연도)」.

Adler, P.(1989), "Technology Strategy: Guide to the Literature," In: R. S. Rosenbloom(Ed.), *Reseatch on Technological Innovation, Management and Policy*, JAI Press, Greenwich, CT, p. 25.

Anderson, C. R. and C. P. Zeithaml(1984), "Stage of the Product Life Cycle, Business Strategy, and Business Performance," Acad. Manage. J. 27, p25.

Arora, A., A. Fosfuri, and A. Gambardella(2001), *Market for Technology: The Economics of Innovation and Corporate Strategy*, Cambridge, MA: MIT Press.

Audretsch, D.B.(1995), Innovation and Industry Evolution, Cambridge, MA: MIT Press.

Baumol W. J., R. E. Litan, and C. J. Schramm(2007), *Good Capitalism, Bad Capitalism, and the Ecomomics of Growth and Prosperity*, Yale University Press.

Beise, M. and H. Stahl(1999), Public Research and Industrial Innovations in Germany, *Research Policy*, Vol. 24, No. 4, pp. 397–422.

Boutellier, O. Gassmann, and M. von Zedtwitz, *Managing Global Innovation*, Leipzig: Springer.

Branscomb, L.(ed.)(1993), *Empowering Technology: Implementing a U.S. Strategy*, Cambridge: MIT Press.

Bucher, P., B. Birkenmeier, H. Brodbeck, and J.P. Escher(2003), "Management Principles for Evaluating and Introducing Disruptive Technologies: The Case of Nonatechnology in Switzerland," *R&D Management*, 33(2), 149–163.

Budworth, D. W.(1996), *Finance and Innovation*, Boston and London: International Thomson Business Press.

Byers, T. H., R. C. Dorf, and A., J. Nelson(2010), *Technology Ventures, 3rd edition*, McGraw-Hill.

Chesbrough, H.(2006), Open Business Model, Boston: Harvard Business School.

Chesbrough, H., W. Vanhaverbeke, and J. West(2006), *Open Innovation: Researching a New Paradigm*, Oxford: Oxford University Press.

Cohen, W. M., R. R. Nelson, and J. P. Walsh(2002), "Links and Impacts: The Influences of Public Research on Industrial R&D," *Management Science*, Vol. 48, No. 1, pp. 1–23.

Colombo, M. G. and L. Grilli(2005), "Founders' Human Capital and the Growth of New Technology-based Firms," *Research Policy*, 34, 795–816.

Cooper, R. G.(2001), *Winning at New Products*, Basic Books.

Dodgson, M. and J. Bessant(1996), *Effective Innovation Policy*, International Thomson Business Press.

Druckr, P. F. (1985), *Innovation and Entrepreneurship: Practice and Principles*, New York: Harper & Row.

Durning, W., R. Oakey, and M. Kipling(2000), *New Technology-Based Firms at the Turn of the Century*, New York: Pergamon.

Durning, W., R. Oakey, and S. Kauser(2001), *New Technology-Based Firms in the New Millennium*, New York: Pergamon.

Gilbert, R. J. and D.M.G. Newbery(1982), "Preemptive Patenting and the Persistence of Monopoly", *American Economic Review*, Vol. 72, No. 3, pp. 514–526.

Hall, B. H. and A. Jaffe, and M. Trajtenberg(2000), "Market Value and Patent Citations: A First Look," NBER Working Paper 7741.

Hambrick D., I. MacMillan, and D. Day(1982), "Strategic attributs and performance in the BCG matrix: a PIMS–based analysis of industrial–product business," *Acad. Manage*. J. 225, p.510.

Hansen, M., H. W. Chesbrough, N. Nohria and D.N. Sull(2000), "Networked Incubators: Houses of the New Economy," *Harvard Business Review*, Sep.–Otc., pp. 75–83.

Harhoff, D., F. Narin, F.M. Scherer and K. Vopel(1999), "Citation Frequency and the Value of Patented Inventions", *Review of Economics and Statistics*, Vol. 81, No. 3, pp. 511–515.

Hopenhayn, H.A. and M.F. Mitchell(1999), "Innovation Fertility and Patent Design", NBER Working Paper 7070.

Kutsoati, E. and J. Zabojnik(2001), "Durable Goods Monopoly, Learning–by–doing and Sleeping Patents", Discussion Paper 2001–05, Department of Economics, Tuft University, USA.

Lerner, J.(1994), "The Importance of Patent Scope: An Empirical Analysis," *Rand Journal of Economics*, Vol. 25, No. 2, pp. 319–333.

Livingstone, J. L. et al.(2003), *A Framework for Ethical Decision Making*, Babson Colleage Case Developmert Center.

Lundvall, B.(1985), *Production Innovation and User–Producer Interaction*, Aalborg: Aalborg University Press.

Mansfied, E.(1968), *Industrial Research and Technological Innovation*, New York: Norton.

Mansfield, E.(1991), "Academic Research and Industrial Innovation," *Research Policy*, Vol. 20, pp. 1–12.

Mansfield, E.(1992), "Academic Research and Industrial Innovation: A Further Note," *Research Policy*, Vol. 21, pp. 295–296.

Mansfield, E.(1998), "Academic Research and Industrial Innovation: An Update of Empirical Findings," *Research Policy*, Vol. 26, pp. 773–776.

Mohr, J., S.F. Slater, and S. Sengupta, "Technology Marketing," in H. Bidgoli, *The Handbook of Technology* Management, New Jersy: John Willy and Sons, pp. 421–434.

Mowery, D. C. and A. A. Ziedonis(2002), "Academic Patent Quality and Quantity before and after the Bayh–Dole Act in the United States," *Research Policy*, Vol. 31, pp. 399–418.

NAE(National Academy of Engineering)(2003), *The Impact of Academic Research on Industrial Performance*, Washington D. C.: The National Academies Press.

NIST(National Institute of Standards and Technology)(2007), "Delivering Measurable Returns to Its Clients: Fiscal Year 2005 Result," DOC, USA.

Oliver, A. L.(2004), "Biotechnology Entrepreneurial Scientists and their Collaborations," *Research Policy*, Vol. 33, pp. 583–597.

Park, S. M. and Z. T. Bae(2004), "New ventur strategies in a developing country : Identifying a typology and examining growth patterns through case studies," *Journal of Business Venturing*, p. 81.

Parker, J. E. S.(1978), *The Economics of Innovation : The National and Multinational Enterprise in*

Technological Change, London: Longman Croup Limited.

Rosegger, G(1996), *The Economics of Production & Innovation: An Industrial Perspective*, Oxford: Butterworth Heinemann.

Schumpeter, J. A.(1934), *The Theory of Economic Development: An Inquary into Profits, Capital, Credit, Interests and the Business Cycle*, Canada: New Brunswick.

Schumpeter J. A.(1942), *Capitalism, Socialism and Democracy*, New York: Harpe & Row.

Seifert, R. W., B. F. Leleux, and C.H. Tucci(2008), *Nurturing Science–based Ventures: An International Case Perspective*, London: Springer.

Shane, S.(2001), "Technological Opportunities and New Firm Creation", *Management Science*, Vol. 47, No. 2, pp. 205–220.

Sung, T. K. and B. Carlsson(2003), "The Evolution of a Technological System: The case of CNC Machine Tools in Korea," *Journal of Evolutionary Economics*, Vol. 13, No. 4, pp. 91–108.

Takalo, T. and D. Kanniainen(2000), "Do Patents Slow Down Technological Progress?: Real Options in Research, Patenting and Market Introduction", *International Journal of Industrial Organization*, Vol. 18, pp. 1105–1127.

Timmons, A. and S. Spinelli, Jr(2009), *New Venture Creation*, New York: McGraw–Hill.

Trajtenberg, M.(1990), "A Penny for Your Quotes: Patent Citations and the Value of Innovations", *Rand Journal of Economics*, Vol. 21, pp. 172–187.

Tschirky, H. P.(1994), "The Role of Technology Forecasting and Assessment in Technology Management,", *R&D Management*, Vol. 24, NO. 2, pp. 121–129.

Tschirky, H.P., J.P. Escher, D. Tokdemir, and C. Belz(2000), "Technology Marketing: A New Core Competence of Technology–intensive Enterprises," *International Journal of Technology Management*, Vol. 20, No. 3/4, pp. 459–474.

Utterback, J.M.(1993), *Mastering the Dynamics of Innovation*, Boston: Harvard Business School Press.

The Wall Street Journal(1975), Letter to Editor, October 17.

White, M. A. and G. D. Bruton(2007), *The Management of Technology and Innovation*: A Strategic Approach, Toronto: Thomson South–Western.

• ㄱ •

• ㄴ •

• ㄷ •

• ㅅ •

• ㅊ •

• ㅍ •

• ㅎ •

• 기타 •

지은이 소개

성태경

서강대학교 경제학과 졸업(경제학사)
서강대학교 대학원(경제학 석사 · 박사)
아주대학교 경제학과 강사
대우경제연구소 산업경영본부 연구위원
Case Western Reserve University, Visiting Professor
행정(외무)고시 출제위원 역임
Seattle University, Fulbright Visiting Professor
Marquis Who's Who in the World(2012, 29th Edition) 등재
현재 전주대학교 경영학부 교수
(사)기술경영경제학회 부회장

장동식

고려대학교 산업공학과 졸업
텍사스주립대 산업공학 석사
텍사스 A&M대학교 공학박사(영상시스템 전공)
전 워싱턴주립대 전자공학과 객원교수
전 청소년과학진흥센터장
전 고려대학교 관리처장 공대학장 산학원연구원장
현재 고려대학교 산업경영공학부 교수

김형기

서울대학교 경제학과 졸업
서강대학교 경제대학원 졸업
전 한국기술개발(주) 영업부장
전 KTB네트워크(주) 상무이사
전 나라신용정보(주) 전무이사
전 한국벤처투자(주) 대표이사

본 기술경영교재 시리즈(4권)는 지식경제부와
산업기술진흥원의 지원하에 개발되었습니다.

교재개발 책임자 박원구 (고려대 기술경영전문대학 교수)
편집위원장 이근 (기술경영경제학회장)

기술경영교재 시리즈

1권 과학기술정책론
2권 R&D 관리
3권 기술재무회계
4권 기술마케팅과 사업화

기술마케팅과 사업화

지은이 성태경 · 장동식 · 김형기
펴낸이 박문규
펴낸곳 경문사
펴낸날 2011년 4월 25일 1판 1쇄
2014년 7월 30일 개정판 1쇄
등 록 1979년 11월 9일 제9-9호
주 소 121-818, 서울특별시 마포구 와우산로 174
전 화 (02)332-2004 팩스 (02)336-5193
이메일 kyungmoon@kyungmoon.com

값 20,000원

ISBN 978-89-6105-437-9

★ 경문사 홈페이지에 오시면 즐거운 일이 생깁니다.
http://www.kyungmoon.com

한국과학기술출판협회 회원사